KB274791

인도철학사

인도철학사

길희성

The Humanities

5

민음사

머리말

이 책은 印度哲學의 간략한 史的 槪觀을 줌과 동시에 各學派들의 哲學思想을 入門的으로 소개하려는 의도에서 씌어졌다.

印度의 哲學的 傳統은 그 장구한 역사와 심오한 사색, 사상의 다양성과 영향력, 그리고 산출된 문헌들의 방대함에 있어서 세계의 어느 문화권에서 형성된 철학과도 비견할 만한 전통이다. 따라서 인도는 물론 서구라파와 일본의 많은 학자들의 연구의 대상이 되어 왔다. 그러나 우리나라에 있어서 인도철학의 연구라는 것은 지극히 미약한 상태에 있다는 것은 周知의 사실이다. 이것은 佛敎가 우리나라의 文化的 傳統의 한 根幹을 이루고 있다는 것에 비추어 볼 때 더욱더 유감스러운 일이라 아니할 수 없다. 왜냐하면 비록 불교가 인도에서 발생하여 세계적인 종교로 발전했음에도 불구하고 불교의 근본적 관심 및 세계관은 어디까지나 印度固有의 思想的 傳統에 뿌리를 두고 있으며 그것과의 相互作用 속에서 불교사상은 형성되었기 때문이다.

대학에서 印度哲學史를 강의할 때마다 학생들에게 영어로 된 참고서적들을 교재로 소개하면서 筆者는 늘 양심의 가책과 미안함을 느끼곤 했다. 이제야 겨우 대우재단의 도움으로 미흡하지만 한 권의 책을 펴내게 됨을 다행스럽게 생각한다. 하지만 워낙 방대하고 難解한 인도의 철학적 문헌들을 어느 정도나마도 철저히 섭렵한다는 것은 결코 쉬운 일이 아니며 일생을 두고 과제로 삼을 일임에 틀림없다. 淺學菲才한 筆者로서 인도철학에 대한 하나의 포괄적인 저서를 쓴다는 것은 너무도 힘에 부치는 일이다. 자연히 이 책의 어느 부분은 필자가 좀더 잘 아는 분야이기에 비교적 수월하게 썼고 다른 부분은 그렇지 못한 것이 있음을 고백할 수밖에 없다. 다행히도 인도철학에 관하여는 西歐語로 많은 훌륭한 개설서와 學派別 입문서들이 있으므로 이들로부터 큰 도움을 얻을 수 있었다. 워

낙 시급한 과제이기에 부족함을 느끼면서도 우선 拙著를 냄을 송구
스럽게 생각하며 전문가들의 叱正을 받아가며 계속해서 補完과 改
訂에 힘쓸 것을 약속한다.

　傳統的 印度人들의 思考가 다분히 非歷史的이었다는 것은 잘 알
려진 사실로서, 이것은 자연히 그들의 철학적 전통에도 반영되고
있다. 따라서 인도철학을 엄격한 의미에서 歷史的으로 다룬다는 것
은 아직도 많은 어려움이 있다. 우선 중요한 思想家와 文獻들의 年
代에 대하여부터 많은 異見들이 존재하는 경우가 非一非再하며, 그
들의 역사적 배경을 이해할 만한 충분한 자료가 주어져 있는 경우가
많지 않기 때문이다. 그렇다고 물론 인도는 역사가 없는 나라라든
지 인도에 대하여는 史的 研究가 불가능하다는 것을 의미하는 것은
결코 아니다. 그러나 인도의 哲學思想을 시대적 推移에 따라 정치
와 사회, 그리고 文化的 상황 일반에 연결시켜 이해하거나 서술하는
것은 지극히 어려운 일이며 지금까지 이러한 면에서 만족할 만한
저서란 발견하기 어렵다. 그렇기 때문에 필자는 이 책에서 各哲學
學派가 형성되기 이전까지의 시기는 사상의 현저한 시대적 변천을
언급하면서 서술했고, 思想의 역사적 배경이 비교적 뚜렷치 않은
學派成立 이후의 시기부터는(제Ⅱ부 : 印度哲學의 體系化) 주로 學派들
의 體系化된 哲學的 내용에 중점을 두어 서술했다. 그렇게 함으로
써 또한 이미 언급한 대로 史的 概觀과 哲學入門의 구실을 겸할
수도 있기 때문이다. 제Ⅳ부 現代의 印度思想은 매우 간략하게 취
급되어 있다. 그 이유는 무엇보다도 진정한 의미에서 인도의 〈現代
哲學〉이라고 부를 만한 것이 아직도 별로 많지가 않기 때문이다.
그리고 11세기경부터 印度에 들어오기 시작하여 지금은 印度 人口
의 약 5분의 1 정도를 차지하고 있는 이슬람교의 思想史는 본서에
서 거의 제외했음을 언급해 둔다.

　끝으로 이 책을 쓰도록 연구비로 도와준 대우재단에 감사를 드리
며 또한 원고정리로부터 索引을 만드는 일에까지 수고를 아끼지 않
은 서울대학교 철학과대학원생 趙維淑양에게도 고마움을 표시한다.

1984년 2월 22일

吉熙星

印度哲學史／차례

제 I 부　印度哲學의 形成

제1장 印度哲學의 性格

1 印度哲學의 理解

철학은 驚異感에서 출발한다고 흔히 말하지만 철학이란 단순히 인간의 순수한 知的 欲求를 만족시키려고 영위되는 것은 아니다. 哲學的 思惟의 배후와 근거를 살펴볼 것 같으면, 철학이란 삶의 궁극적인 문제들과 근본적인 관심사들의 해결을 위한 인간의 끊임없는 모색인 것이다. 그리고 인간이 추구해 온 삶의 문제들과 관심사란 두 말할 것도 없이 그들이 처해 있는 文化的 傳統과 歷史的 狀況에 따라 많은 差異와 多樣性을 보여준다.

인도철학도 물론 印度人의 전통적 사회와 문화, 그리고 그들이 추구해 온 삶의 가치와 이상을 떠나서 理解될 수 없다. 인도인들은 전통적으로 인간이 마땅히 追求해야 할 4가지 價値 puruṣārtha를 말해 왔다. 즉 欲望 kāma, 富 artha, 義務 dharma, 그리고 解脫 mokṣa 이다. 이들 네 가지 가치는 모두 人間存在 자체가 필연적으로 지니고 있는 요구에 바탕을 두고 있는 것이다. 욕망이란 인간의 본능적인 性的 즐거움과 만족을 추구하는 것이며, 富란 행복한 삶의 조건이 되는 물질적인 풍요를 의미하며, 의무란 社會的 動物로서의 인간의 삶에 없어서는 안 될 윤리적인 질서를 가리키며, 해탈이란 인간이 有限한 삶을 넘어서서 영원한 삶을 향유하려는 종교적 渴望에 바탕을 둔 것이다.

印度哲學을 硏究하는 거의 모든 학자들은 인도철학의 지배적 관심사는 무엇보다도 해탈의 추구에 있다고 의견을 모으고 있다. 즉, 어떻게 하면 인간이 고통스럽고 有限하고 속박된 삶을 超越하여 絕對的이고 永遠한 自由을 얻을 수 있는가 하는 것이 인도인의 철학적 사유의 背後에 깔려 있는 최대의 관심사라는 것이다. 이렇게 보면 인도철학은 강한 宗敎的 色彩를 지니고 있다고 해도 무방할 것이다. 여기서 宗敎的이라고 하는 말은, 西洋의 전통에서처럼 어떤 초월적인 神에 의하여 주어지는 超理性的인 啓示에 根據한 信仰活動을 의미하는 것이 아니라, 철학적 活動을 하는 궁극적 목표가 종교적 욕구를 충족시키는 성격을 지니고 있음을 뜻한다. 周知하는 바와 같이 서양에 있어서는 哲學은 희랍의 文化傳統에서 由來하였으며, 宗敎는 히브리적·聖書的 傳統에 기본을 두고 있기 때문에, 서양에서는 철학과 종교 사이에 항시 긴장관계가 존속하여 왔다. 그러나 이러한 문화전통의 根本的 二重性을 지니지 않는 印度에서는 철학과 종교 사이에 그러한 對立關系가 성립하지 않았던 것이다. 뿐만 아니라 인도의 종교는 그 근본성격상 어떤 超理性的 神의 啓示에 근거를 둔 信仰의 宗敎라기보다는 오히려 인간의 지혜와 신비적 체험에 바탕을 둔 경향이 강하므로, 서양에서 말하는 소위 信仰과 理性faith and reason의 對立이라는 문제는 제기되지 않았던 것이다. 다른 말로 바꾸어 말할 것 같으면 인도의 종교는 철학적 종교요, 인도의 철학은 종교적 철학이라 해도 좋을 것이다.

인도인의 해탈에 대한 갈망을 충분히 이해하기 위해서는 먼저 우리는 그들이 어떻게 인간의 삶의 상황을 이해하고 있었는가를 考察함이 중요하다.

인도인은 인간의 삶을 輪廻 saṁsāra하는 삶이라고 이해했다. 인생은 지금의 삶이 유일한 삶이 아니라 植物의 世界와 같이 계속해서 生死의 過程을 되풀이하며 여러 형태의 삶을 영위하게끔 되어 있다는 것이다. 인간이 행한 行爲 karma는 뿌려진 씨 bīja와 같아서 반드시 그 열매 phala, 즉 결과를 보고야 말며, 우리가 행한 무수한 행위는 그 結果가 現世에서 다 얻어지기는 어렵기 때문에 또 하나의, 혹은 하나 이상의 來世에서 그 結實을 맺게 된다는 것이다. 따라서 인도인의 인생관에 의할 것 같으면, 삶과 죽음은 두 개의 **반대** 현상이 될 수 없으며 단지 죽음으로써 生 자체나 혹은 生에 대한 책임이 회피될 수 있는 것도 아니다. 죽음의 반대는 또 하나의 생을 의미하기 때문이다.

西洋의 전통적 인간관은 대체로 二分法的인 人間觀이었다. 즉 사람은 영혼과 육체 soul and body로 구성되어 있다는 것이다. 이와는 달리 인도의 인간관은 無我說 anātman을 주장하는 佛敎를 제외하고는 대체로 인간은 세 가지 측면을 가지고 있다고 보는 三分法的인 인간관을 보여주고 있다. 인도인은 〈우파니샤드 Upaniṣad〉 이래로 인간에게는 不生不滅의 永遠한 自我 ātman라는 것이 존재한다는 것을 인정해 왔다. 이 참자아는 윤회의 세계에서 고통을 당하는 現象的 自我와는 전혀 다른 것으로서, 이 참자아를 현상적 자아로부터 명확하게 구별하여 혼동하지 않고 인식하는 것이 인도인에 있어서 최고의 철학적 지혜로 간주되어 왔다. 한편 현상적 자아라는 것은 몸과 마음 manas의 복합체로서 우리들의 상식적·경험적 세계의 自我를 의미한다. 인도철학은 몸과 마음 사이의 어떤 본질적 차이를 인정하지 않는다. 따라서 서양에서와 같은 二元論的 인간관은 발달되지 않았으며, 그 대신 참자아인 본질적 자아와 현상적 자아, 혹은 形而上學的 자아와 形而下學的 자아와의 구별이 결정적으로 重視되게 된 것이다. 인간이 윤회의 세계에서 고통을 당하는 것은 자기의 참자아를 알지 못하고 스스로를 현상적인 자아, 즉 거짓된 자아와 同一視하기 때문이라고 한다. 이 참자아의 성격, 그리고 참자아와 현상적 자아와의 관계에 관해서는 인도의 哲學들이 각기 다른 견해를 보이고 있기는 하나, 이 두 가지 자아의 혼동된 상태를 인생의 최대의 문제로 삼고 있음에는 공통성을 지니고 있는 것이다. 어떻게 하여 참자아가 현상적 자아의 영향으로부터 解放되어 영원한 自由를 누릴 수 있는가 하는 것이 인도철학의 근본적인 종교적 관심사인 것이다. 따라서 눈에 보이는 현상의 세계를 넘어서서 보이지 않는 實在의 세계를 탐구하는 형이상학적 思惟는 인도철학의 根幹을 이루게 된 것이다.

2 印度形而上學의 性格

럿셀 Russel은 그의 『西洋哲學史』에서 다음과 같은 言及을 하고
있다.

　세계의 성격과 구조에 관하여는 여러 가지 假說들이 可能하다. 形而上學
에 있어서 發展이라고 할 것이 있었다면 그것은 이러한 假說들이 漸進的
으로 다듬어지고 그 함축되었던 바가 展開되어 나오고, 경쟁이 되는 가설
들의 추종자들에 의해 제기되는 반대들에 응수하기 위하여 그 가설들이
각각 再構成되는 데 있는 것이다. 이러한 體系들의 하나하나에 따라서 宇
宙을 생각하는 法을 배우는 것은 想像的인 즐거움이며 獨斷主義에 대한
解毒劑이다. 더우기 이들 假說들이 하나도 증명될 수 없다 하여도 각각의
가설들을 그 자체와, 또한 다른 알려진 가설 등과 모순 없이 하려면 무엇
이 필요한가를 발견하는 것은 진정한 知識인 것이다.

우리는 이러한 形而上學에 대한 럿셀의 견해를 인도철학에도 그
대로 적용할 수 있다고 본다. 형이상학이란 宇宙의 궁극적 實在 내
지 세계 전체에 대한 체계적이고 포괄적인 해석이며, 이 해석은 하나
의 가설적인 性格을 지니고 있다. 科學이 發達하기 以前에는 이런 解
釋의 體系가 문자 그대로 받아들여져서 似而非科學과 같은 역할을 해
왔지만, 오늘날 형이상학체계를 과학적 眞理나 認識으로 인정하기
는 어렵게 된 것이다. 그렇다고 하여 어떤 철학자들처럼 형이상학
을 無意味한 것으로 破棄하는 것도 엄격히 따지면 형이상학을 문자
그대로 이해하려는 文字主義를 벗어나지 못한 소치인 것이다. 과학
적 지식이란 어디까지나 경험적으로 實證되는 세계 내지 世界의 部
分的 認識에만 국한되는 것이며, 형이상학은 근본적으로 이와는 의
도가 다른 것이다. 형이상학은 인간이 삶의 궁극적 의미를 찾으며
生의 方向을 設定하는 데 있어서 필요한 세계 전체에 대한 知的 파
악 내지 실재의 이해를 제공하는 데 그 근본관심이 있는 것이다.
　인도인의 形而上學的 思考는 前에 언급한 대로 절대적 自由와 解
脫이라는 理想을 앞에 놓고서, 人間存在와 世界의 모습이 어떠하기

에, 혹은 實在란 것이 무엇이기에 이러한 절대적 자유가 가능할 수 있는가라는 宗敎的 關心下에서 이루어진 것이다.[1] 앞으로 우리가 考察하겠거니와 인도의 철학들은 이러한 관심하에서 세계의 궁극적인 실재, 이 궁극적 실재와 현상세계와의 관계, 현상세계에 얽매여 있는 인간의 모습, 또 어떻게 하면 이 현상세계를 克服하고 永遠한 實在의 世界에 접하게 될까 하는 문제에 대해서 각기 제나름대로의 見解를 展開하는 것이다.

3 認識論과 論理學

印度哲學이 이러한 강한 종교적인 성격을 지닌 형이상학적 理論을 전개했다 하여 비판적인 인식론적 성찰을 무시했다고 생각해선 안 된다. 사실 그와는 정반대로 인도의 대부분의 철학학파들은 자기들의 형이상학적 세계해석을 뒷받침시키기 위해 그것과 不可分離의 관계를 지닌 認識의 문제를 항시 다루어 왔으며 올바른 論理의 展開에 대해서도 서양철학 못지않게 관심을 지녀 왔다. 그리하여 무엇이 인식의 타당한 방법 pramāṇa이 될 수 있는가에 관하여 각 학파들은 제나름대로 學說을 提示하였다. 대체로 感覺機關을 통한 직접경험 pratyakṣa과 이에 근거한 推論 anumāna, 그리고 믿을 만한 他人의 證言 śabda, 특히 베다 Veda의 啓示的 權威등을 주요한 인식의 방법으로 인정하게 되었다. 물론 베다의 권위를 인정하느냐 안 하느냐는 중요한 문제로서 흔히 인도의 哲學은 그것을 인정하는 敬虔한 정통 철학파 āstika와 그것을 인정하지 않는, 예를 들면 佛敎와 쟈이나 Jaina敎와 같은, 비정통학파 nāstika로 구분되기도 한다. 타당한 인식의 방법이 무엇이냐에 따라 어떤 보이지 않는 形而上學的 實在에 대한 見解를 달리함은 두말할 필요가 없다. 따라서 각학파들은 이 문제에 대하여 심각한 論爭을 벌였던 것이다.

이상과 같은 관점에서 볼 때, 인도철학은 한편으로는 종교적 관

---

1) 印度哲學에 대한 이러한 解釋을 시도한 著書로서 Karl H. Potter 의 *Presuppositions of India's Philosophies* (Englewood Cliffs, New Jersey: Prentice-Hall, Inc., 1963) 참조.

심에 입각한 형이상학적 思辨의 깊이를 지녔는가 하면, 다른 한편으로는 認識論과 論理學의 엄격하고 비판적인 論證을 통하여 형이상학적 思辨에 객관적 眞理性을 뒷받침시키고자 노력했다고 말할 수 있다.

4 印度哲學의 發展과 時代的 區分

인도철학은 크게 보아 4期로 나누어 볼 수 있다. 제 1 기는 B.C. 약 1500년부터 B.C. 200년 경에 이르는 形成期이다. 이 時期는 우선 인도의 最古聖典인 베다가 형성된 시기이다. 특히 베다의 가장 철학적 부분인 우파니샤드 Upaniṣad 는 後世의 體系的인 철학학파들에게서 발견되는 중요한 사상들이 거의 모두 담겨진 文獻으로서 베다의 마지막 부분을 차지하고 있다. 고대 인도문화의 총집합체라고도 부를 수 있는 大敍事詩 『마하바라타 Mahābhārata』도 대체로 B.C. 200년경에는 형성되어 있었으며, 그 안에서도 우리는 여러 가지 哲學的 思想들을 찾아볼 수 있다. 특히 『마하바라타』의 일부분인 『바가바드 기타 Bhāgavad Gītā』는 힌두교의 바이블이라고도 불릴 정도로 유명한 聖典으로서, 비록 어떤 체계화된 秩序있는 논리에 의거한 철학적 著書는 아니지만 여러 가지 중요한 철학적 내용들을 담고 있다. 이 시기는 또한 佛敎나 쟈이나교와 같은, 베다와 바라문 Brāhmaṇa 계급의 권위를 인정하지 않는 非바라문적 철학이 등장하여 정통 바라문교를 위협하게 된 시기이기도 하다. 특히 인도의 최초의 統一王朝인 마우리야王朝(약 320~183 B.C.) 때에는 불교는 아쇼카王(269~232 B.C)의 歸依를 받아 印度全域뿐만 아니라 인근지역에까지 퍼지는 하나의 世界宗敎로 성장하게 되었다.

인도철학의 제 2 기는 B.C. 200년경부터 시작하여 A.D. 1000년경에 이르는 體系的 發展期이다.

佛滅後부터 발생한 佛陀의 敎理的 理解의 差異들은 철학적으로 多樣化되고 深化되어 마침내 20여개의 部派佛敎들의 對立을 보게 되었으며, 그 중의 有力한 部派들은 자기의 철학적 立場을 〈論 abhidharma〉의 형식으로 體系化시키게 되었다. 그 가장 대표적인 것이

上座部 Theravāda와 說一切有部 Sarvāstivāda의 論들이다.

　이러한 佛敎의 哲學的 活動에 자극을 받아 바라문敎內에서도 다양한 思想들이 각기 獨立的으로 체계화되어 表現되게 되었다. 이들은 각기 자기의 철학적 입장을 〈經 sūtra〉의 형식으로 간략하게 記述했다. 미맘사 Mīmāṁsā 학파의 『미맘사經 Mīmāṁsā-sūtra』, 베단타 Vedānta 학파의 『브라흐마經 Brahma-sūtra』, 냐야 Nyāya 학파의 『냐야經 Nyāya-sūtra』, 바이셰시카 Vaiśeṣika 학파의 『바이셰시카經 Vaiśeṣika-sūtra』, 상키야 Sāṁkhya학파의 『상키야頌 Sāṁkhya-kārikā』, 요가 Yoga학파의 『요가經 Yoga-sūtra』 등은 모두 이 體系化시대의 前半期에 씌어진 文獻들로서 소위 正統六派哲學의 根本經典들인 것이다. 이들 철학적 경전들은 그 내용이 지극히 간략하고 함축적이어서 그 자체로서는 쉽사리 이해하기가 어려우므로 자연히 그들에 대한 註釋書들이 씌어지게 되었으며, 이들 주석서들은 또한 다른 많은 復註를 산출하게 되었다. 印度哲學의 理論的인 發展은 이러한 주석적 활동을 통하여 이루어지게 된 것이다. 이것은 西洋의 哲學이 다분히 個人中心的으로 이루어진 것과 좋은 대조를 보여주는 것으로서, 印度의 傳統的 哲學者들은 아무리 자기가 새로운 사상을 전개한다 할지라도 반드시 자기가 속한 學派를 중심으로 하여 그 學派에서 권위로 여기고 있는 經典이나 註釋을 해석하는 형식을 취하였던 것이다. 印度人은 본래부터 歷史意識이 약하다고 흔히 말하거니와 이와 같이 傳統을 重視하는 學派中心的인 철학활동은 印度의 哲學的 思想들의 無名性과 非歷史性에 적지않은 영향을 주었다. 인도철학사에 있어서 대부분의 중요한 철학자들과 그들의 저서들의 年代를 정확하게 알 수 없다는 사실은 결코 우연이 아닌 것이다.

　인도철학의 제 2 기에는 또한 大乘佛敎가 興起하여 많은 大乘經典들을 낳았고 이와 더불어 大乘敎學도 발달되어 中觀 Mādhyamika, 瑜伽行 Yogācāra과 같은 학파들이 성립되었다. 이들 대승불교의 철학들은 婆羅門의 정통 철학학파들과 활발한 철학적 논쟁과 교류를 초래했으며 이로 인하여 인도철학의 발전에 큰 영향을 미치게 되었다.

　인도철학의 제 3 기는 11세기부터 18세기 초에 이르는 기간으로서,

정치적으로는 이 시기는 인도가 이슬람교도들의 침공을 받아 그들의 정치적 지배하에 들어가게 된 때이다. 佛敎는 이미 인도의 本土에서는 거의 사라지게 되었으며 베다 종교와 四姓階級제도를 기반으로 한 正統바라문교는 土着的인 여러 種族들의 종교적 관습과 신앙에 習合되어 현재 우리가 〈힌두교 Hinduism〉라고 부를 수 있는 포용적이고 대중적인 종교로서 자리를 굳히게 되었다. 무엇보다도 비슈누 Viṣṇu神과 쉬바 Śiva神의 信仰運動이 인도의 전역에 盛行하게 되었으며, 哲學도 자연히 그 영향을 받아 다분히 敎派的인 神學的 救援論의 성격을 띠게 되었다. 물론 이 기간 동안에도 제 2 기 體系的 發展期의 각 학파들이 계속해서 철학적 활동을 전개하여 많은 주석서와 입문서 내지 개론서들을 産出했으나, 인도철학의 창조적 시기는 이미 지났다고 해도 과언이 아니다.

마지막으로 18세기부터 본격화된 영국의 印度支配로부터 시작하여 오늘날에 이르기까지의 기간을 인도철학의 제 4 기로 잡을 수 있다. 이 시기는 인도의 知性人들이 서구라파의 사상과 學問에 접하여 그들 자신의 종교적, 철학적, 문화적 전통을 새로이 發見하게 된 시기로서, 이에 힘입어 힌두교의 改革運動도 活潑히 진행되었고 인도철학의 세계관을 外部世界에 소개하는 운동도 전개되었다. 그러나 철학적으로는 아직 뚜렷하게 새로운 경지를 개척하지 못하고 있다.

＊ 참고문헌

I 힌두교 및 印度文化 全般에 관한 책들

　Basham, A. L., *The Wonder that was India*. New York, 1954. 이슬람 지배 이전의 印度文化 全般에 관한 정평있는 개설서.

　de Bary, W. T. ed., *Sources of Indian Tradition*. New York, 1958. 인도의 문화, 종교 전통에 관한 古典的 자료들의 英譯編集.

　Bechert, H. und von Simson, G., *Einführung in die Indologie, Stand, Methoden, Aufgaben*. Darmstadt, 1979. 印度學 全般에 관한 研究方法, 文獻 등의 소개.

Embree, A. T. ed., *The Hindu Tradition*. New York, 1966. *Sources of Indian Tradition*과 같은 종류의 책.

Eliot, C., *Hinduism and Buddhism*. 3 vols. London, 1922. 힌두교와 불교에 대한 개설서.

Farquhar, J. N., *An Outline of the Religious Literature of India*. Oxford, 1920. 인도의 종교문헌들에 대한 해설서.

Hopkins, T. J., *The Hindu Religious Tradition*. California, 1971. 힌두교에 대한 간략한 史的 개설서.

Heimann, B., *Facets of Indian Thought*. London, 1964. 印度文化의 思想的 특징들에 관한 통찰력 있는 연구.

Majumdar, R. C., H. C. Raychaudhuri, and K. Datta, *An Advanced History of India*. London, 1950. 先史時代로부터 獨立에 이르기까지의 印度의 정치, 경제, 사회, 종교사.

Renou, L., *Religions of Ancient India*. London, 1953. 힌두교에 대한 간략한 入門書.

__________, *La Civilisation de l'Inde Ancienne*. Paris, 1950. 印度學大家에 의한 印度古典文化의 槪說書.

Thapar, R. *A History of India*. Vol. I. Baltimore, 1966. 16세기 초 무굴제국 이전까지의 印度史槪說.

Winternitz, M. *Geschichte der indischen Literatur*. 3 vols. Leipzig, 1909〜1920. 印度文學史의 權威있는 著書. S. Ketkar의 英譯, *History of Indian Literature*. 2 vols. Calcutta, 1927〜1933.

Ⅱ 印度哲學 全般에 관한 綜合的인 책들

Bhattacharyya, H., ed., *The Cultural Heritage of India*. Vol. Ⅲ: *The Philosophies*. Calcutta, 1953. 印度學者들에 의한 各哲學學派들에 대한 槪說.

Chatterjee, S. and D. Datta, *An Introduction to Indian Philosophy*. 印度哲學에 관한 明快한 入門書.

Cowell, E. B. and A. E. Gough, trans. *The Sarva-Darsana-Saṃgraha*. London, 1914. 14세기의 인도철학자 Mādhava의 『全哲學體系綱要』의 英譯.

Deussen, P., *Allgemeine Geschichte der Philosophie*. Vol. Ⅰ, 1-3. Leipzig, 1894. 有名한 베단타哲學 硏究家에 의한 世界哲學史의 一部로

서의 인도철학사.

Dasgupta, S., *A History of Indian Philosophy*. 5 vols. 印度哲學에 관한 綜合的인 서술로서 가장 상세한 책.

Frauwallner, E., *Geschichte der indischen Philosophie*. Salzburg, 1953. V. M. Bedekar의 英譯, *History of Indian Philosophy*, 2 vols. Delhi, 1973. 未完成된 印度哲學史.

Glasenapp, H. v., *Entwicklungsstufen des indischen Denkens*. Halle, 1940. 독일의 印度哲學硏究의 大家에 의한 印度思想發展史.

________, *Die Philosophie der Inder*. Stuttgart, 1974. 印度哲學의 간략한 歷史와 學派別 槪說.

Hiriyanna, M., *Outlines of Indian Philosophy*. London, 1932. 널리 읽혀지는 印度哲學槪說書.

Potter, K., *Presuppositions of Indian Philosophy*. Englewood Cliffs, 1963. 印度哲學의 이해를 위한 根本前提들에 대한 새로운 고찰.

________, ed., *Bibliography of Indian Philosophy*. 印度哲學의 연구를 위한 거의 완벽한 참고문헌들의 분류와 열거.

Nakamura, H., *Religions and Philosophies of India: A Survey with Bibliographical Notes*. 3 vols. Tokyo, 1973. 日本의 印度學大家에 의한 印度宗敎・哲學 硏究指針書.

Radhakrishnan, S. *Indian Philosophy*. 2 vols. London, 1923, 1927. 現代 印度知性의 代表者 중의 하나에 의한 인도철학 전통의 상세한 해설.

Radhakrishnan, S. and C. A. Moore, eds., *A Sourcebook in Indian Philosophy*. Princeton, 1957. 印度哲學의 第一次的 資料들(英譯)을 발췌하여 편집한 讀本.

Ruben, W. *Geschichte der indischen Philosophie*. Berlin, 1954. 唯物論的 관점에서 씌어진 印度哲學史.

Sharma, C. *Indian Philosophy: A critical survey*. New York, 1962. 印度哲學學派에 관한 明快한 해설서.

Zimmer, H. *Philosophies of India*. Princeton, 1951. 印度哲學 全般에 관한 심오한 해설서.

宇井伯壽, 『印度哲學史』.

金倉圓照, 『インド哲學史』.

中村元, 『インド思想史』.

제2장　베다의 哲學思想

1　베다 文獻의 性格

印度에 있어서 철학적 思惟의 起源은 힌두교의 最古聖典이며 대부분의 정통 철학학파들이 그 권위를 인정하는 베다에서 찾아볼 수 있다. 베다 문학을 産出한 사람들은 서력기원전 약 1500년경부터 인도의 서북부를 침입하여 原住民들을 정복하고 새로운 삶의 根據를 마련한 아리안 Āryan族들이었다. 그들은 원래 지금의 코카사스 지방의 북쪽 草原지대에서 살던 遊牧民으로서 소위 인도유럽 Indo-European 언어 계통의 種族들 중의 一部였다. 이들 인도유럽 종족들은 서력기원전 약 2000년경에 草原을 떠나 다른 곳으로 移動하게 되었으며 서쪽으로 간 종족들은 지금의 유럽의 제민족을 형성하였으며 동쪽으로 이동한 아리안족들은 한편으로는 이란지방에 定着하고 다른 한편으로는 아프가니스탄을 통하여 인도의 서북부를 침입하여 들어온 것이다. 그들은 二輪馬車를 타고 靑銅으로 만든 武器를 들고 싸우는 씩씩한 戰士들로서 약 1500년에서 1000년 사이에 五河地方 Panjāb을 점령하고 베다文化를 이룩한 것이다. 그들의 言語는 산스크리트 Sanskrit語로서 인도유럽계통의 언어에 속한다.

베다는 물론 오랜 세월을 두고 형성되었으며 그것이 대략 현재의 형태를 갖추게 된 것은 A. D. 약 200년 전후로 추정된다. 베다는 원래 고대 인도인들에 의하여 神에 대한 예배와 제사의식을 목적으로 만들어졌다. 그러나 神에 대한 祭式들이 점점 복잡해짐에 따라 그 祭式들을 주관하는 司祭의 직분도 4그룹(hotṛ, udgātṛ, adhvaryu, brahman)으로 나뉘어지게 되었다. 베다도 이 그룹들에 의해 사용되는 用途에 따라 『리그 베다 Ṛg Veda』, 『싸마 베다 Sāma Veda』, 『야주르 베다 Yajur Veda』, 『아타르바 베다 Atharva Veda』의 4種으로 구별되어 集成되게 되었다. 이 중에서 宗敎的으로 가장 重要하고 또어느 정도의 철학적 가치를 지닌 것은 『리그 베다』이며, 『아타르바 베다』에서도 간혹 철학적 사변을 찾아볼 수 있다.

각 베다는 오랜 세월을 두고 형성된 결과 자연히 그 안에 각기 시대의 추이를 반영하는 여러 층의 문헌이 누적되게 되었다. 따라서 上記 4種의 베다는 각기 4부분으로 구성되어 있다. 첫째는 주로 神들에 대한 讚歌와 기도인 만트라 mantra를 수집한 本集 Saṃhitā이고, 둘째는 祭儀의 방식과 의미들을 토의하고 설명하는 散文으로 된 브라흐마나 Brāhmaṇa이며, 이 브라흐마나의 끝에 소위 密林書 Āraṇyaka와 철학적 내용이 가장 풍부한 우파니샤드 Upaniṣad가 부록처럼 담겨 있다. 바라문교의 전통에 의하면 앞의 두 부분은 주로 祭儀를 中心으로 한 인간의 行爲와 義務가 주요 내용이므로 〈行爲篇 Karma-kāṇḍa〉이라고 불리며, 뒤의 두 부분은 철학적 내용이 중요한 부분을 이루었다고 하여 〈知識篇 Jñāna-kāṇḍa〉이라고 부른다. 실제에 있어 우파니샤드는 인도의 철학사상의 원천을 이루는 매우 중요한 古典이며, 베다의 맨 끝에 있다고 하여 베단타 Vedānta라는 別稱도 갖고 있다. 인도사상을 연구하는 學者들은 本集은 詩人들이 지었으며 브라흐마나는 司祭들의 産物이며, 우파니샤드는 철학자들로부터 왔다고 말한다. 각 부분의 특징을 잘 드러낸 말이라 하겠다. 아라냐카 Āraṇyaka는 브라흐마나의 제사 중심적 사상에서 우파니샤드의 철학적·形而上學的 思辨으로 넘어가는 과도기를 대표하는 문헌으로서 그 성격 역시 뚜렷하지 않으며 종종 브라흐마나나 우파니샤드와 구별하기 어려울 때도 있다. 이제 각부분에 나타난 철학적 思惟를 考察해 보자. [1]

---

1) 〈베다〉라는 말은 따라서 두 가지 뜻으로 使用된다. 狹義로 사용될 때에는 本集의 部分만을 의미하나 廣義로는 브라흐마나와 우파니샤드를 모두 포함하여 일컫는 말이다. 우리는 우선 여기서 좁은 의미로 사용하기로 한다.

2 『리그 베다』의 哲學的 思惟

고대 인도인들은 自然의 세계에 대하여 무한한 신비감과 경이감을 가졌다. 그들은 자연 현상을 現代人들이 보는 것처럼 엄격한 因果의 法則에 의하여 지배되는 機械的인 體系로 본 것이 아니라 생동하는 신비스러운 힘에 의하여 지배되는 살아 있는 存在로 본 것이다. 그리하여 이러한 神秘스러운 自然現象을 이해함에 있어 그들은 각 현상의 배후에 어떤 살아 있는 人格的인 힘이 지배하고 있다고 생각했으며 기도와 찬양과 제사를 통해 이 힘들과 인격적인 관계를 가지려 했다. 이러한 인격화된 자연의 힘들이 『리그 베다』의 1028개 頌歌들의 대상이 되고 있는 여러 神 deva들인 것이다. 이 神들은 자연세계에 있어서의 그들의 活動領域에 따라 세 종류로 분류될 수 있다. 즉, 우주 질서의 보호자라고 불리는 바루나 Varuṇa, 하늘의 신 댜우스 Dyaus, 태양의 신 미트라 Mitra와 수리야 Sūrya 等과 같은 하늘에 속하는 신들, 천둥과 폭풍의 신 인드라 Indra, 폭풍우의 신 마루트 Maruts, 바람의 신 바유 Vāyu와 같은 空中을 장악하는 神, 그리고 제사 때 없어서는 안되는 불의 신 아그니 Agni, 祭酒 소마 Soma神, 땅의 신 프르티비 Pṛthivī와 같은 地上의 신들인 것이다. 이러한 自然의 神들 以外에도 베다의 詩人들은 인간의 삶속에서 신비한 현상으로 여겨지는 것들도 人格神化하여 찬양을 했다. 예를 들어 말(言語)의 神 Vāc이나 祈禱의 主 Bṛhaspati와 같은 존재들이다. 베다人들은 生物과 無生物, 人格과 事物, 精神과 物質, 實體와 屬性이 아직 확연히 구별되지 않은 세계관을 갖고 살았다고 할 수 있다.[2]

神들이 지배하고 있는 자연의 세계는 우발적이고 무질서한 세계가 아니라 일정한 규칙성을 지니고 있다는 것을 베다의 시인들은 인식했으며 이 우주의 法則性을 〈르타 ṛta〉라는 개념으로 표시했다. 〈르타〉라는 말은 산스크리트語의 動詞 √ṛ, 즉 〈간다〉는 뜻을 지닌

---

2) H. v. Glasenapp: *Die Philosophie der Inder* (Stuttgart: Alfred Kröner Verlag, 1974), p. 25.

말에서부터 나온 것으로서, 사물들이 자연적으로 취하는 어떤 일정한 과정 course을 의미한다. 이는 中國의 道의 개념에 相應한다고 볼 수 있겠다. 이미 언급한 바루나神은 바로 이 우주의 질서 및 인간 행위의 道德的 秩序를 관장하고 있는 神으로서 고대 인도인의 상당한 철학적 추상적 思考力을 나타내는 神이라 하겠다. 이런 이유 때문인지 『리그 베다』에서 바루나의 숭배는 그렇게 성했던 것 같지 않으며 오히려 아리안族들의 戰爭의 神으로 간주되는 폭풍의 神 인드라나 혹은 제사에 없어서는 안 될 불의 신 아그니가 더욱 많은 베다人들의 종교적 관심을 끌었다.

그러나 베다에 있어서 우리의 주목을 끄는 것은 이와 같이 세계를 여러 힘에 의해 지배된다고 보는 多神敎的 思考方式 외에 이미 세계의 諸現象 내지 힘들의 背後에 있는 어떤 통일적인 存在의 原理에 대한 意識도 있었다는 점이다. 이 통일적 원리는 프라쟈파티 Prajāpati나 비슈바카르만 Viśvakarman과 같이 세계의 창조神으로서 이해되기도 하였고, 또는 아무런 인격적 신의 성격도 지니지 않는 추상적·형이상학적 개념인 一者 Tad Ekam(That One)로서 이해되기도 하였다. 프라쟈파티는 〈生物의 主〉라는 뜻을 지녔고, 원래는 다른 神들의 칭호로서 사용되다가 나중에는 독립적인 創造의 神으로서 널리 숭배되었으며, 비슈바카르만은 〈모든 것을 만든 者〉라는 뜻으로 역시 인드라나 태양신들과 같은 신들의 別稱이었던 것이 독립적으로 人格化되어 세계 창조의 神으로 崇拜되게 된 것이다.

한편, 『리그 베다』에 나타난 一元論的인 形而上學的 思惟의 가장 좋은 例는 〈創造頌 Hymn of Creation〉이라고 불리는 다음과 같은 철학적인 詩이다.

太初에 有도 없고 非有도 없었다. 空氣도 없었고 그 위의 하늘도 없었다…… 死도 그때는 없었고 不死도 없었으며 밤이나 낮의 표징도 없었다. 一者만이 그 自體의 힘에 의하여 바람도 없이 숨쉬고 있었고, 그 外에 아무것도 없었다. 처음에 어둠이 어둠에 가리워 있었고 어떠한 표징도 없이 이 모든 것이 물이었다. 허공에 의하여 덮여진 것, 그 一者가 열에 의하여 생겨났다. 처음에 그 一者 속으로 欲望이 들어갔다. 생각의 산물,

그 최초의 씨. 賢人들이 마음에 지혜로서 찾으매 非有 속에 有의 連結을 발견했다……창조적 힘과 비옥한 힘이 있었고, 아래에는 에너지 위에는 충동이 있었다……諸神도 이 세계의 창조 후에 태어났다. 그러니 누가 이 세계가 어디로부터 생겼는지 알겠는가?…… 가장 높은 하늘에서 세계를 살피는 자, 그만이 알겠지. 아니, 그도 모를는지도 모른다.[3]

이 創造頌은 그 내용과 表現에 있어서 不分明한 점들이 많이 있으나 여기서 말하는 一者란 어떤 人格的인 意志를 지닌 神이 아니며 이 世界도 神의 창조에 의했다기보다는 이 하나의 最初의 原理로부터 전개해 나왔음을 시사하고 있다. 그리고 諸神들은 이 세계의 창조 이후에 생겼다고 언급함으로써 多神敎的 세계관을 分明히 초월하고 있다. 물론 이 一者라는 형이상학적 實在가 우파니샤드에서처럼 아직 완전히 비인격적이고 추상적인 개념에까지는 이르지 못하고 있음은 〈숨〉, 〈욕망〉 등의 표현에 의하여 알 수 있다. 뿐만 아니라 이 一者가 열에 의해 발생되었다고 하는 것은 아직도 一元論的 思考가 철저하지 못함을 가리키고 있다. 그러나 『리그 베다』의 다른 한 곳에서는 말하기를 〈하나의 實在를 詩人들은 여러 가지로 부른다〉[4]고 하여 諸神들이 보다 더 궁극적인 實在의 多樣한 표현에 지나지 않는다는 一元論的인 思惟를 분명히 보여주고 있는 것이다.

베다의 神들은 宇宙의 自然秩序뿐만 아니라 人間의 禍福과 道德秩序까지 관장한다고 여겨졌다. 그들은 인간의 제사의 행위와 도덕적 行爲의 善惡에 따라 적당한 賞罰을 내린다. 그러나 이 도덕의 질서는 어디까지나 神과의 關係에서 이해되며, 우파니샤드 以後에 있어서처럼 엄격한 非人格的 因果律의 성격을 지닌 카르마 karma의 法則은 아니다. 인간은 그 행위의 결과를 死後의 세계에서 얻는다는 思想이 나타나 있으며, 善한 사람은 天上에서 神들과 함께, 혹은 祖上들과 함께 영원히 幸福한 삶을 누린다고 베다인들은 생각했다. 한편 인간은 죽으면 그의 눈은 태양, 숨은 바람, 말은 불, 귀는 四方, 마음은 달에로 돌아간다고 하는 인간을 하나의 小宇宙로 보는 사상

---

3) S. Radhakrishnan and C. A. Moore, ed., *A Sourcebook in Indian Philosophy* (Princeton, New Jersey: Princeton University Press, 1957), pp. 23~4로부터 번역.

4) *Ṛg Veda*, I. 164. 46 : "ekam sad viprā bahudhā vadanti."

도 찾아볼 수 있다. 영혼의 不滅을 믿은 것 같으나 영혼에 관한 분명한 개념을 찾아보기 어렵다. 인간이 카르마의 법칙에 따라 끝없는 輪廻의 世界에서 生死를 되풀이해야 한다는 사상이나, 그에 수반되는 解脫의 理想은 아직 찾아볼 수 없다. 대체로 베다人들의 世界觀은 樂天的이며 現世的이었다고 말할 수 있다.

3 브라흐마나의 哲學的 意義

브라흐마나는 本集을 說明하고 解釋한 注釋書로서, 주로 祭祀의 방식과 의미에 관한 것을 내용으로 하는 文獻이다. 정확한 年代는 알 수 없으나, 약 B.C. 900年부터 700년 사이에 형성되었다고 추정된다. 그 중에서 量的으로 가장 방대하고 內容上 가장 중요한 것은 『야주르 베다 Yajur Veda』에 속해 있는 『샤타파타 브라흐마나 Śatapatha Brāhmaṇa』이다. 브라흐마나는 그 내용상, 제사의 방식과 규범을 취급하는 부분인 儀軌 Vidhi와, 本集의 여러 頌歌 Mantra의 意味, 語源 및 祭祀의 起源과 傳說 등을 말해 주는 부분인 釋義 Arthavāda로 구분된다.

브라흐마나의 사상 가운데서 무엇보다도 우리의 주목을 끄는 것은 祭祀의 萬能化이며, 이 제사가 모든 사상적 關心의 촛점이 되어 있다는 사실이다. 이것은 時間이 가면 갈수록 점점 더 强化되어 간 婆羅門, 즉 司祭계급의 사회적 지위와 권위의 표현으로 간주된다. 본래 제사는 神에 대한 감사의 표시이거나 혹은 신들의 厚意를 祈願하는, 어디까지나 神 中心의 행위였지만, 祭祀儀式이 점점 전문화되고 정교해짐에 따라 제사 자체가 관심의 대상이 되었으며, 사람들은 제사 자체의 效能을 믿는 나머지 神들조차도 제사 없이는 아무런 힘이 없다고 믿게 되었다. 우주의 질서를 유지하는 것은 神들이 아니라 바로 올바른 제사의 행위 자체이며, 따라서 祭祀는 宇宙的 힘을 지녔다고 생각하게 된 것이다. 나중에 우리가 考察하겠지만, 正統哲學學派 中의 하나인 푸르바 미맘사 Pūrva-mīmāṁsā학파는 이러한 사상의 계승자로서, 神의 存在조차 아무런 의미를 지니지 않는다고 생각한다.

祭祀를 우주적 의미를 지닌 것으로 생각하는 사상은 『리그 베다』에도 이미 나타나 있다. 예컨대 『리그 베다』 10권 90송에는 신들에 의하여 한 宇宙的 人間 Puruṣa이 제물로 드려짐으로써 온 세계 전체가 생겨났다고 한다. 즉, 그의 눈으로부터 해, 마음으로부터 달, 입으로부터 인드라와 아그니神, 그리고 숨으로부터 바람의 신 바유, 그의 배꼽으로부터 空中圈, 머리로부터 하늘, 발로부터 땅, 귀로부터 四方이 생겼다는 것이다. 뿐만 아니라 베다 自體와 四姓階級도 이 제사로 인하여 생겨났다고 한다. 즉 바라문 Brāhmaṇa은 그의 입이었고 크샤트리야 Kṣatriya는 그의 두 팔, 바이샤 Vaiśya는 그의 두 넓적다리, 그리고 슈드라 Śūdra는 그의 발이었다고 한다. 이 頌은 여러 가지 象徵的인 意味를 지녔지만, 무엇보다도 최초의 제사행위 자체가 우주질서의 根本이 되어 있음을 暗示하고 있는 것이다. 브라흐마나에서는 이런 祭祀主義的 宇宙觀이 더욱더 發展하여 祭式을 構成하고 있는 여러 要素들을 우주의 여러 神들이나 힘들과 상징적으로 相應시켜서, 祭式이 宇宙秩序 自體의 근본이 되며 祭式의 힘이 宇宙의 힘 자체를 지니고 있다고 생각한다. 또한 이러한 제식을 주관하는 바라문계급도 신들과 同等한 위치의 存在로 간주되고 있다. 『샤타파타 브라흐마나』는 말하기를, 〈神에 두 종류가 있다. 神은 神이며, 學識에 있어서 베다에 通曉한 바라문은 人間的 神이다〉라고까지 말하게 된 것이다.[5] 이러한 제사주의적 세계관으로부터 인도철학에 있어서 결정적 중요성을 지니게 되는 두 가지 사상이 싹트게 되었음을 우리는 주목해야 한다.

첫째로, 브라흐만이라는 宇宙 Brahman의 統一的 原理로서의 實在를 나타내는 槪念의 전개이다. 이 개념은 베다에서 이미 발견되며, 頌歌나 기도 내지 呪術의 말, 혹은 그 말에 들어 있는 신비한 힘을 뜻했다. 그러나 祭式의 權能을 강조하는 브라흐마나에 와서는 제사에서 司祭들이 사용하는 말을 의미하게 되었으며, 이 말은 제사의 核心을 이루는 제사의 힘의 根源이기에 동시에 온 萬有와 諸神들의 背後에 있는 근원적인 실재 내지 힘을 의미하게 된 것이다. 『샤타파타 브라흐마나』는 말하기를, 〈참으로 최초에 이 세계는 브

<hr>

5) *Śatapatha Brāhmaṇa*, II. 2. 2. 6.

라흐만이었다. 그것이 神들을 創造했고, 그 후에 그 신들로 하여금 이 세계들에 오르게 했다. 즉, 아그니는 땅 위에, 바유는 공중에, 수리야 하늘에〉6). 즉 브라흐만은 神들과 구별되며 그들의 힘의 근원이 되는 더 궁극적인 힘 내지 實在인 것이다. 그리고 이 브라흐만은 동시에 제사를 主管하는 바라문계급에도 內在하고 있는 神秘的인 힘이기도 한 것이다. 이러한 브라흐만의 개념은 우파니샤드에 와서 더욱더 深化되고 發展되어 인도철학에 있어서 결정적으로 重要한 槪念이 되었다.

제사주의적인 브라흐마나의 사상에서 두번째로 유의할 점은 엄격한 行爲의 因果律에 대한 믿음이다. 브라흐마나에서 行爲라 함은 주로 祭祀의 行爲로서, 올바른 방법으로 행한 행위는 자연의 法則과 마찬가지로, 神의 뜻에 관계없이 자동적으로 그 結果를 초래하게끔 되어 있다는 생각이다. 『리그 베다』에서 自然의 法則을 의미하던 르타 ṛta의 개념은 브라흐마나에 와서는 무엇보다도 올바른 祭祀儀式과 그 제사행위로 하여금 그에 合當한 결과를 必然的으로 초래하게끔 하는 행위의 法則을 의미하게 된 것이다. 인도철학에 있어서 절대적인 大前提이다시피 한 카르마(業)의 법칙에 대한 믿음은 이런 브라흐마나의 제사주의적인 思考에서 發展되었음을 알 수 있는 것이다.

祭式主義的인 思想 외에도 브라흐마나에는 여러 가지 다양한 철학적 思惟가 발견된다. 예를 들면 現象세계를 成立시키고 있는 근본 五元素說의 始初를 볼 수 있으며, 人間의 本質에 관해서도 精神과 肉體로 구분하여 파악하고 있으며 前者를 〈아트만 ātman(自我)〉, 〈마나스 manas(意根)〉, 〈프라나 prāṇa(숨)〉 등의 이름으로 부르고 있다. 이들 개념들에 대한 思惟는 브라흐마나 이후에 더욱더 발전되어 각기 특수한 의미를 지니게 되었지만, 그 시도가 브라흐마나에 있음을 주의할 필요가 있다. 특히 아트만과 같이 중요한 개념이 숨과 거의 같은 뜻으로 사용되고 있음은 매우 意味있는 일로서, 우파니샤드에도 아직 이와 같은 사상이 남아 있는 것을 발견할 수 있다.

___

6) *Śahapatha Brāhmaṇa* Ⅺ. 2. 3. 1

＊ 참고문헌

Bergaigne, A., *La religion védique d'après les Hymnes du Rig-Veda.*
3 vols. Paris, 1878.

Bloomfield, M., *The Religion of the Veda.* New York, 1908.

________, trans., *Hymns of the Atharva Veda. Sacred Books of the
East (SBE)*, XLII. Oxford, 1897.

Eggeling, J., trans., *Śatapatha Brāhmaṇa. Sacred Books of the East
(SBE)*, XII, XXVI, XLI, XLIII, XLIV. Oxford, 1882∼1900.

Geldner, K. F., trans., *Der Rig-Veda. Harvard Oriental Series*, Vols.
33, 34, 35. Cambridge, Mass., 1951.

Griffith, R. T. H., trans., *The Rig Veda.* 2nd ed. 2 vols. Benares,
1896∼1897.

Keith, A. B., *The Religion and Philosophy of the Vedas and Upani-
shads.* Cambridge, Mass., 1925.

________, trans., *Rig Veda Brāhmaṇas: The Aitareya and Kauṣītaki
Brāhmaṇas of the Rigveda.* Cambridge, Mass., 1920.

Levi, S., *La doctrine du sacrifice dans les Brāhmaṇas.* Paris, 1898.

Macdonell, A. A. *Vedic Mythology.* Strassburg, 1897.

O'Flaherty, W., trans., *The Rig Veda: An Anthology.* Harmonds-
worth, England, 1981.

Oldenberg, H., *Die Religion des Veda.* 3rd edition. Berlin, 1923.

________, *Die Weltanschauung der Brāhmaṇa-Texte.* Göttingen, 1919.

Müller, M. and H. Oldenberg., trans., *Vedic Hymns.* 2 vols. *SBE,*
XXXII, XLVI. Oxford, 1891∼1897.

Renou, L., *Religions of Ancient India.* London, 1953.

Whitney, W. D., trans., *The Atharva Veda.* Cambridge, Mass., 1905.

제3장 우파니샤드의 哲學

1 우파니샤드의 性格

베다와 브라흐마나에서 이미 보이기 시작한 고대 인도인에 의한 세계의 통일적 원리에 대한 사유는 우파니샤드에 와서 그 절정을 이룬다. 눈에 보이는 다양한 경험적 현상을 궁극적인 실재로 보지 않고 그 根底에 보이지 않는 통일적인 實在를 探求하려는 形而上學的인 思惟이다. 이 사유는 宗敎的으로는 人格化된 自然現象으로서의 諸神들의 여러 形態나 性格을 超越하여 그들의 背後에 있는 보다 더 根本的인 하나의 神에 대한 追求로 나타난다. 여러 특수한 성격과 모습을 지닌 諸神들은 아직도 現象의 세계에 머물러 있는 有限한 存在들로서, 모든 존재의 궁극적 原理를 추구하는 우파니샤드의 哲人들의 마음을 더 이상 충족시킬 수 없었기 때문이다. 그들이 추구하는 철학적 思惟의 目標는 그것을 앎으로써 다른 모든 것들을 알게 되는 단 하나의 根源的인 實在 그 自體였던 것이다. 우파니샤드는 이런 古代 印度人의 형이상학적 정열의 産物로서, 그 후의 인도철학 전체에 결정적인 영향을 끼치게 되었다. 베다의 끝에 위치하고 있다고 하여 베단타 Vedānta(베다의 끝 혹은 목적)라고도 불리며, 六派哲學의 하나인 베단타 철학의 基盤을 이룰 뿐만 아니라, 다른 모든 학파에까지 至大한 영향을 미치게 되었다.

이미 言及한 대로 베다는 그 內容에 있어서 인간의 行爲, 특히

祭祀의 義務와 規定을 다루는 行爲篇 Karma-kāṇda과, 형이상학적 지식을 다루는 知識篇 Jñāna-kāṇḍa으로 구별되어 왔다. 우파니샤드는 이 後者에 속하는 것이다. 물론 우파니샤드에는 형이상학적 사유 이외에도 아직도 브라흐마나에서와 같이 祭儀에 관한 여러 가지 雜多한 思想들이 섞여 있지만, 그 獨特한 철학적 意義는 어디까지나 형이상학적 思惟에서 發見되는 것이다.

우파니샤드의 形而上學的 思惟는 결코 단순한 知的 호기심에서 나온 것이 아니라, 항시 변하는 有限하고 고통스러운 현상세계 자체를 초월하여 영원한 實在에 도달하려는 새로운 宗敎的 渴望에 立脚한 것이었다. 우파니샤드에 와서는 古代印度人들은 인간의 運命이란 카르마의 法則에 의하여 輪廻의 世界에서 끝없는 生死를 되풀이해야 하는 것이라고 믿게 되었다. 마치 풀벌레가 한 잎사귀에서 다른 잎사귀로 옮겨 가듯이 사람은 한 生이 끝나면 다른 모습으로 다시 태어나야만 한다는 것이다. 따라서 우파니샤드 哲人들의 關心은 어떻게 하여야 이런 目的없는 無意味하고 고통스러운 生死의 되풀이에서부터 해방되어 절대적인 삶을 얻을 수 있는가에 촛점을 모으게 되었다. 이러한 끝없는 生死의 되풀이로부터 벗어나기 위해서는 전통적인 올바른 行爲란 그것이 도덕적이거나 제사의 행위이거나간에 이미 그 效力을 상실하게 되었다. 왜냐하면 행위는 어떠한 것이든간에 반드시 그 結果를 초래하게끔 되어 있어, 아무리 善한 行爲라 할지라도 우리를 계속해서 윤회의 세계에 속박시키는 결과를 가져올 따름이기 때문이다. 善한 業報를 받는다 해도 이 현상세계 자체를 벗어나지는 못하는 것이다. 따라서 우파니샤드의 철인들은 절대적인 삶의 발견을 위해서는 行爲가 아니라 宇宙의 永遠하고 絶對的인 實在 自體를 아는 知識 jñāna이 필요하다는 것을 깨닫게 된 것이다. 여기서 브라흐마나의 祭祀를 中心으로 한 행위주의적 철학이 克服되게 되는 것이다. 우파니샤드에서 말하는 知識이란 경험적인 현상세계를 對象으로 하는 日常的인 지식이 아니라, 우주와 인생의 비밀을 아는 神秘한 지식이었다. 따라서 우파니샤드의 哲人들은 이 신비한 지식을 아무에게나 함부로 전달하지 않았고, 스승과 제자의 특별한 관계 아래서 조심스럽게 聖스러운 知

識으로서 傳授했던 것이다. 〈우파니샤드 Upaniṣad〉란 말은 〈가까이 앉는다〉라는 뜻을 지닌 말로서, 선생과 제자가 가까이 앉아 對話를 통하여 秘義的인 지식을 전수했다는 데서 주어진 이름이다. 따라서 우파니샤드의 眞理探求는 주로 대화의 형식으로 전개되며, 우리 는 이 대화들을 통하여 우파니샤드 哲人들이 세계의 궁극적 實在를 추구하는 哲學的 情熱과 永遠한 삶을 바라는 宗敎的 渴望을 여실히 엿볼 수 있다. 그리고 이러한 대화에 참가하는 자들은 바라문계 급의 사람들뿐만 아니라 크샤트리야나 혹은 심지어 슈드라계급의 출신들과 여자들까지도 포함되어 있다는 점은 주목할 만한 일이 다.

우파니샤드는 오랜 기간에 걸쳐서 형성된 다양하고 방대한 문 헌으로서, 현재 우파니샤드라는 이름을 지닌 문헌은 약 150종 내 지 200여종에 이르고 있다. 그러나 그 중에서 브라흐마나에 소속 되어 있는 古典的인 主要 우파니샤드는 약 13편으로서, 時期的으 로 보아 약 B.C 700년로부터 A.D 200년 사이에 만들어졌다고 추 정되며, 따라서 그 안에서도 여러 가지 사상적 흐름들이 발견되고 결 코 하나의 일관된 사상이 지배하고 있는 것은 아니다. 우선 『브르 하드아라냐카 Bṛhadāraṇyaka 우파니샤드』와 『챤도기야 Chāndogya 우 파니샤드』로 대표되는 初期 우파니샤드의 中心思想을 考察하기로 하자. 1)

2 初期 우파니샤드의 哲學

우파니샤드의 궁극적인 知識은 브라흐만 Brahman을 아는 지식이

---

1) P. Deussen의 推定에 따르면 다음과 같은 것들이 初期 우파니샤드에 속한다 :
　　브르하드아라냐카 Bṛhadāraṇyaka(白야주르 베다 소속)
　　챤도기야 Chāndogya(싸마 베다 소속)
　　타이티리야 Taittirīya(黑 야주르 베다 소속)
　　아이타레야 Aitareya(리그 베다 소속)
　　카우시타키 Kauṣītaki(리그 베다 소속)
　　케나 Kena(싸마 베다 소속)
　　이상은 年代順으로 열거되었으나 이것은 어디까지나 Deussen의 推測에 지나지 않
　　는 것이지 절대적인 확실성을 가진 것은 아니다. *The Philosophy of the
　　Upanishads* (London, 1906), pp. 22~26 참조.

다. 브라흐만은 원래 브라흐마나에서 祭祀에 쓰이는 聖스러운 말 혹은 이 말의 聖스러운 힘 등을 나타내는 말이었음을 우리는 이미 보았다. 우파니샤드에 와서는 이 개념이 더욱더 형이상학적으로 발전하여, 祭儀와 關聯된 意味는 거의 없어지고 우주의 궁극적 실재 내지 힘을 의미하는 말로 널리 쓰여지고 있다. 이는 모든 現象界의 根底 또는 核心으로 이해되며, 보이는 다양한 세계의 背後에 있는 어떤 統一的인 實在이다. 萬有가 그로부터 나왔고, 그에게로 다시 흡수되게 되는 萬有의 根源이며 歸着地인 것이다.

『챤도기야 우파니샤드』의 哲人 웃달라카 Uddālaka는 브라흐만으로부터의 世界展開과정을 다음과 같이 說明하고 있다.

最初에는 이 세계는 둘도 없는 一者인 有 sat만이 있었다. 어떻게 非有로부터 有가 생길 수 있겠는가? 이 一者가 多가 되고 싶어서 불 tejas을 放出했고 불은 물 apas을 방출했고 물은 음식 anna을 방출했다. 그 다음 一者가 이들 셋 안으로 살아 있는 내적 自我 jīvātman로서 들어가서 그 셋을 섞어서 각각 또 셋을 만들어내어 萬物의 이름 nāman과 형상 rūpa을 산출시켰다. 불과 물과 음식의 색깔은 각각 빨강과 하얀색과 까만색이고 이들은 眞理 satya이고 그들로부터 나온 差別的인 것들은 말 vāc에 의하여 이름이 주어진 변형 vikāra에 지나지 않는다. 그리고 人間에 들어와서는 이 세 요소들의 가장 微細한 部分은 各各 마음 manas과 숨 prāṇa과 말 vāc이 되었다.[2]

웃달라카의 이러한 宇宙論的 思辨은 분명히 다양한 만물에 본질을 이루는 하나의 통일적 實體가 깔려 있음을 말하고 있으며, 이와 동시에 현상세계의 다양성을 세 가지 要素들의 혼합으로 설명하려는 노력을 보이고 있다. 이러한 생각은 나중에 상키야 Sāṁkhya 學派에 의하여 物質界를 구성하는 사트바 sattva, 라자스 rajas, 타마스 tamas의 三要素說로 발전되게 되는 것이다. 웃달라카는 또한 한 걸음 더 나아가서 宇宙論的 사변을 人間에 대한 고찰에 연결시켜 우주와 인간의 본질이 동일한 것임을 시사하고 있다.

---

2) *Chāndogya Upaniṣad*, VI, 2~6을 요약한 것임.

　한편 『타이티리야 Taittirīya 우파니샤드』에서는 萬物의 母胎와 같은 브라흐만으로부터 展開되어 나온 현상세계의 存在論的 秩序를 人間存在를 중심으로 하여 다섯 단계로 구분하여 설명하고 있다. 즉 브라흐만은 人間存在에 있어서 다섯 가지의 層 pañca-kośa을 가진 自我 ātman로 나타나 있다는 것이다. 그 중 제일 낮은 층을 이루는 것은 음식, 즉 物質로 이루어진 annamaya 自我이다. 그 위로는 動植物에 공통된 生命으로 이루어진 prāṇamaya 自我, 動物만에 공통된 知覺 활동으로 구성된 manomaya 自我, 人間만이 소유하고 있는 認識活動으로 된 vijñānamaya 自我, 그리고 가장 높고 깊은 단계로서 喜悅로 이루어진 ānandamaya 自我를 말하고 있다. 이 마지막의 喜悅로 된 自我란 곧 人間의 가장 깊은 곳에 內在하는 브라흐만 自體인 것이다.

　우파니샤드는 우주의 궁극적 실재인 브라흐만과 브라흐만의 顯現인 현상세계와의 관계를 여러 가지 비유로써 설명하고 있다.

　예를 들면 거미와 거미로부터 나온 거미줄, 금과 금으로 만든 여러 가지 물건들, 불과 불꽃들, 진흙과 진흙으로 만든 그릇들, 혹은 악기와 악기에서 나오는 소리와 같은 비유들이다. 이 비유들이 暗示하고 있는 바는 一과 多의 관계로서, 一을 알면 多를 알 수 있으며, 一은 불변하는 實在이며 多는 변화하는 현상세계로서 사실은 단지 이름과 형태 nāmarūpa에 지나지 않는다는 것이다. 유명한 샹카라 Śaṅkara의 不二論的인 베단타 Advaita Vedānta 철학에서 주장하는 바와 같이 현상세계를 단지 우리의 無知 avidyā로 인한 幻術 māyā로 보는 見解는 우파니샤드에는 아직 분명히 나타나 있지는 않으나 암시적으로는 이미 存在하고 있다고 볼 수 있다. 특히 『슈베타슈바타라 Śvetāśvatara』와 같은 後期의 우파니샤드는 브라흐만을 인격적 神인 이슈바라 Īśvara(主)로서 파악하며, 이 세계는 마술사 māyin와 같은 神의 幻術 māyā에 의하여 나타나 보여진다고 말하고 있다. 그러나 다른 한편으로는 雜多한 현상세계가 브라흐만으로부터 展開되어 나온 것이거나 혹은 그것의 變形인 만큼 어디까지나 幻術일 수 없고 오히려 브라흐만과 근본적으로 다르지 않다고 보는 一種의 汎神論的 思想도 多分히 발견되고 있다. 모든 것이 브라흐만의 顯現이기 때문에 브라흐만이 모든 것의 배후에 혹은 그 속에 內在하고 있기 때문인 것이다. 결론적으로 말하여 우파니샤드에 는 세계를 브라흐만의 전개로 보는 轉變說 pariṇāmavāda과, 세계는 브라흐만이라는 唯一의 實在를 根據로 하되 단순히 가상적으로 나타나 보이는 것에 지나지 않는다는 견해, 즉 假現說 vivartavāda이 둘 다 발견되고 있는 것이다. 前者는 베다나 브라흐마나에서 이미 발견되는 宇宙發生論的 cosmogonic 思想에 기초한 것이며, 後者 는 우파니샤드 特有의 哲學的 寄與라고 볼 수 있다. 兩者는 다 宇宙의 궁극적이고 영원한 實在인 브라흐만과 有限하고 變하는 현상 세계와의 관계를 파악해 보려는 노력인 것이다.

우파니샤드 철학의 가장 중요한 통찰은 무엇보다도 브라흐만에 대한 宇宙論的인 思辨을 넘어서서 우주의 窮極的인 實在를 주체적으로 파악했다는 데 있다. 즉, 우주의 궁극적 실재인 브라흐만은 곧 다름아닌 인간의 실재라는 관점하에 우파니샤드의 哲人들은 實在探究의 방향을 전환하여 自我의 탐색에 눈을 돌린 것이다. 이 방향 전환은 종래의 外向的인 宇宙論的 思辨으로부터 內向的인 人間의 自己省察로의 전환을 의미하는 것으로서 우파니샤드의 불멸의 사상적 공헌이었다. 사회적으로는 이 전환은 祭祀儀式을 관장하면서 聖스러운 브라흐만의 힘을 거의 독차지하다시피한 바라문계급의 종교적 권위에 대한 반발로서 이해될 수 있다. 우파니샤드에 바라문계급 출신이 아닌 많은 哲人들이 등장하고 있다는 것은 이러한 事實을 시사하고 있는 것이다. 그들은 종래의 바라문계급에 의한 제사를 매개로 하는 종교생활에 회의를 품고 자기 자신의 영원한 自我를 찾음으로써 우주의 窮極的인 實在에 直接的으로 接하고자 하는 노력을 한 것이다.[3]

우파니샤드는 인간의 참자아를 아트만 ātman이라 불렀다. 〈아트만〉 이란 문자 그대로 〈自我〉라는 뜻으로, 문제는 무엇이 참으로 인간의 不變하는 自我를 構成하고 있는가 하는 것이 우파니샤드 哲人들의 最大 關心事였다. 우리는 이 問題에 對하여 種種의 思辨들을

---

3) Deussen은 特히 Kṣatriya 계급 가운데서 우파니샤드의 秘義的인 眞理가 처음에 전수되었다고 생각한다. *The Philosophy of the Upanishads*, pp. 16~22 참조.

우파니샤드에서 찾아볼 수 있다. 예를 들면 우선 人間存在의 根據로서 자주 숨 prāṇa이 擧論되고 있는 것을 본다. 왜냐하면 숨은 인간의 다른 모든 感覺器官의 活動보다 더 緊要하고 잠시도 停止할 수 없는 것이기 때문이다. 그러나 숨은 인간의 精神的 機能을 설명할 수 없다는 弱點을 지니고 있다. 따라서 때로는 숨대신 意根 manas, 意識 vijñāna, 知 prajñā 등이 인간의 本質的 自我로서 擧論되기도 한다. 그러나 이 문제에 대한 우파니샤드의 사변의 頂點은 이 모든 것이 불충분한 것임을 깨닫고 인간의 참자아란 위에서 말한 육체나 정신적 要素와는 달리 그것보다 더 밑바닥에 깔려 있는 깊은 實在임을 이해하게 되는 데 있다. 이러한 한층 深化된 思辨은 소위 自我의 4가지 狀態에 대한 理論에 잘 나타나 있다. 첫째는 우리가 깨어 있는 狀態에서의 自我이다. 즉, 우리의 감각기관이 外界와의 接觸에 의하여 活動하고 있는 狀態이다. 이 상태에서는 自我는 우리의 몸과 同一視되며 자아가 가장 隱蔽된 상태이다. 둘째는 꿈을 꾸는 狀態로서, 이때에는 우리의 감각기관과 몸은 쉬고 있지만 우리의 마음, 즉 內的 感覺器官 manas과 意識은 계속 活動하고 있으며 깨어 있을 때의 체험을 材料로 하여 微紐한 對象의 세계를 任意로 만들어 내는 상태이다. 여기서도 역시 참자아는 發見되지 않고 마음이 自我와 混同되고 있는 상태이다. 세번째 自我의 狀態는 이보다 더 깊은 상태로, 꿈도 없는 깊은 睡眠의 상태이다. 여기서는 어떤 감각기관이나 의식작용도 없고 그에 해당하는 대상도 사라지게 된다. 즉, 主觀과 客觀의 對立과 교섭이 초월되고 모든 多樣性과 制限性이 사라진 행복하고 평화스러운 상태이다. 그렇다고 이것은 아주 無意識의 상태를 의미하는 것은 아니다. 可變的이고 特定한 制限된 의식이 아닌 無限한 純粹識 cit만이 밑바닥에 깊이 깔려 있는 상태라고 한다. 『챤도기야 우파니샤드』의 웃달라카는 이 깊은 수면의 상태를 곧 自我가 순수하게 그 自體를 되찾은 完全한 상태로 간주한다. 마치 한 마리의 새가 이리저리 날아다니다가 마침내 자기의 보금자리에 돌아와서 쉬고 있는 상태에 비유하고 있다.[4] 그러나 『만두키야 Māṇḍūkya 우파니샤드』와 같은 후기 우파니샤드에서는

<hr>

4) *Chāndogya Upaniṣad*, VI, 8. 1~2; VIII, 11.1.

더 나아가서 제 4의 turīya상태를 完全한 상태로 말하고 있다. 이 4번째 自我의 상태는 喜悅 ānanda의 상태로서, 세번째의 깊은 수면의 상태와 같이 主·客의 對立이 초월되며, 모든 有限한 정신적 활동이 그친 상태이다. 이 상태야말로 自我가 아무런 妨害 없이 순수하게 드러나는 지극한 희열의 상태인 것이다. 自我가 特定한 대상이 없이 純粹意識으로서 스스로 밝게 svayaṁprakāśa 存在하는 狀態이다. 이 상태는 보통의 經驗으로서는 주어지지 않고 요가와 같은 정신적 훈련을 통하여 주어지는 神秘的 體驗의 世界이다. 우파니샤드의 哲人 야즈나발키야 Yājñavalkya에 의하면 자아는 인간의 모든 인식행위나 정신적 활동의 背後에서 항시 그것을 지켜보는 證人 sākṣin과 같은 絕對的 主體로서 결코 우리의 認識의 대상이 될 수 없다고 한다. 왜냐하면 그 자체가 認識이요, 다른 모든 認識의 主體로서 그 자체는 결코 認識의 대상이 될 수 없기 때문이다. 단지 直觀에 依하여 自明한 것으로밖에 알려질 수 없는 實在이다. 따라서 설명이나 定義도 不可能하다. 오로지 否定的 方法으로, 〈무엇도 아니고 무엇도 아니다 neti-neti〉라는 식으로밖에는 이야기될 수 없는 性質의 것임을 야즈나발캬 Yājñavalkya는 强調하고 있다.

　이 自我는 어떤 差別性이나 個別性을 容納하지 않는, 모든 人間에게 共通된 自我이다. 웃달라카는 그의 아들 슈베타켓투 Śvetaketu에게 이 眞理를 여러 가지 비유로써 가르치고 있다. 꿀이 여러 나무들로부터 채취되지만 하나의 본질이듯이, 강물들이 東에서 오든 西에서 오든 하나의 바닷물을 이루듯이, 아트만에는 아무런 個別的 差別性이 없다는 것이다. 뿐만 아니라 이 아트만은 다름아닌 브라흐만으로서 人間뿐만 아니라 모든 存在의 共同된 本質을 이루는 것이다. 소금이 물에 녹으면 물의 어느 부분을 맛보나 소금의 맛이 있듯이 아트만은 存在하는 모든 것에 遍在하는 共通된 本質이라는 것이다. 人間을 포함한 모든 世界는 하나의 궁극적 實在에 참여하고 있으며 브라흐만은 宇宙의 아트만이요, 아트만은 인간에 內在하는 브라흐만인 것이다. 바로 이 梵我一如의 眞理를 깨닫는 것이 우파니샤드에서 말하는 최고의 知識 jñāna인 것이다. 〈네가 그것이다 tad tvam asi〉, 혹은 〈내가 브라만이다 aham brahma asmi〉라는 우파니샤드의 유명한 구절들은 이 眞理를 말해 주는 것이다. 베다나 브라흐마나 시대에 있어서도 이미 人間을 小宇宙로 보는 견해가 종종 발견되지만, 우파니샤드에 와서 이 사상은 더욱 철학적으로 昇華되어 大宇宙의 實在가 바로 다름아닌 小宇宙로서의 人間의 實在로 把握되는 것이다. 브라흐만이 이렇게 人間에 있어서 主體的으로 파악된 結果, 브라흐만의 본성은 不變하는 存在, 純粹識, 喜悅 ānanda로서 파악되게 되었으며, 동시에 인간의 본질은 無限하고 永遠한 우주의 본질과 同一視된 것이다.

자기가 곧 브라흐만이라는 진리를 깨닫는 사람은 모든 욕망과 두려움에서부터 해방된다. 왜냐하면 자기자신 이외에 따로이 원하거나 두려워할 다른 아무 대상도 존재하지 않기 때문이다. 따라서 이러한 사람은 모든 業 karma으로부터 자유로와지며 死後에는 다시 還生하는 일이 없이 브라흐만 그 자체로서 절대적이고 영원한 삶을 얻게 된다. 그러나 이 삶은 물론 어떤 個人的인 삶의 존속으로 간주되어서는 안 된다. 사실 解脫이란 결국 現世에서 이미 자신에 대한 올바른 통찰을 통하여 주어지는 것이나 다름 없다는 生解脫 jīvanmukti의 사상을 우리는 이미 우파니샤드에서 찾아볼 수 있다. 그러나 다른 한편으로는 아직도 『리그 베다』나 브라흐마나의 전통적인 宇宙論的 사유에 따라서 解脫을 死後에 神들의 길 devayāna을 따라서 브라흐만에 이르는 것으로 생각하기도 한다.

3 中後期 우파니샤드의 哲學

이상에서 우리는 初期 우파니샤드의 주요 사상을 대략 살펴보았다. 이제는 『카타 우파니샤드 Kaṭha Upaniṣad』, 『슈베타슈바타라 우파니샤드 Śvetāśvatara Upaniṣad』 등과 같은 中期 우파니샤드의 사상을 검토해 본다.[5] 이들 中期 우파니샤드는 대체로 B. C 500년에서 B. C 200년경 사이에 씌어진 것으로서, 형식상으로 볼 때 散文

---

5) 中期에 속하는 우파니샤드로는 이 둘 이외에도 이샤(Īśā), 문다카(Muṇḍaka) 等이 있다. *Muṇḍaka Upaniṣad*는 *Atharva Veda*에 소속되어 있고 나머지 셋은 모두 *Yajur Veda*에 속해 있다.

38

대신 주로 韻文으로 씌어진 것이 특징이다. 또한 그 부피에 있어서 『브르하드아라냐카』 등과 같은 것에 비하면 훨씬 짧고 내용이 비교적 간단하다는 特色이 있다. 思想的으로는 初期 우파니샤드에서 아직도 많이 발견되고 있는 브라흐마나의 祭祀主義的 宇宙論的 思辨이 현저히 줄어들고 있다. 『카타 우파니샤드』에 있어서 철학적으로 새롭고 중요한 것은 상키야 Sāṁkhya나 요가 Yoga철학의 根源的 思想이 담겨져 있다는 사실이다. 『카타 우파니샤드』는 아트만을 마차의 주인에 비유하고 있다. 우리의 몸은 마차이고, 우리의 知性 buddhi은 마차를 모는 者, 마음 manas은 고삐, 감각기관 indrya은 말들, 그리고 감각기관의 대상 viṣaya은 말이 달리는 길에 비유되고 있다. 智慧 있는 者는 항시 마음의 고삐를 제어하고, 감각기관의 말을 잘 몰아서 목적지에 도달하여 다시는 윤회의 세계에 태어나지 않지만, 無知한 자는 그 반대로 생각과 감각기관에 이끌리어 輪廻의 世界에 轉生하게 된다는 것이다. 여기서 〈制御한다〉는 말은 요가 yoga와 같은 語源의 말 yuj로서 해탈을 위한 實踐的 行爲의 核心이 되는 것이다. 그리고 이러한 실천의 方法과 동시에 이를 밑받침해 주는 형이상학적 원리들에 대한 思辨도 『카타 우파니샤드』에 전개되고 있다. 세계 전체를 점차적으로 높은 存在論的 원리에 따라 해석하여 요가라는 정신통일의 훈련을 통하여 가장 높은 실재에 接하도록 이론적인 뒷받침을 제공하는 것이다. 즉, 감각기관보다는 대상 세계, 대상세계보다는 意根 manas, 意根보다는 知性 buddhi, 知性보다는 大我 mahat-ātman, 大我보다는 未顯現 avyakta 그리고 未顯現보다는 精神 puruṣa이 더 높은 실재로 이야기되고 있는 것이다. 이러한 사상은 나중에 상키야철학에서 하나의 정돈된 세계轉變의 理論으로 定立되게 되는 것으로서, 상세한 것은 후에 검토키로 한다.

단지 여기서 한 가지 언급되어야 할 점은 中期 우파니샤드에는 아직도 精神 puruṣa과 物質 prakṛti의 二元論的인 세계관은 나타나 있지 않다는 것이다. 精神은 物質보다 높은, 그러나 그것과 存在論的으로 同一線上에 있는 어떤 實在로서, 神 혹은 브라흐만으로 이해되고 있는 것이다. 다시 말하면 無神論的 二元論의 사상은 우파니샤드에는 찾아보기 어렵다는 것이다.

中期 우파니샤드의 또 하나의 중요한 文獻은 『슈베타슈바타라 우파니샤드』이다. 『카타 우파니샤드』보다 좀더 나중의 것으로, B. C 2~3세기경의 것으로 추정된다. 이 우파니샤드에는 요가의 實踐에 관하여 『카타 우파니샤드』보다도 더욱더 詳細한 說明이 발견된다. 이를테면 요가를 행하는 場所, 正座의 자세, 호흡의 조절, 요가의 실습에 따른 種種의 超自然的 能力 등을 말하고 있다. 뿐만 아니라 요가의 궁극적 目標는 神의 認識에 있으며 神의 인식은 個人의 영혼들을 物質世界 prakṛti의 속박으로부터 해방시킨다고 한다. 神은 모든 것을 지배하는 唯一者로서, 萬有를 創造하고 그 안에 內在하며 마지막에는 萬有를 다시 회수하는 大主宰者 Maheśvara이다. 우리는 그의 恩寵 prasāda에 의해 神과 그의 偉大함을 보며 그를 信愛 bhakti하는 자는 진리를 알 수 있다고 한다.

본래 初期 우파니샤드에는 브라흐만이 대체로 非人格的인 形而上學的 實在로 이해되고 있지만 여기서는 분명히 온 세계를 지배하는 人格神으로 간주되고 있다. 特히 그를 베다의 神 가운데 하나인 루드라 Rudra로 부르고 있으며 이 루드라神은 나중에 쉬바 Śiva 神과 同一視되는 神이라는 것을 기억할 필요가 있다. 이러한 『슈베타슈바타라』의 강한 唯一神的 사상과 信愛 bhakti의 사상은 서력기원전 3~4세기경부터 大衆의 信仰운동으로 등장하기 시작한 쉬바神과 비슈누神의 숭배에 영향을 받은 것으로 간주되며 이러한 경향은 大叙事詩 『마하바라타 Mahābhārata』에 와서 더욱더 본격적인 자세를 드러내게 되는 것이다.

『슈베타슈바타라 우파니샤드』의 사상 가운데서 또 한 가지 注目할 만한 것은 神과 物質 세계와의 關係에 있어서 神을 幻術師 māyin 로, 物質世界 prakṛti를 그에 의하여 조작된 幻術 māyā로 비유하고 있으며 개인의 영혼은 이 幻術에 흘려서 붙들려 있는 존재로 간주하고 있다. 나중에 베단타 Vedānta哲學에 있어서 핵심적인 개념의 하나인 〈마야 māyā〉라는 말이 여기에 비로소 분명하게 나타나 있을 뿐만 아니라, 神과 個人靈魂과 物質世界와의 三角關係는 후세의 有神論的 諸哲學體系의 根本을 이루는 문제인 것이다.

中期 우파니샤드의 人格的인 브라흐만의 이해와 더불어 한 가지

주목할 점은 『카타』와 『문다카 Muṇḍaka 우파니샤드』에 나타나 있는 아트만의 啓示의 思想이다. 즉 아트만은 어떤 가르침이나 知的인 能力에 의하여 알려질 수 없는 實在로서 자기가 선택한 자에게만 스스로를 드러낸다고 하는 사상이다.[6]

지금까지 『카타』나 『슈베타슈바타라』 등과 같은 中期 우파니샤드 思想의 특징들을 살펴보았거니와 이들보다도 더 늦게 산출된 一群의 後期 우파니샤드들도 있다. 『프라슈나 Praśna』, 『마이트리 Maitrī』, 『만두키야 Māṇḍūkya』와 같은 우파니샤드들이 이에 속하며 대략 B.C 200에서 A.D 200년 사이에 형성된 것으로 추측된다. 여기서는 『마이트리 우파니샤드』의 思想만을 간단히 언급하기로 한다.

『마이트리 우파니샤드』에는 대체로 『카타 우파니샤드』 등에 나타나 있는 상키야철학의 씨가 더욱더 분명하게 개념적으로 발달되어 있다. 예를 들면 상키야 학파에서 말하는 個人我 puruṣa의 개념이 明確히 정립되어 物質 prakṛti, pradhāna로부터 成立된 元素我 bhūtātman와 확실히 구별되고 있으며, 輪廻의 主體로서의 細身 liṅgaśarīra의 개념도 발견된다. 또한 萬有를 構成하고 있는 三要素 (sattva, rajas, tamas)의 理論도 發見되며, 요가 철학의 根本이 되는 요가 修行의 八支說에 가깝게 그 중의 6단계가 이미 언급되어 있다.

이상에서 고찰한 中後期의 우파니샤드들을 통하여 우리가 분명히 알 수 있는 것은 상키야哲學은 아마도 體系的인 學派 가운데서 가장 오랜 歷史를 지닌 哲學的 思惟라는 점이다. 그것은 해탈의 宗敎로서 實踐的인 要素가 强한 佛敎의 影響 아래 이에 相應할 만한 解脫의 方法과 理論을 明確하게 제시할 必要를 느낀 바라문 思想家들의 對應策이 아니었나 생각된다.

＊ 참고문헌

Deussen, P., *The Philosophy of the Upanishads*. Trans. by A.S. Geden from German. London, 1906.

---

6) *Kṭha Upaniṣad* I, 2. 23; *Muṇḍaka Upaniṣad* III, 1, 3.

__________, trans., *Sechzig Upanisads des Veda*. Leipzig, 1897.

Hume, R. E., trans., *Thirteen Principal Upanishads*. London, 1931.

Keith, A. B., *The Religion and Philosophy of the Veda and Upani-shads*. Cambridge, Mass., 1925.

Müller, M., trans., *The Upanishads*, SBE I, XV. Oxford, 1879. 1884.

Oldenberg, H., *Die Lehre der Upanishaden und die Anfänge der Buddhismus*. Göttingen, 1915.

Radhakrishnan, S., trans., *The Principal Upaniṣads*. London, 1953.

Ranade, R. D., *A constructive survey of Upanishadic philosophy*. Poona, 1926.

Ruben, W., *Die Philosophen der Upanishaden*. Bern, 1947.

제4장   非婆羅門系 哲學의 發興

1   歷史的 背景

印度의 西北部로부터 들어와서 인더스江과 쟘나江 사이에 자리를 잡고 바라문계급의 主導下에 발전했던 아리안族의 베다文化는 기원전 6〜7세기경부터는 東쪽으로 확대되어 가기 시작했다. 이 시기에는 鐵器文化의 수입으로 여태껏 밀림지대였던 곳이 개간되어 農作地가 확대되고 생활이 윤택해짐에 따라 갠지즈江의 中流以東에는 여러 곳에 商工業을 中心으로 한 都市文化가 건설되게 되었다. 이와 더불어 종래에 村落과 氏族的 유대관계를 기반으로 형성돼 왔던 바라문敎의 地位도 자연히 흔들리게 되었다. 더우기 아리안族의 東漸에 따라서 原住民과의 人種的 혼합도 생기게 되어 傳統的 바라문교의 약화는 더한층 加速化되게 된 것이다. 이러한 상황에서 일어난 것이 바라문의 사회적 特權이나 베다의 종교적 권위를 인정하지 않는 佛敎나 쟈이나敎와 같은 새로운 自由思想的 운동들이었다.

이 時期는 또한 印度가 정치적으로도 큰 變化를 겪는 때였다. 종래의 群小部族國家들은 마가다 Magadha나 코살라 Kosala와 같은 강대한 君主國家들에 의하여 여지없이 정복당하였으며 이에 수반하는 정치적·사회적 혼란과 不安이 극심한 시기였다. 뿐만 아니라 都市文化의 發達에 따라서 安定된 種族的 유대관계를 잃은 도시의 商工人들은 한편으로는 새로이 주어진 개인적 自由와 세속적 향락의 기회를 누리는가 하면 다른 한편으로는 人生의 無常함과 無意味함을 더욱 切實히 느끼게 되기도 한 것이다. 佛教와 쟈이나教는 무엇보다도 바로 이러한 都市商工人들의 새로운 宗教的 欲求에 부응하여 사회적·경제적 기반을 잡게 된 종교인 것이다.

佛教와 쟈이나教는 물론 이러한 격변하는 時代에 發生한 대표적인 자유 思想的 종교운동이었다. 그러나 우리는 그 밖에도 많은 유사한 운동들이 있었음을 佛教나 쟈이나교의 文獻들에서 찾아볼 수 있다. 이들 자유사상운동들은 종래의 바라문들과는 달리 沙門 śrāmaṇa이라는 새로운 형의 종교지도자들을 중심으로 하여 전개되었다. 沙門이란 一定한 장소에 구애받지 않고 村落이나 都市에 遊行하면서 乞食에 의해 生計를 유지하면서 修行과 布教에 전념하는 出家者들이었다. 그들의 주위에는 자연히 그들의 教說을 따르고 실천하는 무리들에 의하여 僧伽 saṁgha라는 生活共同體가 형성되게 되었다. 이들 공동체들은 사회적 계급적 신분의 차별없이 누구나 다 참여할 수 있는 開放的인 성격을 띤 집단이었다.

佛教나 쟈이나教를 제외하고는 이들 群小 宗教운동들의 思想은 제대로 전해지고 있지는 않으나 佛教의 經典들을 통하여 우리는 그들의 자유롭고 창의적인 哲學的 思惟의 모습들을 엿볼 수 있다. 佛教의 經典에는 소위 六師外道라 하여 佛陀 당시에 그의 가르침과 어긋나는 여섯 가지의 思想들이 유행되고 있었음을 전하고 있다. 그 중에서 쟈이나教는 나중에 항을 달리하여 고찰하기로 하고 나머지 다섯 가지의 教說들을 먼저 간략히 소개한다.

2 六師外道

팔리 Pāli 語로 된 小乘經典의 하나인 『沙門果經 Sāmaññaphala-suttanta』에 의하면[1] 첫째, 푸라나 카사파 Pūraṇa Kassapa라는 사람

---

1) *Dialogues of the Buddha*, Part I, *Sacred Books of The East*, ed. by F. Max Müller, Vol, II. 漢譯阿含經에도 이 經이 번역되어 있다. 『大正新修大藏經』 1, pp. 107~109. 그러나 누가 어떤 說을 주장하였는가에 관하여는 파리語 經典과 어긋남이 있다. 여기서는 파리어經과 그 밖에 다른 문헌들에 근거한 학자들의 연구에 의거하여 소개한다.

는 殺生, 偸盗, 淫逸, 妄語 等의 행동을 스스로 하거나 남에게 하
도록 가르쳐도 惡이 아니며 惡한 業報를 받지 않는다는 業의 法則
을 否定하는 無道德說(說無作 akiriyavāda)을 주장했다고 한다.

마칼리 고살라 Makkhali Gosāla라는 者는 인간의 道德的 그리고 人
格的 상태에는 아무런 原因이나 理由가 없으며 人間을 포함한 모든
衆生의 상태는 단지 運命 niyati과 그들이 속한 種 saṁgati, 그리고
그들의 天性 bhāva에 의하여 決定되기 때문에 自身의 行爲나 努力
은 아무런 소용이 없다는 運命論 혹은 決定論을 주장했다. 그는 本
性論的인 svabhāvavāda 決定論者로서 人間은 自身의 現在와 未來에
대하여 아무런 責任을 질 필요가 없다는 것이다. 그는 輪廻와 業을
認定했지만 지혜로운 자나 어리석은 자를 막론하고 누구나 다 꼭
같이 一定기간 동안 生死의 世界에서 定해진 量의 苦痛과 즐거움을
맛보기 마련이며 아무도 이것에 영향을 주거나 바꿀 수 없다는 것
이다. 해탈이란 이 주어진 기간이 끝나는 것을 말하고 그때에야 비
로소 苦의 終息이 가능한 것이다. 그는 運命과 天性의 절대적인 支
配를 믿는 철저한 決定論者이나 同時에 이러한 요소들 이외에는 人
間의 상황에 대하여 다른 아무런 原因도 인정하지 않기 때문에 無
因論者 ahetuvādin이기도 한 것이다. 마칼리 고살라의 주장을 따르
는 者들을 邪命派 Ājīvika라고 부른다. 그의 견해나 경력은 쟈이나
經典에도 전하여지고 있으며, 쟈이나교의 祖師인 니간타 나타풋다
Nigaṇṭha Nātaputta와 一時 修行을 같이 한 일도 있었다. 邪命派는
제법 오랫동안 명맥을 유지해 온 흔적이 남아 있다.[2]

세번째의 外道로서 아지타 케사캄발라 Ajita Kesakambala라는 자
는 感覺的 唯物論을 내세웠다. 그에 의하면 인간은 地, 水, 火, 風
의 四大로부터 생겼으며 현명한 자나 어리석은 자나 누구든지 죽으면
身體가 파멸되고 아무것도 남는 것이 없다는 斷滅論 ucchedavāda을 주
장했다. 그는 감각만이 인식의 唯一한 원천이며 業의 法則을 부인하
는 無業論 natthikavāda(說無業)을 주장하고 死後의 世界를 否定했다.

네번째로, 파쿠다 카차야냐 Pakudha Kaccāyana는 世界는 地, 水,

---

2) A. L. Basham, *History and Doctrines of the Ājīvikas: a vanished Indian
   Religion* (London, 1951) 참조.

火, 風, 苦, 樂, 命我의 不變하고 영원한 일곱 요소로 구성되어 있으며, 行爲의 主體가 되는 存在란 없다고 하는 물질주의적이며 無人格的인 世界觀을 說했다. 그에 의하면 어떤 사람이 예리한 칼로 남의 머리를 둘로 쪼개도 사실 아무도 그의 생명을 앗아간 자가 없으며 단지 칼이 일곱 가지 요소들의 틈 사이로 침투하여 들어간 것에 지나지 않는다는 것이다. 행위와 사건을 철저히 非人格的인 과정으로 說明하는 세계관인 것이다.

다섯번째로 산자야 벨라티풋타 Sañjaya Belaṭṭhiputta라는 者는 來世와 業報에 대하여 認識的 懷疑論을 주장했다. 즉 業이란 것이 존재하는가고 물으면 그는 그렇다고도 안 그렇다고도, 그렇지 않은 것도 아니라고, 그렇지 않지 않은 것도 아니라고 대답한다는 것이다. 마가다의 수도인 王舍城에서 살았으며 佛陀의 유명한 제자 사리풋타 Sāriputta와 목갈라나 Moggallāna도 처음에는 그의 제자였다고 한다.

以上의 5가지 理論들에서 우리가 特別히 유의해야 할 점은 그들이 대체로 말해서 物質主義的인 人間觀을 지녔고 우파니샤드에서 말하는 人間의 깊은 靈的인 自我 즉 아트만이나 宇宙의 窮極的 實在인 브라흐만 등의 개념을 인정하지 않았다는 것이다. 따라서 死後의 世界에 대해서도 懷疑的이고 심지어는 道德的 價値 내지 法則마저 否認하게 되는 현상을 나타내고 있다는 점이다. 종래의 바라문주의에 의하여 정립된 사회윤리질서와 종교사상에 대한 반발 혹은 비판으로 이해할 수 있는 것이다.

나중에 우리가 考察하겠지만 佛陀의 敎說은 한편으로는 이런 사상들과 類를 같이하면서도 다른 한편으로는 도덕적 懷疑主義나 形而上學的 斷滅論과 같은 결론에는 빠지지 않는 所謂 中道的인 立場을 표방한 가르침이었다. 이러한 批判的·自由主義的 思想의 전통을 후세에 좀더 철학적으로 體系化하여 정리한 學派가 다름 아닌 챠르바카 Cārvāka학파인 것이다.

3 챠르바카의 哲學

〈챠르바카 Cārvāka〉란 말의 원래 의미는 분명치 않으나 여하튼 챠르바카는 인도철학사에서 唯物論과 懷疑主義 및 享樂主義를 代表하는 學派로 알려져 있으며, 佛敎나 쟈이나敎 등을 포함한 다른 모든 학파의 비난과 비판의 대상이 되어 왔다.[3] 세상 사람들의 천박하고 상식적인 견해를 따르는 철학이라 하여 順世派 Lokāyata라고도 불린다.

이 학파의 주장하는 바는 그 학파 자체의 문헌이 별로 남아 있지 않고 비판자들의 著書를 통하여 알려져 있기 때문에 반드시 客觀的 正當性을 가지고 있다고 보기는 어려우나, 대체로 다음과 같은 哲學的 立場을 내세웠음을 印度哲學史家들은 말하고 있다.[4]

① 地·水·火·風이 萬物을 構成하는 要素들이다.

② 몸과 감각기관과 감각의 대상들은 이 四要素들의 여러 가지 相異한 結合에 의한 結果이다.

③ 意識이란 物質로부터 생긴 것이다. 마치 발효된 누룩으로부터 술의 취하는 성질이 생기는 것과 같다.

④ 靈魂이란 意識이 있는 몸에 지나지 않는다.

⑤ 享樂만이 人生의 유일한 目的이다.

⑥ 죽음만이 解放이다.

챠르바카학파는 인식론에 있어서 直接的 知覺 pratyakṣa만이 타당한 인식의 수단이라고 주장하여 인도철학의 諸學派들이 대부분 인정하고 있는 推論 anumāna의 타당성을 부정한다. 推論이란 직접적인 경험에 의하여 알려진 것에서부터 모르는 것을 알려는 시도로서, 거기에는 確實性이 없다고 한다. 演繹的 推論은 결론이 아직도 立證되지 않은 大前提로부터 推理되어 나오기 때문에 先決問題未解決의 오류를 범하고 있는 것이다. 문제는 어떻게 大前提, 예를 들어

---

3) 一說에 의하면 〈챠르바카〉는 唯物論的 哲學을 가르친 어떤 哲學者의 이름이라 하고, 어떤 견해에 의하면 유물론자들이 〈먹고, 마시고, 즐기라〉(〈carv〉 즉 〈먹는다〉라는 동사에서 유래)는 철학을 가르치므로 그들에게 주어진 이름이라고 한다. 이 밖에 다른 견해들도 있음.

4) 佛敎나 쟈이나교의 經典을 除外하고 順世派의 哲學에 대하여 다음과 같은 主要 資料들이 남아 있다 : 8세기의 쟈이나교의 學者 Haribhadra Sūri가 편찬한 『六派哲學集成 Saḍḍarśanasamuccaya』; 14세기의 베단타 철학자 마다바 Mādhava 의 全哲學綱要 Sarvadarśanasaṁgraha』; 7세기의 順世派의 哲學者 쟈야라쉬 밧타 Jayarāśi Bhaṭṭa의 『眞理災難의 王 Tattvopaplavasiṁha』.

〈연기가 나는 곳에는 불이 있다〉(혹은 〈모든 사람은 죽는다〉)라는 一般的 命題를 옳은 것으로 알 수 있는가이다. 챠르바카에 의하면 普遍的인 陳述의 타당성은 우리의 知覺이 경험한 범위내에서는 타당하다고 한다. 그러나 아무도 〈연기〉와 〈불〉 사이의 관계를 모든 경우에서 다 관찰한 사람은 없는 것이다. 다른 말로 할 것 같으면 歸納的 推理에 의한 결론에는 비약이 있다는 것이다. 大前提의 核心은 두 현상간의 必然的이고 普遍的인 周延關係 vyāpti가5) 成立되어야 하는 것인데 귀납적 추리는 이러한 관계를 확립시킬 수 없다는 것이다. 불과 연기 사이의 因果關係를 論하는 것도 소용없다. 왜냐하면 바로 이 因果관계를 아는 것도 귀납적 추리이며 이 추리 自體가 문제가 되고 있기 때문이다. 그렇다고 해서 他人의 證言에 의하여 이 보편적 관계를 알 수 있는 것도 아니다. 他人의 증언의 타당성 自體가 추리에 의하여 알려지기 때문이다. 이상과 같은 챠르바카 哲學의 推論에 대한 회의는 西洋哲學史에서 잘 알려진 흄 Hume 의 귀납적 추리와 因果律에 대한 회의론과 매우 흡사한 것이다.

챠르바카는 또한 權威있는 사람들의 證言 śabda도 認識의 타당한 방법으로 받아들이지 않는다. 왜냐하면 우선 우리가 누구의 말을 들을 때 왜 그것을 믿는가를 밝힌다. 그러자면 자연히 推論이 들어가게 마련이며, 이 推論의 타당성은 이미 부인되었기 때문이다. 다른 한편, 직접 말을 들어서 무엇을 알 경우에는 그것은 직접적인 지각으로 간주하여 타당하다고 한다. 따라서 베다의 권위가 인정되지 않음은 이러한 견해에서 두말할 여지가 없다.

챠르바카의 형이상학은 이와 같은 인식론의 당연한 결과이다. 즉, 이 학파는 직접적 지각의 대상이 되지 않는 존재들의 實在를 모두 否認한다. 神의 존재, 영혼의 존재, 그리고 業의 法則, 生前이나 死後의 存在 등을 인정하지 않는다. 챠르바카는 주장하기를 이런 것들은 司祭階級이 無知한 사람들을 속여 자기들의 이익을 追求하려는 의도에서 만들어 낸 이론들이라고 한다. 또한 챠르바카는 이러한 세계관에 들어맞는 倫理觀을 서슴없이 정직하게 편다. 人生의 最高의 目標는 이 세상에서 肉體의 고통을 최소한으로 줄이며 쾌

락을 최대한으로 즐기는 데 있다고 한다. 이 이상 다른 道德의 法則도 존재하지 않으며, 이 세상에서 고통을 完全히 克服하려는 解脫의 理想은 불가능한 것이라 한다. 우리가 이 세상에 사는 한 쾌락과 고통은 반드시 섞여지게 마련이며, 그렇다고 그것이 두려워서 쾌락과 고통의 彼岸의 세계를 찾는 것은 어리석은 일이다. 껍데기 때문에 알맹이를 버리는 것과 같다는 것이다. 따라서 人間이 追求해야 할 네 가지 目標, puruṣārtha 즉, 欲望 kāma, 富 artha, 義務 dharma, 解脫 mokṣa 가운데서 챠르바카는 첫번째인 欲望만을 인정한다. 富는 어디까지나 欲望을 충족시키기 위한 수단이므로 욕망만을 최고의 價値로 간주한다.

챠르바카 철학은 놀랍게도 현대적인 면을 많이 지닌 과격한 사상으로서, 古代 인도인의 思惟의 自由를 입증해 주는 좋은 예라 볼 수 있다. 여하튼 인도의 正統哲學學派들이 앞을 다투어 이 챠르바카의 견해를 論破하려고 한 것은 쉽게 이해할 수 있는 일이다. 문제의 제기와 해결에 있어서 너무나 과감하고 분명했기 때문이다. 비록 학파로서는 오래 존속하지 않았지만 챠르바카는 다른 학파의 철학적 사유를 항시 자극해 왔다는 데 있어서 印度思想史上의 특수한 기여를 인정해야 할 것이다. 사실 어떤 의미에서 전통 인도철학은 이 챠르바카가 제기한 문제를 얼마나 성공적으로 해결하고 대답했는가에 그 死活이 달렸다고 해도 과언이 아닐 것이다.

4 原始 챠이나敎의 思想

佛陀와 同時代에 챠이나敎의 創始者 바르다마나 Vardhamāna가 있었다. 그는 인도의 북부 바이샬리市 부근에서 B.C 549年에 한 귀족의 가문에서 태어났다. 그는 30세에 出家하여 苦行과 瞑想에 2년간 전념한 후, 모든 옷을 벗어버리고 벌거벗은 苦行者로서 12년간 심한 苦行의 생활을 하였다. 드디어 한 여름 밤에 完全知 kevala-jñāna를 얻어 獨存位 kaivalya에 도달하였다. 그 후로는 〈마하비라 Mahā-vīra〉, 즉 〈偉大한 英雄〉, 혹은 지나 Jina, 즉 〈勝者〉라는 稱號를 얻어 여러 곳을 遊行하며 布敎生活을 하다가 72세를 一期로 하여 과

트나 부근에서 생을 마쳤다. 대체로 佛陀와 매우 비슷한 生을 보냈으나 苦行을 철저히 했다는 점에서 큰 差異를 보인다.

쟈이나敎의 傳統에 의할 것 같으면, 마하비라는 그의 이전에 있었던 많은 지나들 (《여울을 만드는 자》라는 뜻의 Tirthaṅkara라 불리는 사람들)의 후계자로서 그는 제24祖에 해당한다. 이들 마하비라 이전의 지나들은 모두 전설적인 존재들로 看做된다. 단지 제23祖인 파르슈바 Pārśva는 대략 기원전 8세기 경에 있었던 역사적인 인물로 간주되며, 그는 4個條의 修行上의 계율을 가르쳤다고 한다. 즉 殺生·偸盜·淫行·妄語을 금했다고 한다. 마하비라는 거기에 소유를 금하는 5번째의 규칙을 더하여 소위 五大誓 mahāvrata라는 쟈이나敎의 근본 윤리강령을 제정하게 된 것이다.

마하비라는 그가 생존했을 때 이미 有力한 敎團을 형성하였으나, 傳說에 의하면 그가 죽은 후 교단은 여러 번 분열을 거듭하였다. 그 중에서 특히 白衣派 Śvetāmbara와 空衣派 Digambara의 분열은 유명하다. 서력기원전 4세기 말경 챤드라굽타 Candragupta왕 때의 일로서, 마가다지방에 기근이 생기어 제6대 敎團長 바드라바후 Bhadrabāhu는 일부의 수도승과 같이 갠지스유역으로부터 데칸지방으로 피난을 갔다고 한다. 후에 돌아와 보니 그 지방에 남아 있던 스툴라바드라 Sthūlabhadra를 우두머리로 한 승려들이 독자적으로 聖典의 편찬을 행할 뿐만 아니라 생활규범에 있어서 타락상을 보였다고 한다. 즉, 흰 옷을 몸에 걸치고 생활을 했다는 것이다. 이로부터 한 오라기의 실도 몸에 걸치지 않는 空衣派와 흰 옷을 입는 白衣派로 敎團이 분열되게 되었다고 한다.6) 여하튼 백의파나 공의파 모두 바드라바후 이후로는 바르다마나로부터 전해 내려오던 聖典에 관한 완전한 지식이 散逸되게 되었다고 한다. 바드라바후가 죽자 백의파의 지도자 스툴라바드라는 파탈리푸트라 Pāṭaliputra에서 큰 結集을 열어 聖典을 12部門 aṅga으로 再編成하고 백의파들에 의하여 받아들여졌다고 한다. 그러나 공의파는 聖典이 全滅되었다고 주장하여 그들 스스로

---

6) 비판적 연구에 의하면 이 분열은 A.D. 1세기말경에야 비로소 最終化된 것으로 간주된다. 兩派의 敎理上의 차이는 사실상 거의 없다. 그리고 空衣派의 수도승들도 나중에 사람들 앞에서는 옷을 입었다.

가 만든 代替의 經典을 使用하게 되었다. 白衣派는 서력기원 5~6세기에 발라비 Valabhī에서 다시 結集을 하여 그들의 經典을 最終的으로 定하고 成文化하였다. 이 쟈이나教의 聖典은 半마가디語 Ardha-māgadī라는 一種의 俗語로 씌어져 있으며 마하비라 이후 거의 1000年 후에 편찬되었으므로 순수한 마하비라의 가르침만을 전한다고는 보기 어렵다. 그러나 후세의 체계화된 쟈이나教理書들의 사상을 제외하면 대략 다음과 같은 원시 쟈이나교의 가르침을 서술할 수 있다.[7]

佛陀의 경우와 마찬가지로 마하비라의 최대 관심사는 고통스러운 輪廻의 世界로부터 해방되는 것이었다. 그러나 마하비라는 윤회의 세계에 묶인 人間의 상황을 佛陀와는 달리 이해했다. 즉, 그는 세계에는 수없이 많은 영원한 命我 jīva들이 각각 그들을 내포하고 있는 물체나 몸들의 크기에 따라 한계지어진 크기를 가지고 존재한다고 한다. 命我의 종류도 그들이 거하고 있는 물체에 따라 무수히 많다고 한다. 쟈이나교의 세계관에 의하면 돌이나 흙과 같은 것들도 살아 있는 것으로서 그 안에 命我를 지니고 있다고 한다. 命我는 우리의 모든 정신적인 作用들의 主體이며 行動의 主體이기도 하다. 命我는 본래적으로는 다 같으며, 無限한 知 jñāna, 見 darśana, 力 vīrya과 安 sukha의 성질들을 가지고 있으나, 身·語·意의 業으로 인하여 이러한 성품들이 가리워져 있고 서로간에 差異를 나타낸다고 한다. 마하비라는 業을 命我에 달라붙는 일종의 미세한 物質 pudgala로 看做했으며, 이 물질 때문에 命我가 제 성품을 제대로 발휘하지 못하게 된다고 한다. 이 業은 人間의 여러 다른 行爲들의 원인이 되며, 새로 몸을 받아 여러가지 다른 環境下에 다시 태어남의 원인이 된다고 한다. 그리고 現世에서의 生의 過程을 통하여 이 前生에 쌓인 業은 점점 盡하게 되며, 다른 한편으로는 새로운 業이 命我로 流入되게 āsrava 된다. 이렇게 流入된 業의 物質 karma-pudgala을 命我에 접착시켜서 그것의 속박 bandha을 가져오는 것은 四濁 즉, 忿 krodha, 慢 māna, 欺 māyā, 貪 lobha이라는 激情들로서 이들을 〈카사야 kaṣāya〉(끈적끈적한 접착제라는 뜻)라 한다. 다시 말하면,

---

7) 이 方法은 大體로 Frauwallner를 따른 것임. 그의 *Geschichte der indischen Philosophie*, Vol. I 참조.

命我가 격정의 자극을 받아 業을 짓게 되면 이 業은 어떤 물질의 형태로 命我에 들러붙게 된다는 것이다. 따라서 그러한 命我는 業身 karma-śarīra이라는 業의 물질로 구성된 미세한 몸과 더불어 輪廻를 한다.

그러면 이와 같은 狀態로부터의 解脫은 어떻게 하여야 가능한가? 물론 命我가 業으로부터 자유로와져야만 한다. 그러기 위하여는 우선 더이상 새로운 業의 流入이 없도록 遮斷 saṁvara을 해야 한다. 그 방법으로는 도덕적 行爲와 감각기관의 活動의 제어를 통하여 격정과 業을 줄여야 한다. 다음에는 이미 들어와 있는 業을 消滅 nirjarā해야 한다. 이것을 위하여 가장 중요한 방법은 苦行 tapas이다. 의식적으로 행하는 苦行을 통하여 이미 쌓여 있는 業이 자연적인 소멸보다도 더 빨리 소멸되어 버린다고 믿기 때문이다. 命我가 業으로부터 淨化되면 다시는 還生하는 일이 없으며, 쟈이나敎의 宇宙觀에 따라서 우주의 맨 꼭대기로 昇天하여 거기서 영원하고 幸福한 全知의 삶을 영위한다고 한다. 이것이 命我의 해탈인 것이다.

5 原始佛敎思想

원시불교의 철학적 사상을 알 수 있는 자료로서 가장 완벽하게 전하여 오는 것은 팔리語로 씌어진 上座部 Theravāda傳統의 經·律·論 三藏 Tripiṭaka이다. 그 중에서도 佛陀의 說法을 내용으로 하는 經은 가장 중요한 文獻이다.[8] 佛陀의 敎說이 口傳 단계를 지나서 대체로 오늘날과 같은 형태를 갖추게 된 것은 B.C. 1세기 경이라고 본다. 따라서 오랜 口傳의 과정을 거치는 동안 부처님 자신이 說했다고 보기 어려운 후세의 여러가지 雜多한 宗敎的·哲學的 사상이 많이 混入되어 傳하게 된 것이다. 지금에 와서 진정한 불타 자신의 가르침을 정확하게 가려낸다는 것은 거의 불가능하다고 해도 과언이 아니

---

8) 팔리어 經典에는 經藏은 다섯 개의 部集 nikāya으로 나뉘어 있다. 즉,

 Dīgha Nikāya(漢譯 長阿含) Aṅguttara Nikāya(增—阿含)
 Majjhima Nikāya(中阿含) Khuddaka Nikāya
 Saṁyutta Nikāya(雜阿含)

다. 그러나 여러 經들을 통하여 공통적으로 거의 동일한 표현으로 거듭되어 강조되고 있는 사상들을 우리는 대체로 불타 자신에서부터 연유한 것으로 보아 무방하다. 예를 들면 四聖諦, 八正道, 五蘊, 十二支緣起, 四念處 등과 같은 것으로서, 우리는 이들을 중심으로 하여 原始佛敎의 思想을 대략 파악할 수 있을 것이다.

佛陀는 히말라야 山麓에 있는 조그마한 사키야 Śākya 族의 王國의 王子로서 태어났다고 한다. 당시의 일반적인 정치적 추세에 따라 사키야王國도 인근의 강대국인 코살라 Kosala國에 의하여 압박을 당하다가 결국 倂合되어질 수밖에 없는 운명에 놓여 있었다. 佛陀의 姓은 고타마 Gotama였고 그의 이름은 싯달타 Siddhārtha였다. 〈佛陀〉란 지나 Jina와 마찬가지로 修行 後에 얻어진 칭호이다. 그리하여 그는 고타마 佛陀 혹은 釋迦牟尼 Śākyamuni, 즉 사키야族의 聖子라고 불린다.

그는 29세 때에 당시의 沙門들처럼 出家하여 乞食遊行하면서 종교적 修行을 했다. 그는 주로 마가다 Magadha國에서 6年間이나 遊行하면서 당시의 여러 修行者들을 만나서 禪定과 苦行을 배우고 실천했으나 만족을 얻지 못했다. 어느날 그는 가야 Gayā(伽耶)라는 곳에 있는 한 菩提樹 밑에서 瞑想을 하다가 眞理를 깨달아 佛陀 Buddha, 즉 〈覺者〉가 되었다고 한다. 이것은 그의 나이 35세 때의 일이었다. 成道 後 그는 前에 苦行을 같이 했던 다섯 比丘들에게 說法을 하기 위하여 베나레스 Benares; Bārāṇasī에 있는 鹿野苑(지금의 Sārnāth)에 가서 최초의 說法으로서 愛欲과 苦行의 兩極을 피하여야 한다는 中道 및 四聖諦와 八正道를 가르쳤다. 이것이 그의 有名한 初轉法輪이다.

佛陀는 그 후 45년에 걸쳐서 敎化活動을 벌이며 많은 歸依者를 얻었다. 그는 그의 생애의 대부분을 마가다國과 코살라國에서 보냈으며, 슈라바스티 Śrāvasti, 라자그르하 Rājagṛha, 바이샬리 Vaiśālī 等의 諸都市들을 활동무대로 삼았다. 그는 쿠시나라 Kusinārā라는 곳에서 80세를 一期로 하여 生을 마쳤다. 그의 生의 마지막 부분을 자세히 전하여 주고 있는 『大般涅槃經 Mahāparinibbāna-sutta』에 의하면 그는 자기가 죽은 후 敎團은 그가 가르친 法 dharma을, 그리고

各者는 자기 스스로만을 의지할 것을 권면했다. 그는 최후의 說
法으로 〈모든 有爲法은 滅하게 되어 있으므로 부지런히 目的을 達
成하라〉는 말을 남겼다고 한다.

佛陀가 成道 後 최초로 鹿野苑에서 說했다고 하는 四聖諦의 첫번
째 진리는 人生의 苦 duḥkha에 대한 진리다. 生, 老, 病, 死가 모
두 苦이며, 싫어하는 者와 만나고 좋아하는 者와 헤어짐이 모두 苦
이며, 원하는 것을 가지지 못함도 苦이다. 佛陀는 나아가서 人間存
在를 구성하고 있는 色, 受, 想, 行, 識이라는 五蘊, 즉 다섯 가지
의 그룹들이 그 自體가 苦라고 한다. 佛陀에 의하면 人間이란 色
rūpa이라는 物質的 要素들 dharma, 受 vedanā라는 6가지 감각기관
들(眼, 耳, 鼻, 舌, 身, 意)과 대상들과의 접촉에서 생기는 감정들,
想 saṃjñā이라는 같은 방법으로 해서 생기는 지각들, 行 saṃskāra이
라는 業을 일으키는 여러가지 意志的인 要素들, 그리고 識 vijñāna
이라는 受와 想들에 의하여 주어지는 意識들이 한데 묶어진 묶음에
지나지 않는다는 것이다. 이 五蘊이 모두 苦인 것은 그들이 잠시도
그대로 머물러 있지 않으며 항시 變하는 無常 anitya한 것이기 때문
이며, 이 無常한 五蘊을 取하여 어느 것도 變하지 않는 영원한 自
我라 부를 것이 없다(anātman, 無我)고 한다.

우파니샤드 哲學에서 말하는 아트만이라고 부르는 自我의 개념
은 영원불변하고 무한한 喜悅 ānanda이 되는 것이었다. 佛陀는 이
러한 개념을 알고 있었던 것처럼 보이나, 그의 人間觀은 우파니샤
드의 哲人들과는 根本的으로 다른 것이었다. 즉, 五蘊의 어느것도
그러한 영원한 기쁨이 되는 것은 없으며 인간에게는 五蘊의 和合이
외에 따로, 혹은 이 五蘊을 소유하는 어떤 不變의 自我가 있다고는
볼 수 없다는 것이다. 人間이란 단지 恒時 變하고 있는 諸法들의 묶
음 자체로서 오로지 現象的인 存在일 뿐이라는 것이다. 비단 인간
의 存在뿐만 아니라 세계에 존재하는 모든 事物은 法 dharma이라
고 부르는 더 이상 還元될 수 없는 무수한 存在要素들 factors of
existence의 結合으로서, 이 法들은 끊임없이 生滅을 계속하고 있
으며, 그 어느것도 常住不變의 것이 아니라는 것이다. 다시 말하면
實在 reality라는 것은 순간순간 作用하고 사라져버리는 法들뿐이

54

며 人間과 世界란 이런 法들로 구성된 현상들로서 그 배후에 어떤 불변하는 실체나 본질이 없다는 하나의 현상주의적인 세계관을 불타는 가르친 것이다. 諸法은 苦·無常·無我의 세 가지 法印 dharma-lakṣana의 성격을 지녔기 때문이다.

佛陀의 두번째 진리는 이러한 苦에는 苦가 일어나게 되는 原因이 있다는 集諦 samudaya이다. 즉 다시 태어남을 초래하는 愛欲 tṛṣṇa 이라는 것이 있기 때문에 苦가 있다는 것이다. 이것은 佛陀가 발견한 매우 중요한 사상으로서 몇 가지 기본적인 관념들을 내포하고 있다. 첫째, 苦로서의 人間字在에는 原因이 있다는 생각이다. 苦란 아무 원인도 없는 우연적인 것이 아니라는 것이다. 佛陀는 無因論者 ahetuvādin가 아니었다. 둘째, 원인을 가진 것은 生成된 것이므로 有限한 것이며 없어질 수 있는 것이다. 그 原因이 除去되면 結果도 除去되기 때문이다. 따라서 苦로서의 人間存在는 우리가 어찌할 수 없는 영원한 宿命 niyati과 같은 것이 아니라는 것이다. 佛陀는 宿命論을 거부한 것이다. 이와 같이 偶然論이나 宿命論을 거부하는 佛陀의 사상은 그의 緣起說 pratītyasamutpāda에 잘 나타나 있다. 緣起說의 일반적인 구조는 A가 있으면 B가 있고, A가 생기면 B도 생기고 A가 없으면 B가 없고 A가 滅하면 B도 滅한다 라는 것이다. 佛陀는 이 眞理를 苦로서의 人間存在의 원인을 구명하는 데에 적용한 것이다. 이것이 그가 천명한 十二支緣起說인 것이다. 四聖諦에서는 불타는 苦의 원인을 단순히 愛欲이라고 들고 있지만 經典의 다른 여러 곳에서는 다음과 같은 12개의 요소들을 가지고 生死에 流轉하는 人間存在를 더 자세히 說明하고 있다.

無明 avidyā→行 saṃskāra→識 vijñāna→名色 nāmarūpa→六入 saḍ-āyatana→觸 sparśa→受 vedanā→愛 tṛṣṇa→取 upādāna→有 bhava→生 jāti→老死 jarā-maraṇa

전통적으로 이 十二支緣起說은 三世(과거, 현재, 미래)에 걸친 인간의 流轉을 설명하는 것으로 해석되어 왔다. 즉 無明과 行은 現世에 태어나기 이전의 過去世, 識으로부터 有까지는 現世, 그리고 生과 老死는 來世를 가리킨다고 이해하는 것이다. 佛陀의 이러한

緣起說에 의할 것 같으면 人間存在의 여러 측면을 가리키고 있는 이들 諸法은 우연적으로 無秩序하게 生起하는 것이 아니라, 우리가 파악할 수 있는 어떤 一定한 必然的 規則性 내지 法則性을 가지고 相互聯關 속에서 生滅한다는 것이다. 또한 諸法은 이렇게 相依相資하고 있기 때문에 어떤 것도 獨自性을 지니지 못하고 相對的, 條件的, 그리고 一時的인 存在들이라는 것이다. 이렇게 諸法이 相依相資하여 生起하고 있기 때문에 그 어느 것도 궁극적인 最初의 原因이 될 수는 없다. 佛陀의 緣起說은 우파니샤드의 哲學처럼 人間과 宇宙의 어떤 궁극적인 第一原因 prima causa이 되는 實在를 인정하지 않는 것이다. 오직 無常한 諸法의 相互作用에 의한 生滅만을 얘기하는 것이다. 따라서 반드시 無明으로부터 輪廻의 과정이 시작할 필요는 없으며, 어디서 시작되든 꼭 같은 樣相으로 生死의 과정이 되풀이되는 것이다. 無明 自體도 條件的으로 發生한 것이기 때문이다. 그러나 無明으로 生死의 循環의 출발점으로 삼은 것은 그것이 보다 根本的인 條件이기 때문이며 그것을 除去해야만 다른 것들도 따라서 除去될 수 있기 때문이다.

十二支緣起說에 있어서 또 한 가지 우리가 유의해야 할 점은 佛陀에 의할 것 같으면 이러한 生死의 과정을 통하여 어떤 不變의 自我가 있음으로 해서 그 과정을 통과하고 있는 것이 아니라는 점이다. 다만 條件的으로 生起하는 諸法의 連續으로서의 人間存在라는 현상이 있을 뿐이다. 그리고 과거에서 현재, 현재에서 미래의 生으로 다시 태어남에 있어서 前後 兩存在의 關係는 같은 것도 아니며 다른 것도 아니라고 한다. 예를 들어 불이 한 연료(五蘊이라는)를 다 태우면 다른 연료로 옮겨가나 그 옮겨진 불은 前의 불과 같지도 않고 다르지도 않는 것이다. 같다고 생각하면 無我說에 背反되는 常住論 śāśvatavāda에 빠지고, 다르다고 하면 人格의 連續性을 無視하기 때문에 도덕적 因果律과 責任을 否定하는 斷滅論 ucchedavāda에 빠지게 된다고 하여 佛陀는 이 두 견해를 배척하고 自己의 立場을 中道的인 것으로 規定한 것이다. 當時의 우파니샤드的인 人間觀이나 唯物論的인 人間觀, 또는 運命 niyati에 의한 決定論이나 遇然에 의한 無決定論을 모두 排斥하고 불타는 緣起論에 입각한 人間

56

觀을 說한 것이다. 그렇기 때문에 불타는 緣起觀을 重視하여 말하기를 〈緣起를 본 자는 法을 보고, 法을 본 자는 緣起를 본다〉고까지 말한 것이다.

위에서 考察한 十二支緣起說에 의할 것 같으면 前生과 後生에 있어서 한 個人의 人格的 연속성을 보장해 주는 것은 識(vijñāna 혹은 心 citta)이라는 것이다. 그러나 이 識이라는 것도 어디까지나 條件的으로 成立되며 항시 변하고 있는 하나의 흐름 saṁtāna일 뿐이며 어떤 永久不變의 영혼이나 自我는 아닌 것이다. 흐름이라 하여 識의 自己同一性이 完全히 喪失되는 것은 아니며, 變하는 가운데서도 어느 정도의 연속성과 동일성을 유지하는 것이다. 그리고 이 점은 現世에 있어서나 혹은 現世에서 來世로 넘어갈 때나 마찬가지라 한다.

四聖諦의 세번째 진리는 苦가 滅한 상태 nirodha가 있다는 진리이다. 즉, 열반 nirvāṇa이 가능하다는 것이다. 후세에 만들어진 구별에 의하면 열반에는 과거의 業의 결과인 현재의 五蘊을 그대로 지닌 채로 경험하는 有餘涅槃 sopadhiśeṣa-nirvāṇa과 五蘊이 해체된 후 死後에 주어지는 無餘涅槃이 있다. 有餘涅槃은 〈生解脫 jīvanmukti〉에 해당하는 것으로서, 無漏聖人 阿羅漢이 체험하는 완전한 행복과 평화를 의미하는 것이다. 문제는 이 아라한 arhat이 죽은 후에 어떻게 되는가이다. 즉 人間에게는 영원불멸의 自我가 없는데도 아라한은 어떤 형태로 존속하는 것인가? 도대체 누가 열반에 들어가는가 하는 문제가 생기는 것이다. 이 문제에 대하여 이미 佛陀 당시부터 많은 의혹과 논란이 있었음을 우리는 경전을 통하여 엿볼 수 있다. 이 문제는 佛陀가 대답하기를 거부한 소위 14無記 avyākṛta의 하나였다.[9] 문제는 왜 佛陀가 이 문제에 대하여 대답하기를 꺼렸는가 하는 것에 대한 해석이다. 佛陀는 이 문제에 관해서 여러 가지 견해를 보이고 있다. 한 곳에서는 佛陀는 이런 문제는 思辨的인 것으로서, 자기는 苦의 원인을 알아서 苦를 제거하려는 실제적

---

9) 14無記 : 世界는 常(영원)인가 無常인가, 常이기도 하고 無常이기도 한가, 常도 無常도 아닌가, 世界는 有邊(有限)인가 無邊인가, 有邊이기도 하고 無邊이기도 한가, 有邊도 無邊도 아닌가, 如來는 死後에 存在하는가, 存在하지 않는가, 存在하지도 存在하지 않지도 않는 것인가, 個人我 jīva는 육체와 같은가, 같지 않은 것인가라는 문제들이었다.

인 관심을 떠난 문제에는 대답할 필요가 없다고 하는가 하면, 어떤 곳에서는 斷常의 二見에 빠지지 않기 위해서 답을 하지 않았다고 밝힌다. 그런가 하면 또 다른 곳에서는 해탈한 자의 세계, 즉 열반이란 보통 인간들의 사고로는 이해할 수 없으며 표현할 수 없기 때문에 대답을 회피한다고 하는 것을 暗示하기도 한다. 즉, 열반의 세계는 누구가 〈존재한다〉 혹은 〈존재하지 않는다〉라는 개념을 사용할 수 있는 세계가 아니라는 것이다. 열반에 드는 아라한이란 마치 연료가 다하여 꺼진 불과 같아서 어떻게 說明하기가 어렵다는 것이다. 五蘊을 떠나서 別途의 自我가 있어서 열반에 들어가는 것이 아니라 열반이란 五蘊의 불이 꺼진 아라한에게 주어진 어떤 상태인 것이다.

네번째 진리로 佛陀는 涅槃에 이르는 길을 가르쳤다. 즉 正見·正思·正語·正業·正命·正精進·正念·正定의 八正道이다. 이 8가지 修行을 셋으로 분류하여 戒(śila : 正語·正業·正命), 定(samādhi : 正念·正定·正精進), 慧(prajñā : 正見·正思)의 三學으로 나눌 수 있다. 佛敎는 궁극적으로 이 三學을 닦아나가는 修行의 宗敎이며, 부처의 가르침은 대부분이 이 八正道의 내용을 여러가지로 가르친 것이다. 그러나 이 중에서도 가장 중요한 것은 苦와 無常과 無我를 깨닫는 智慧이다. 왜냐하면 무엇보다도 無明 avidyā이 除去되어야 生死의 循環이 깨어지고 人間存在에 根本的인 變化가 일어나기 때문이다.

＊ 참고문헌

Ⅰ 六師外道 및 챠르바카哲學

Basham, A. L., *History and Doctrines of Ājīvikas: a vanished Indian Religion*. London, 1951.

Dakshinaranjan, S., *A Short History of Indian Materialsm*. Calcutta, 1930.

Hoernle, A. F. R., "Ajivikas," *Encyclopedia of Religion and Ethics*, Vol. I. Edinburgh, 1911.

Jayatilleke, K. N., *Early Buddhist Theory of Knowledge*. London,

58

1963.

Chattopadhyaya, D., *Lokāyata: A Study in Ancient Indian Materialism,* Delhi, 1959.

Kalupahana, D. J., *Causality: The Central Philosophy of Buddhism.* Honolulu, 1975.

Riepe, D., *The Naturalistic Tradition in Indian Thought.* Delhi, 1964.

宇井伯壽, 『六師外道研究』, 『印度哲學研究』第二.

Ⅱ 쟈이나教哲學

Glasenapp, H. v. *Der Jainismus: Eine Indische Erlösungsreligion.* Berlin, 1925.

Jacobi, H., trans., *Jaina Sūtras, SBE,* Vol. XXII, XLV. Oxford, 1884∼1895.

Jaini, J., *Outlines of Jainism.* Cambridge, 1916.

Mehta, M. L., *Outlines of Jaina Philosophy.* Bangalore, 1954.

Schubring, W., *Die Lehre der Jainas.* Berlin, 1935.

Stevenson, S. T. (Mrs.), *The Heart of Jainism.* London, 1915.

Ⅲ 原始佛教哲學

Conze, E. *Buddhism, its Essence and Development.* 2nd. ed. Oxford, 1953.

———, *Buddhist Thought in India.* London, 1962.

———, ed., *Buddhist Text Through the Ages.* New York, 1954.

Davids, C. A. F. Rhys, *Buddhism: Its Birth and Dispersal.* London, 1934.

Davids, T. W. Rhys, *Buddhist India.* New York, 1903.

———, *Buddhism, Its History and Literature.* 2nd ed. London, 1926.

———, trans., *Buddhist Suttas, SBE,* Vol. XI. Oxford, 1881.

Kalupahana, D., *Buddhist Philosophy: A Historical Analysis.* Honolulu, 1976.

———, *Causality: The Central Philosophy of Buddhism. Honolulu,* 1975.

Keith, A. B., *Buddhist Philosophy in India and Ceylon.* Oxford,

1923.

Lamotte, E. *Histoire du Bouddhisme Indien.* Louvain, 1958.

Oldenberg, H., *Buddha, sein Leben, seine Lehre, sein Gemeinde.* Stuttgarst, 1914.

________, *Die Lehre der Upanishaden und die Anfänge des Buddhismus* Göttingen, 1915.

Pande, G.C., *Studies in the Origins of Buddhism.* Allahabad, 1957.

Rahula, W., *What the Buddha Taught.* 2nd ed. New York, 1974.

Thomas, E.J., *History of Buddhist Thought.* London, 1933.

________, trans., *Early Buddhist Scriptures.* London, 1935.

Warren, H.C., *Buddhism in Translations.* Cambridge, Mass., 1915.

中村元, 『原始佛教の 成立』

________, 『原始佛教の 思想』

제5장   小乘部派佛教哲學의 發展

1   部派佛教의 展開

佛陀의 마지막 날들에 관하여 상세히 전하고 있는 小乘經典의 『大般涅槃經 Mahāparinibbāna-sutta』에 의할 것 같으면, 佛陀는 그의 入寂을 앞두고 阿難陀 Ānanda에게 다음과 같이 말했다고 한다.

> 아난다여, 너희들 가운데 어떤 사람은 〈스승의 가르침이 끝났다. 우리에게는 더 이상 스승이 안 계신다〉고 생각할는지 모른다. 그러나, 아난다여, 너희는 그렇게 생각해서는 안된다.   내가 너희들에게 가르쳐 주고 제정한 法과 律을 나의 死後에 너희들의 스승으로 삼아라. [1]

그러나 문제는 佛陀의 入滅 후 그의 法과 律에 대하여 그의 추종자들 가운데서 서로 다른 해석과 전승들이 생겨나게 된 것이다. 佛陀의 生存時에는 그의 가르침에 대하여 여러 의구심과 논란이 일어나도 그의 개인적인 높은 人格과 카리스마에 의하여 敎團은 통일과 화합을 유지할 수 있었다. 그러나 그가 入滅한 후 불교敎團은 그에 비견할 만한 정신적 지도자도 없었고 교단의 조직 또한 교단의 통일을 유지할 만한 어떤 敎權的 制度를 지니지 않았다. 따라서 불교

---

1) T. W. Rhys Davids, trans., *Buddhist Suttas*, *SBE*, Vol. ⅩⅠ (Oxford, 1881), p. 112.

는 地理的 量的 成長에 따라 佛陀의 가르침에 대하여 서로 다른 전통을 전수하게 되었고, 자연히 敎團의 分裂도 不可避하게 되었던 것이다. 교단의 지도자들은 이 문제를 해결하려고 數次의 結集會議를 했으나 결국 교단은 분열되고 만 것이다.

　제일 처음의 공식적인 교단분열은 佛陀의 가르침을 충실히 지키는 것을 표방하는 보수파의 長老들을 중심으로 한 上座部 Sthaviravāda 와, 敎理와 僧團의 規律에 있어서 伸縮性을 허용하는 進步的인 大衆部 Mahāsāṁghika와의 분열이었다. 이 분열의 시기는 세일론의 南方佛敎傳統에 의하면 佛滅後 약 100년 後에 소위 〈十事〉를 둘러싼 戒律해석을 위하여 바이샬리 Vaisālī에서 모인 제2차 결집때였다고 하며,[2] 北方佛敎의 傳統에 따르면 아쇼카왕의 治世 때에 마하데바 Mahādeva라는 사람이 소위 〈五事〉 즉, 아라한 arhat의 권위를 格下시키는 다섯 가지 項目을 주창한 것을 계기로 하여 분열되었다고 한다.[3] 여하튼 佛滅 후 100년부터 아쇼카왕의 사이에 불교교단내에 분열과 대립이 있었던 것은 분명하며 王은 이것을 못마땅하게 생각하여 칙령을 내려 교단의 和合을 촉구하기까지 이르렀던 것이다.

　이러한 교단의 분열은 아마도 王의 불교 지원에 힘입어 불교가 융성함에 따라 더욱더 細分되어 급기야 大衆部와 上座部의 根本二部를 中心으로 하여 18개 혹은 20개의 部派가 派生하게 된 것이다.[4] 세일론의 『島王統史 Dīpavaṁsa』에서는 다음과 같은 18部의 분파를 언급하고 있다.

```
                          ┌ 1 牛家部 ─→ ┌ 3 多聞部 Bahussutaka
  I   大衆部 ─→          │   Gokulika   └ 4 說假部 Paññattivāda
      Mahāsāṁghika       │ 2 一說部 Ekavyohārika
                          └ 5 制多山部 Cetiyavāda
```

---

2) 그러나 실제로 이 結集을 傳하고 있는 律藏에는 이러한 분열에 대한 언급은 없고, 세일론의 王統史인 *Dīpavaṁsa*와 *Mahāvaṁsa*만이 이 결집의 결정에 불만을 품은 비구들이 大衆部라는 이름 밑에 따로 결집을 개최하였다고 한다.

3) 이 혼돈되고 복잡한 문제에 關하여는 L. de La Vallee Poussin의 "Councils and Synods (Buddhist)", *Encyclopedia of Religion and Ethics*, Vol. IV, pp. 179 ～85 참조.

4) 部派佛敎의 派生에 관해서 E. J. Thomas의 *The History of Buddhist Thought* (London, 1933), pp. 27～41과 附錄 Ⅱ를 참조할 것.

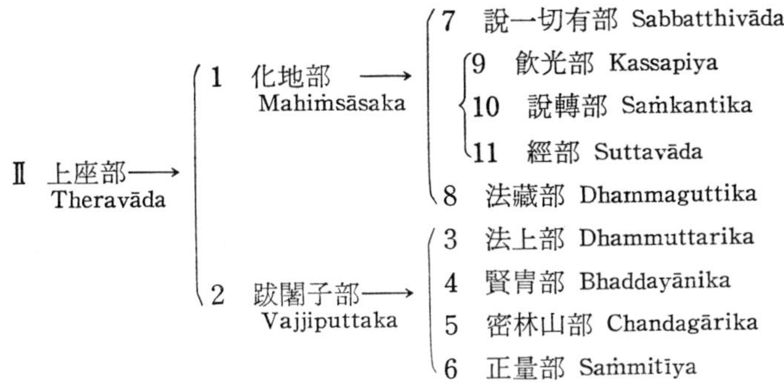

한편 說一切有部의 傳承을 전하고 있는 世友 Vasumitra의 『異部宗輪論』은 다음과 같은 20個 部派의 분열을 말하고 있다：

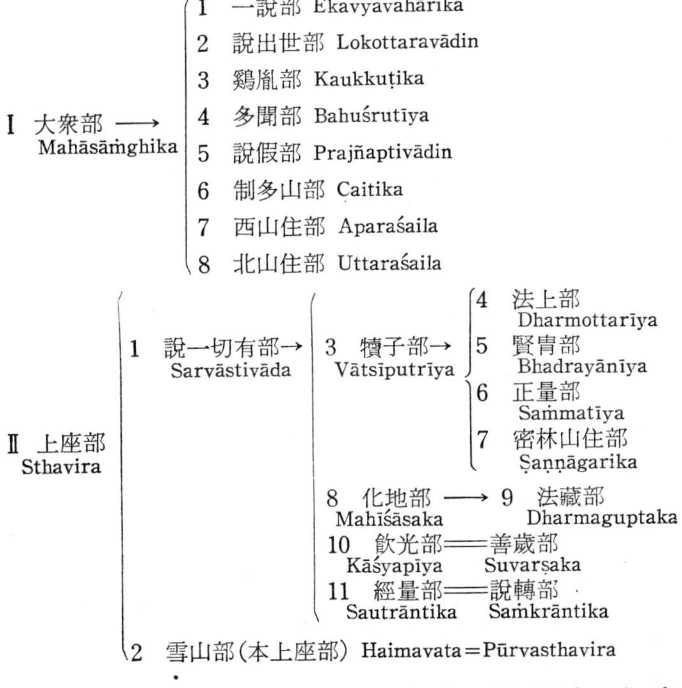

이들 部派들은 현재 이름 정도만 남아 있는 것도 많고 실제에 있어서 인도철학사에서 이렇다 할 학설을 내세운 것으로 알려진 것은 불과 몇 개뿐이다. 特히 大衆部 계통의 문헌은 거의 다 散逸되었고 上座部 계통으로서 문헌이 보존되어 있거나 혹은 간접적으로 그들의 敎說을 알 수 있는 학파들은 주로 세일론 계통의 上座部 Theravāda, 說一切有部 Sarvāstivāda, 經量部 Sautrāntika, 犢子部 Vātsīputrīya 等이다.

이들 部派들은 대부분 자기들의 관점에 입각하여 傳授한 經·律·論 三藏 Tripiṭaka의 文獻을 갖추고 있었다고 생각되지만, 현재 그 三藏이 비교적 완벽하게 남아 있는 것은 팔리 Pāli語로 된 세일론 상좌부계통의 三藏과 梵語에서부터 漢譯되어 보존되고 있는 說一切有部 계통의 三藏이다.

經은 원래 佛陀의 說法을 모은 것이고 律은 佛陀가 정한 승려생활의 규범을 모은 것으로서, 일찍부터 經과 律은 口傳으로 편찬되기 시작했다. 그러나 論은 이보다도 훨씬 후에 와서 작성된 것이다. 그러나 論의 원초적인 起源도 일찍부터 經에서 찾아볼 수 있는 것으로서, 원래 불타의 가르침은 기억하기 편리하게 하기 위하여 三界, 四念處, 五蘊, 七覺支 등과 같이 法數에 따라 정돈되어 전해졌던 것이다. 이런 法數를 論母 mātṛkā라고 불렀으며 그것만을 전담하여 전수하던 사람이 있었던 것을 우리는 알 수 있다.5) 이러한 경향은 각 부파간의 대립이 심하게 됨에 따라 더욱더 두드러져서 각 부파는 자기들의 철학적 입장에 따라 독립적인 論藏을 形成하게 된 것이다. 그리하여 세일론을 중심으로 한 上座部 Theravāda에서는 『法集 Dhammasaṅgani』, 『分別 Vibhaṅga』, 『界論 Dhātukatha』, 『人施設 Puggalapaññatti』, 『論事 Kathāvattu』, 『雙 Yamaka』, 『發趣 Paṭṭāna』의 7論을 論藏에 가지게 되었다. 세일론의 傳統에 의할 것 같으면 아쇼카王은 어느날 親히 自己의 別莊에서 목갈리풋다 팃사 Moggaliputta Tissa의 主宰下에 당시의 승려들을 모두 모은 다음

---

5) *Aṅguttara Nikāya*, I. 117에 〈dhamma-dharā,〉〈vinaya-dharā,〉〈mātika-dharā〉라는 표현이 發見되며 여기서 〈mātika〉라는 말은 abhidhamma의 위치를 차지하고 있는 것으로 간주된다. 또한 여기서 우리는 經, 律, 論을 各各 專擔해서 전수하던 사람들이 있었음을 알 수 있다.

佛陀의 참 敎說을 물었다 한다. 이에 목갈리풋다는 佛陀의 敎說을 分別說 vibhajjavāda이라 規定하여 僧團內의 여러 異端을 除去하고 第三의 結集會議를 연 다음 거기서 『論事』를 說했다고 한다.[6] 이 제 이 上座部의 哲學을 먼저 考察하여 보자.

2 上座部의 哲學

上座部 Theravāda는 스스로의 哲學的 立場을 分別說 vibhajjavāda이 라 부른다. 여기서 〈分別〉이란 말이 뜻하는 것은 佛陀는 事物을 觀 察함에 分析的으로 본다는 뜻이다. 우리는 이미 佛陀가 人間存在를 五蘊의 諸法이 結合된 것이라고 分析的으로 본 것을 고찰했다. 上 座部는 佛陀의 이러한 분석적인 정신을 충실하게 따른다고 생각한 다. 그리하여 上座部는 현상세계를 法 dhamma이라고 불리는 수 많은 存在要素들로 구성된 것으로 본다. 이 요소들은 서로 機能的 으로 依存하여 生起하였다가 그 作用이 다하면 사라진다. 따라서 現在 作用을 하고 있는 것들만 存在하며 또한 과거의 法이라 할지 라도 아직 그 作用이 나타나지 않은 것은 그대로 存續하고 있다. 예를 들면 과거의 業으로서 아직 그 結果로서의 業報가 나타나지 않은 것과 같은 것이다.

上座部는 수많은 法들 가운데서 人間存在를 설명하기에 필요한 法 들을 中心으로 하여 다음과 같은 三種으로 有爲法 saṅkhata-dhamma, 즉 相互條件的으로 發生하는 法들을 分類한다. 첫째는 우리의 육체 적인 면을 구성하는 色法 rūpa으로서 28法을 든다. 둘째는 우리의 精神的 현상들로서 意識의 대상이 되는 心所法 cetasika에 52法을 들며, 세번째로 아무런 내용이 없는 순수한 識의 作用 그 自體, 혹은 心 citta을 하나의 法으로 간주한다. 이 識은 實際에 있어서는 언제나 다른 法들과 함께 共存한다. 識은 감각기관들에 依存하며 순간순간 이어지는 意識들의 흐름과 같은 것이다. 五蘊 가운데서

---

6) 이 파탈리풋다 Pāṭaliputta에서의 第三次 結集會議에 관한 전통은 오직 세일론 의 王統史들에만 언급되어 있고 그 歷史性에 관하여 많은 문제점들을 지니고 있 다. E.J. Thomas의 *The History of Buddhist Thought*, pp.33~37 참조.

識 vijñāna에 해당하여 色法들은 色에 포섭되고 受 vedanā, 想 saṃjñā, 行 saṃskāra은 心的인 法들 cetasika을 포섭하는 것이다. 이들 有爲法 가운데서 宗敎的으로 가장 重要한 것은 修行上 決定的 역할을 하는 52개의 心的인 要素들이다. 왜냐하면 이들은 우리의 行爲, 즉 業 karma과 解脫의 과정에 직접적인 영향을 주기 때문이다. 따라서 上座部는 이 52개의 心所法을 解脫에 도움을 주는 25개의 善法 kusala-dhamma, 방해하는 14개의 不善法, 그리고 13개의 中性的인 法들의 3범주로 분류한다. 上座部는 이상과 같은 81개의 有爲法 外에 涅槃 nibbāna이라는 한 개의 無爲法 asaṅkhata-dhamma만을 인정하여 모두 합쳐서 82개의 法으로서[7] 人間存在와 人間의 체험세계를 분석적으로 파악하는 것이다.

3 說一切有部의 哲學

上座部는 佛陀의 傳統을 가장 충실히 傳授한다고 자부했지만, 上座部는 일찍부터 印度의 本土에서는 그 脈이 끊어졌고 단지 세일론島에서 그 전통을 유지할 수 있었다. 印度本土에서 小乘佛敎를 대표하다시피 하고 思想的으로 큰 영향력을 발휘한 部派는 오히려 說一切有部 Sarvāstivāda였다. 說一切有部가 上座部로부터 언제 파생되어 나갔는지는 분명치 않으나 『論事』가 作成될 무렵, 즉 아쇼카王의 때에는 이미 하나의 독립된 분파로서 존재한 것으로 간주된다. 說一切有部(간단히 〈有部〉라고 부름)는 특별히 印度西北部의 간다라 Gandhāra나 카쉬미르 Kaśmīra 지방에 많은 추종자를 가지고 성행했으며, 서력기원 1~2세기 경에는 印度의 西北部와 中央아시아에 걸쳐서 一大帝國을 건설한 쿠샤나 Kuṣāṇa王朝의 카니쉬카 Kaniṣka王의 지원을 받아 크게 세력을 떨쳤다.

有部도 역시 上座部의 7論에 비견되는 일곱 개의 論書로 구성된 論藏을 産出했다. 이 論書들은 現在 漢譯으로만 전해지고 있으며

---

7) 이 法들의 이름과 분류에 관해서, E. Conze의 *Buddhist Thought in India* (London, 1962)의 第Ⅱ部 第四章, 第一節을 참조할 것. Conze는 여기서 說一切有部와 瑜伽行哲學의 法의 분류도 함께 다루고 있다.

그 가운데에서 가장 내용적으로 포괄적이며 중요한 것은 『發智論 Jñānaprasthāna-śāstra』이다.[8] 이 論은 서력기원전 약 1세기경의 人物로 推定되는 카탸야니푸트라 Kātyāyanīputra에 의하여 씌어진 著書로서 雜, 結, 智, 業, 大種, 根, 定, 見의 8項目으로 佛敎의 敎理를 다루는 體系的인 著書이다.

　『發智論』에는 2세기 初牛에 『大毘婆沙論 Mahāvibhāṣa-śāstra』이라는 200卷의 방대한 註譯書가 씌어지게 되었다. 이 주석서는 카니쉬카王이 脇尊者라는 者에게 命하여 카쉬미르 Kaśmīra 지방에서 所謂 第四의 結集會議를 열어 거기서 편찬하게 한 것이라 한다. 이 論은 단지 『發智論』의 주석일 뿐만 아니라 當時의 佛敎思想 및 數論 Sāṁkhya이나 勝論 Vaiśeṣika과 같은 外道의 哲學까지 포함하여 다루면서 有部의 正統性을 確立하려고 하는 하나의 百科辭典的인 著作이었다. 『大毘婆沙論』은 그후로 인도에서 小乘佛敎를 대표하는 저서로 알려지게 되었으며, 有部의 學者들은 『毘婆沙師 Vaibhāṣika』라 불리었다. 그러나 〈毘婆沙〉라는 말(廣說이라는 뜻)이 나타내듯이 이 論은 너무 방대하기 때문에 그후에는 그 要點만을 추린 綱要書들이 流行하게 되었다. 3세기 초에 씌어진 法勝의 『阿毘曇心論』과 같은 책이다. 그러나 이러한 綱要書들 가운데서도 가장 유명한 것은 世親 Vasubandhu의 『阿毘達磨俱舍論 Abhīdharmako-śa-śāstra』이다. 이 책은 문자 그대로 小乘佛敎의 철학을 대표하는 名著로서, 인도뿐만 아니라 中國·韓國·日本 등지에서도 小乘敎學의 入門書와 같이 연구되어 왔다. 世親은 대체로 4, 5세기 경의 人物로 看做된다. 그는 간다라지방에서 태어나 카쉬미르지방에 가서 『大毘婆沙論』을 연구한 뒤 그 요점을 뽑아서 600頌을 지은 후 거기에다 자신의 주석을 가하여 『俱舍論』을 저술했다고 한다. 그러나 그는 대체로 有部의 哲學을 따르면서도 批判的인 眼目을 잃지 않아 때로는 經量部等의 他哲學의 관점에서 문제를 고찰하기도 한다. 나중에 그는 大乘佛敎로 轉向하여 많은 대승의 論書들을 남겼다. 이제 『俱舍論』의 내용

---

8) 나머지 6개의 論은 『發智論』에서 取及한 문제들을 部分的으로 다루는 論書들로서 六足論, 즉 6개의 발이 되는 論들이라 불린다. 6論은 『集異門足論』, 『法蘊足論』, 『施設論』, 『識身足論』, 『界身足論』, 『品類足論』이다.

을 간략하게 살펴봄으로써 有部哲學을 고찰하기로 한다.

『俱舍論』은 界, 根, 世間, 業, 睡眠, 賢聖, 智, 定, 破我의 九品으로 구성되어 있다. 이중에서 철학적으로 가장 중요한 것은 諸法의 本體와 作用을 밝히는 界品과 根品이며 破我品에서는 外道의 哲學까지 포함하여 我見을 破하고 있다. 이 3品을 中心으로 하여 『俱舍論』의 根本的인 철학적 입장을 規定할 것 같으면 〈人空法有〉의 哲學이라 할 수 있다.

人空 pudgala-nairātmya이란 말은 인간은 영원불변의 自我가 없고 단지 물질적, 그리고 心的 要素들의 混合體에 불과한 現象的 存在라는 것이다. 이것은 人間을 色·受·相·行·識이라는 五蘊의 和合으로 보는 佛陀의 人間觀에 그대로 기초한 것이다. 다만 『俱舍論』에서는 五蘊 대신 75法을 들어 人間뿐만 아니라 존재하는 모든 것들을 파악하고자 하는 것이다. 우리는 이미 上座部에서 82개의 法으로 人間存在를 說明하는 것을 보았거니와 『俱舍論』의 75法도 이와 類를 같이하는 思考方式인 것이다. 그러나 有部의 哲學者들은 法을 存在의 기본적 요소로 보는 觀點이 점점 철저해짐에 따라 法을 實體視하게 되었다. 그리하여 人空法有의 입장을 취하게 된 것이다. 즉 사람은 空하나 사람을 구성하고 있는 요소들은 항구적으로 존속한다는 이론이다. 有部는 이 점을 〈三世實有 法體恒有〉라고 표현하며 이것을 有部哲學의 根本으로 삼고 있다. 즉 法의 나타남과 작용은 순간적인 現在뿐이나 法의 體性 svabhāva은 과거, 현재, 미래의 三世를 통하여 實體 dravya로서 존재한다는 것이다. 有部가 法에 관하여 이러한 實在論的 견해를 取하게 된 주요 이유는 무엇보다도 우리가 행한 행위(業)의 효력과 작용을 설명하기 위한 것이었다. 만약에 과거에 지은 業이 어떤 持續的인 힘으로 남아 있지 않고 다만 순간적인 것뿐이라면 현재나 미래에 있어서 그 結果가 나타날 근거가 없어지는 것이며 이것은 業의 法則을 否定하는 셈이나 마찬가지인 것이다. 따라서 有部는 業力의 所在로서 三世를 통한 法의 實有를 상정하는 것이다. 有部에서는 또한 우리가 身體나 言語로 지은 業의 作用을 설명하기 위하여 無表業 혹은 無表色 avijñaptirūpa이라는 독특한 개념을 設定한다. 無表色이란 11개의 色

68

法 중의 하나로서 外部에 나타나는 우리의 身體的 言語的 행위가 그 친 후에도 계속적으로 남아 있으면서 그 행위의 結果를 초래하도록 하는 어떤 보이지 않는 미세한 물질을 말한다. 行爲의 因과 果를 이어 주는 一種의 色法인 것이다.

『俱舍論』의 75法은 72개의 有爲法 saṁskṛta-dharma과 3개의 無爲 法 asaṁskṛta-dharma으로 區分되기도 하고 五位로 分類하기도 한다. 즉 色法 rūpa 11개, 心法 citta 1개, 心所法 caitta 46개, 心不相應 行法 citta-viprayukta-saṁskāra 14개, 그리고 無爲法 3개의 五位이 다. 이것은 無爲法 3개를 제외하고 모든 有爲法을 五蘊에 準하여 분류한 것으로 볼 수 있다. 이 다섯 가지의 法 가운데서 有部의 哲 學的 思考方式을 특징적으로 잘 나타내주는 것은 네번째의 범주, 즉 14개의 心不相應行法들이다. 心不相應行 citta-viprayukta-saṁskāra이 란 말은 意識 citta의 흐름에 영향을 주면서도 心所法 caitta처럼 意識 의 대상은 되지 않는 요소들을 의미한다. 즉 心 citta에 相應하지 않 는 行法 saṁskāra-dharma이란 뜻이다. 여기서 行法이란 行 saṁskāra, 즉 意志的 性向에 의거하여 發生하는 有爲法을 말한다. 이러한 心 不相應行法으로서 有部는 다음과 같은 것을 든다:

得 prāpti과 無得 aprāpti—한 個人으로 하여금 業에 따라서 어떤 法을 얻거나 잃게 하는 힘들.

同分 sabhāgatā—有情들로 하여금 各各 자기들이 속하는 類의 共通 的 特性을 유지하게 하는 法.

命 jīvita—命根으로서 個人의 壽命을 決定하는 生命力.

無想果 asaṁjñika-dharma, 無想定 asaṁjñi-samāpatti, 滅盡定 nirodha-samāpatti—이 셋은 모든 分別作用이 사라진 정신상태를 이루게 하 는 힘들.

相—모든 有爲法의 특징인 生, 住, 異, 滅의 힘들.

名身, 句身, 文身—소리와 말과 문장에 그들의 意味를 부여해 주 는 힘들.

以上과 같은 14개의 心不相應行法들의 개념은 나중에 우리가 고찰 하겠지만 勝論 Vaiśeṣika 哲學의 多元的 實在論의 思考方式과 매우 비슷한 것으로서 有部의 哲學이 定立될 당시 勝論哲學이 이미 形成

되어 있었음을 알 수 있다.

有部에서 말하는 3개의 無爲法이란 虛空 ākāśa, 智慧에 의하여 얻어지는 涅槃인 擇滅無爲 pratisaṁkhya-nirodha, 因緣이 없어서 어떤 法도 生起함이 없는 非擇滅無爲 apratisaṁkhya-nirodha로서 이들은 生, 住, 異, 滅의 四相을 여읜 絶對的이고 영원한 法들이라고 한다.

지금까지 우리는 『俱舍論』의 界, 根, 破我品을 中心하여 有部哲學을 살펴보았다.

『俱舍論』의 나머지 部分들 가운데서 世間品과 業品과 睡眠品은 生死의 果와 因 hetu과 緣 pratyaya을 설명하여, 賢聖品, 智品, 定品은 修行과 證悟의 果와 因과 緣을 설명하는 것이다. 『俱舍論』은 이렇게 매우 포괄적이며 짜임새 있는 論書로서 有部의 哲學뿐만 아니라 佛敎思想一般에 좋은 指針書이기도 하다. 世親 이후 安慧 Sthiramati, 堅慧 Guṇamati, 陳那 Dignāga, 世友 Vasumitra 등의 論師들이 출현하여 『俱舍論』에 주석서를 썼다.

4 經量部와 犢子部

說一切有部의 哲學은 諸法의 實體 svabhāva와 現相 lakṣaṇa을 구별하여 諸法의 現相은 순간적으로 변하나 實體는 영원한 것으로 看做하는 일종의 多元的이고 實在論的인 사상이다. 이것은 諸法의 無我와 無常을 강조하는 原始佛敎의 현상주의적인 철학과는 상당한 거리가 있는 것으로서, 변하는 것 가운데 변하지 않는 것을 찾는 人間의 또 하나의 갈망의 表現이라 볼 수 있다.

이러한 有部의 實在論的 경향에 반발하여 그들이 의거하고 있던 論들의 權威를 부정하고 순수히 佛陀가 說한 經만을 따를 것을 주장하고 나온 部派가 經量部 Sautrāntika였다. 經量部는 2세기에 구마라라타 Kumāralāta에 의하여 說一切有部로부터 分離해 나왔다. 그들의 著書들은 남아 있지 않으나 『俱舍論』이나 다른 문헌들을 통해서 그들의 입장을 간접적으로 엿볼 수 있다.

經量部는 法의 實體 svabhāva와 相 lakṣaṇa을 區別하는 有部의 입

장을 받아들이지 않는다. 法이란 오직 순간순간 변하는 相뿐이며 現在에만 存在할 뿐이다. 法은 순간적 kṣaṇika 存在들이기 때문에 생기자마자 없어진다. 따라서 經量部는 有爲法의 四相인 生, 住, 異, 滅 가운데서 生과 滅만을 인정한다. 한 마디로 말해서 經量部는 有部의 根本的 입장인 〈三世實有法體恒有〉를 곧 바로 부정하고 〈現在有體過未無體〉를 주장한다. 그들은 法의 분류에 있어서도 色法 가운데서 四大와 心法 하나만을 인정하며 나머지 모든 法은 인정하지 않는다. 涅槃이라는 것은 일체의 煩惱가 사라지고 諸法이 寂滅한 상태로서 有部에서처럼 어떤 實體的인 것이 아니다. 열반뿐만 아니라 일체의 모든 法은 경량부에 의할 것 같으면 實體的인 것 dravya-dharma으로 볼 것이 아니라 단지 이름에 지나지 않는 假名的인 것 prajñapti-dharma 뿐이다. 이와 같이 볼 때 經量部는 實로 佛陀의 無常의 가르침을 다시 한 번 확인하면서 有部의 實在論的인 哲學을 거부하고 唯名論的인 입장을 철저히 고수한 것이다.

經量部는 存在를 순간적인 法들의 연속으로 보기 때문에 知覺에 대한 회의를 불러일으켰다. 만약에 存在가 순간순간 변하는 것이라면 우리가 어떤 事物을 지각하는 순간 우리는 이미 지나간 것만을 의식 속에 간직하고 있기 때문이다. 따라서 우리의 지각이 外界의 世界를 그대로 반영한다고 하는 素朴한 믿음은 깨어지는 것이다. 결국 우리의 모든 지각은 간접적인 것이다. 우리가 지각하는 것은 대상 자체라기보다는 지나간 대상에 관한 印象들뿐인 것이다. 그리고 우리는 인상들로부터 단지 추리에 의하여 대상의 세계를 알 수 있을 뿐인 것이다. 이와 같은 外界의 認識가능성에 대한 회의는 나중에 外界의 實在性까지도 否認하는 唯識哲學으로 發展하게 되는 것이다.

無常의 世界觀을 저버린 有部의 實在論的 哲學에 반발했던 經量部도 無我說과 業報를 어떻게 調和시킬까 하는 문제에 와서는 자신의 입장을 끝까지 지키기 어렵게 되었다. 만약에 인간존재가 단지 순간적으로 변하는 諸法의 흐름 saṁtāna에 지나지 않는다면, 어떻게 우리는 業의 主體로서의 나와 業報를 받는 나 사이에 同一性을 주장할 수 있겠는가? 도대체 과거에 지은 業은 어떠한 형태로 어디에 存續하다가 果報로서 나타나게 되는 것일까? 經量部은 이러한 문제들에 대한 대답으로서 우선 人間存在의 밑바닥에 그 흐름이 의지하고 있는 바의 어떤 基體 āśraya가 있음을 인정했다. 이것을 一味蘊 혹은 根本蘊이라 부르며, 이 一味蘊은 언제나 동일한 본질로서 계속해서 작용을 하고 있는 微細한 意識으로서 輪廻의 主體가 되는 存在라고 한다. 이 識은 우리가 행한 좋고 나쁜 業의 結果로서의 種子 bīja들을 그 안에 지니고 있다. 이 種子들은 우리가 지은 業의 薰習 vāsanā에 의하여 우리 안에 남게 되는 習氣와 같은 것으로서, 이 種子들이 나중에 現行(現勢化)되어 業報로서의 열매를 맺게 된다는 것이다. 이와 같은 種子說로써 經量部는 業報를 說明하며 有部에서 말하는 〈無表業 avijñapti〉의 理論에 대신하고자 한 것이다. 經量部에 의하면 種子들은 潛伏기간 동안 不變하게 存續하는 것이 아니라 相續轉變 saṁtāti-pariṇāma하며 있다가 결과로서 나타난다고 한다. 經量部의 이러한 사상은 나중에 大乘佛敎의 唯識哲學에 直結되는 것이다.

이 문제와 관련해서 犢子部 Vātsīputrīya[9]는 또 하나의 독특한 이론을 내세웠다. 人間에게는 五蘊과는 다른, 그러나 五蘊을 떠나서 따로 存在하지도 않는, 非卽非離蘊으로서의 푸드갈라 pudgala라는 것이 있어서, 이것이 業報를 받는 存在로서 輪廻를 하거나 涅槃에 들어가는 것이라고 한다. 犢子部는 이 푸드갈라와 五蘊과의 관계를 불과 연료와의 관계와 같다고 한다. 마치 불이 연료를 떠나서 존재할 수 없으나 그렇다고 해서 연료 자체는 아닌 것과 같다는 것이다. 만약에 푸드갈라가 五蘊 이외의 어떤 存在라 할 것 같으면 그것은 어떤 영원한 존재일 것이며 이것은 常見에 빠지는 것이며, 만약에 푸드갈라가 五蘊과 同一하다고 할 것 같으면 이것은 斷見에 빠지는 오류를 범한다고 한다. 푸드갈라는 五蘊과 같은 有爲法도 아니요 五蘊과 다른 無爲法도 아닌 規定하기 어려운 독특한 存在라고 한다. 이 이론은 항시 변하는 현상적 존재로서의 人間의 자

___

9) 犢子部란 이름의 뜻은 아직도 정확히 밝혀지고 있지 않다. 푸드갈라 pudgala의 理論으로 유명하기 때문에 〈pudgalavāda〉라고도 부른다. Thomas의 前揭書, pp. 39, 92~106 참조.

기동일성을 확보함과 동시에 涅槃을 有部에서처럼 어떤 非人格的인
法으로 看做하지 않고 有爲法과 無爲法의 중간적 존재인 自我의 상
태로서 파악하려는 것이다.

이상에서 고찰한 經量部와 犢子部의 이론들은 原始佛敎의 근본적
세계관인 無我의 사상을 배반하지 않으면서도, 그것이 가지고 있는
철학적 문제점들, 특히 輪廻와 業報의 문제를 해결해 보려는 시도
로서, 후의 大乘佛敎의 아라야識 ālayavijñāna 思想으로 이어지게 되
는 것이다.

지금까지 우리는 上座部, 說一切有部, 經量部, 犢子部의 學說을
고찰함으로써 서력기원전 약 3세기부터 기원후 4세기에 이르는
동안에 발전된 上座部 Sthaviravāda 系統部派들의 哲學을 살펴보았
다.

5 大衆部의 佛敎思想

한편, 大衆的 進步主義를 표방하면서 上座部와 對立하여 자체내
에서 많은 部派를 파생시킨 大衆部는 佛敎敎理發達上에 있어서 많
은 새로운 이론들을 발생시켰다. 이들은 후에 大乘佛敎 발전의 기
반이 된 것으로 보인다. 우선 종교적으로 대중부는 새로운 佛陀觀
을 전개했다. 佛陀가 入滅한 후 시간이 경과함에 따라 그에 대한
한 역사적 인간으로서의 기억이 희박하여지게 되고, 信徒들 간에는
그에 대한 무한한 존경심으로 인하여 그를 理想化하여 볼 뿐만 아
니라 심지어 신앙의 대상으로까지 삼는 경향도 보이게 되었다. 그리
하여 佛陀는 그 외모에 있어서 印度人들이 理想으로 하던 위대한
人間 mahāpuruṣa들이 갖추어야 하는 32相·80種好를 갖추었고 그의
마음은 十力·四無畏와 같은 신비스러운 힘들을 지녔다고 한다. 또
한 佛陀로서의 그의 生涯의 위대한 業績은 도저히 한 생애의 짧은
기간의 修行만으로서는 성취될 수 없다는 생각에 근거하여 불타는
前生에서 수많은 훌륭한 功德을 쌓았음에 틀림없다고 믿게 됐다.
이에 따라 그의 前生을 이야기하는 本生談 Jātaka들이 만들어지게
되었다. 뿐만 아니라, 佛陀와 성자들을 추모한 나머지 그들의 遺骨

이나 遺品들의 崇拜도 성행하게 되어 信徒들은 탑 stūpa이라는 것을 만들어 그 안에 遺骨을 安置하고 탑 주위를 시계방향으로 돌면서 參拜하며 獻花로서 그들의 信仰을 表現하기도 했다. 이러한 佛陀에 대한 敬愛感과 信心은 大衆部 Mahāsāṁghika에서 더욱 더 두드러져, 佛陀를 완전히 超世間的 lokottara 存在로 神格化해서까지 보게 된 것이다. 大衆部에 의할 것 같으면 諸佛世尊은 모두 出世間的이며 모든 如來는 有漏法이 없으며, 그의 말은 모두 說法이고, 그의 몸과 威力과 수명은 끝이 없으며, 그는 물음에 답하되 생각이 필요없으며 一刹那의 마음에 一切法을 안다고 한다. 大衆部는 또한 佛陀가 되기를 희망하는 菩薩 Bodhisattva에 관하여도 말하기를 그들은 衆生을 利롭게 하려는 마음이 강하기 때문에 惡趣(動物이나 餓鬼와 같이 나쁜 存在)에 태어나기를 원하며 또 마음대로 그렇게 할 수 있다고 한다.

大衆部는 다른 한편으로는 모든 衆生의 心性은 본래 깨끗하나 客塵과 같은 煩惱에 의하여 더럽혀질 뿐이라고 하여 모든 衆生이 佛이될 수 있음을 暗示하고 있다.[10] 有爲法은 現在에만 存在한다고 하여 經量部와 같이 有部의 法體恒有의 思想을 받아들이지 않는다. 大衆部는 無爲法으로 9개를 인정했다. 즉 擇滅, 非擇滅, 虛空, 空無邊處, 識無邊處, 無所有處, 非想非非想處, 緣起支性, 聖道支性이다. 이것은 有部의 3無爲法 이외에 禪定의 四段階, 緣起法, 八正道 같은 것을 영원한 實在나 眞理로 간주한 것이다.

* 참고문헌

Bareau, A., *Les sectes bouddhique du Petit Véhicle*. Saigon, 1955.

Conze, E., *Buddhist Thought in India*. London, 1962.

Guenther, P. H. V., *Philosophy and Psychology in the Abkidharma*. Lucknow, 1957.

Keith, A. B., *Buddhist Philosophy in India and Ceylon*.

Mookerjce, S., *Buddhist Philosophy of Universal Flux*. Calcutta,

---

10) 以上의 大衆部의 敎說은 『異部宗輪論』, 『大正新修大藏經』 49, p. 15에 根據.

1935.

Nyanatiloka Mahathera, *A Guide Through the Abhidhamma Pitaka.* Colombo, 1949.

Lamotte, E., *Histoire du Bouddhisme Indien.* Louvain, 1958.

La Vallée Poussin, L. de, *Le dogme et la philosophie du Bouddhisme.* Paris, 1930.

—————, trans., *L'abhidharmakośa de Vasubandhu.* Paris, 1923–1931.

Rosenberg, O., *Die Probleme der buddhistischen Philosophie.* Heidelberg, 1924.

Yamakami, Sogen, *Systems of Buddhistic Thought.* Calcutta, 1934.

Stcherbatsky, Th., *The Central Conception of Buddhism.* London, 1923.

Thomas, E. J., *The History of Buddhist Thought.* London, 1933.

塚本啓祥, 『初期仏教教団史の研究』

水野弘元, 『仏教の分派とその系統』, 『講座仏教』, Ⅲ

福原亮厳, 『有部阿毘達磨論書の発達』

佐佐木現順, 『阿毘達磨思想研究』

木村泰賢, 『阿毘達磨論の研究』

—————, 『小乗仏教思想論』

제6장　婆羅門敎의　再整備

1　婆羅門敎와　佛敎

불교나 쟈이나교와 같은 자유사상적 종교운동은 종래의 바라문교의 전통에 커다란 타격을 가했다. 바라문傳統의 중심은 어디까지나 베다의 祭祀儀式과 이에 따르는 바라문계급의 종교적, 사회적 권위에 있었던 것이다. 불교나 쟈이나교는 강한 倫理的 合理性에 입각한 종교로서 反祭祀主義的 성격을 지녔고, 社會的으로도 또한 超世間的이고 平等主義的인 倫理觀으로 인하여 바라문계급의 특권을 인정하지 않게 되었다. 이러한 정신은 이미 바라문교의 내부에서도 일어나 우파니샤드 사상의 배경을 형성하기도 한 것이었다. 그러나 바라문교의 전통에 가장 큰 위협이 된 것은 무엇보다도 佛敎였다.

불교는 특히 마우리야 Maurya王朝의 아쇼카王의 歸依를 받아 그의 지원 아래 크게 세력이 팽창하여 全印度的인 종교로서 성장하게 될 뿐만 아니라 주변의 諸國들에까지 전파되게 되었다. 아쇼카王은 마우리야王朝의 建設者인 챤드라굽타 Candragupta의 손자로서 B.C. 269년경에 왕조를 물려받았다. 챤드라굽타는 알렉산더大王의 印度西北部侵入(B.C. 327)으로 인한 인도의 정치적 혼란을 틈타서 당시의 강대국이었던 마가다 Magadha의 난다 Nanda왕을 제거하고 首都 파탈리푸트라 Pāṭaliputra를 장악하여 마우리야 Maurya王朝를 수립했

다(B.C. 320). 챤드라굽타는 그의 大臣이며 유명한 『實利論 Artha-
śāstra』의 著者로 전해지는 카우틸리야 Kautilya (혹은 Cārakya)의 보
조를 받아 인도의 역사상 최초로 강력한 統一國家를 형성하는 偉業
을 이루게 된 것이다.

   아쇼카王의 治績에 관하여는 다행히도 그가 남긴 바위와 石柱에
새긴 勅令들을 통하여 많은 것을 알 수 있다. 이 칙령에 의할 것
같으면 그는 많은 征服활동을 통하여 그의 영토의 확장에 힘쓰던 중
印度 中東部의 카링가 Kaliṅga지방의 정벌 후에 戰爭의 慘狀을 깨닫
고 마음을 돌이켜 佛敎에 歸依하게 되었다고 한다. 그는 이로부터
전쟁을 통한 영토의 확장정책을 포기하고 그 대신 〈法에 의한 勝利
dhammavijaya〉를 추구하는 것을 그의 對外政策으로 삼았다고 한다.
실제로 그는 이와 같은 도덕적인 정책을 통하여 인접국가들로부터
많은 〈승리〉를 거두었다고 주장하고 있다. 內政에 있어서도 그는
仁政을 베풀어 여행자를 위하여 길가에 果實나무를 심고 휴게소를
만들고 우물을 파는 일, 약초의 재배와 療養院의 설치 등 사회복지
사업에 힘썼다. 그는 특별히 음식과 제사를 위한 殺生의 禁止 ahiṃsā
를 강력히 추진했으며 그 자신 사냥을 하는 대신 佛敎의 遺蹟地에
巡禮를 행했다고 한다. 그는 이러한 法에 의한 통치를 위하여 法大
官 Dharmamahāmātra들을 지방에다 파견하여 감독하게까지 하였다.

   아쇼카王은 당시의 모든 종교교단들에 관용을 베풀었지만 그 자
신은 佛, 法, 僧의 三寶에 귀의한 불교신자였다. 그가 전파하려고
한 法 dhamma이란 불타의 깊은 哲學的 眞理를 말한다기보다는 주
로 善한 도덕적 행위를 뜻했지만, 여하튼 그것은 바라문의 사회윤
리로서의 〈다르마 dharma〉가 아니라 불교의 普遍主義的 平等思想에
입각한 윤리적 善을 의미했다는 데서 큰 의의를 지녔던 것이다.

   마우리야王朝는 아쇼카王의 死後 급속히 쇠퇴하게 되었고 印度는
다시 정치적 혼란기로 들어갔다. B.C. 183년경에는 바라문 출신
의 장군 푸샤미트라 숭가 Puṣyamitra Śuṅga라는 사람이 나타나 마지
막 마우리야王을 제거하고 숭가王朝를 수립했다. 그는 정통 바라문
주의의 信奉者로서 베다의 動物祭祀를 부활시키며 佛敎를 탄압
했다.

이상과 같은 歷史的 상황하에서 바라문교의 지도자들은 그들의 傳統을 再整備하며 佛敎와 같은 大衆的 종교운동에 대항하여 그들의 社會的 底邊을 확대할 필요에 봉착한 것이다. 우리는 이 시기에 바라문교가 대체로 세 방면으로 새로운 지반을 구축해가는 것을 볼 수 있다. 첫째로, 佛敎와 같이 解脫 mokṣa을 위한 修行의 體系를 조직적으로 발전시키는 노력이다. 이것은 요가 yoga사상의 체계적 발전으로 나아간다. 둘째로, 바라문교는 非아리안 계통의 印度의 原住民들에 깊은 뿌리를 박고 있는 土着的 信仰과의 習合을 통하여 大衆的 신앙으로 발전해 나갔으며, 세째로는 佛敎에서 비교적 등한시해온 在家者들을 위한 生活規範으로서의 社會倫理體系의 확립에 힘썼다. 이러한 노력들을 통하여 바라문교는 좀더 포괄적인 종교로서 그 지반을 확대하면서 불교의 도전에 대처하였던 것이다. 바라문교의 이러한 새로운 추세를 잘 반영해 주고 있는 문헌은 서력 기원 약 200년경에 完成되었다고 여겨지는 『라마야나 Rāmāyaṇa』와 『마하바라타 Mahābhārata』와 같은 叙事詩들이다. 특히 『마하바라타』는 실로 印度 古典文化의 총화라고 불릴 수 있을 정도로 그 내용이 다양하고 풍부하며 종교, 철학, 법률, 정치, 윤리, 신화, 역사 등의 백과사전적 寶庫와 같은 문헌이다. 이제 이 『마하바라타』를 중심으로 하여 바라문교의 새로운 모습을 검토하여 보자.

2 쉬바神과 비슈누神의 信仰

본래 『마하바라타』는 베다시대의 아리안族들 중의 하나인 바라타 Bhārata族의 軍談으로서, 현재의 델히 Delhi 부근인 쿠루크세트라 Kurukṣetra라는 지방에서 벌어지는 王位繼承을 둘러싼 전쟁의 이야기를 그 中心素材로 하고 있다. 그러나 약 1000년 정도(B. C. 800∼200 A. D.)의 오랜 세월을 두고 자라는 동안 바라문들의 손에 의하여 위에서 말한 여러가지 사상적 내용들이 混入되어, 현재에는 약 10萬頌 가량의 방대한 叙事詩로서 18권으로 나뉘어져 있다. 宗敎的으로 보아 『마하바라타』는 많은 부분이 바라문의 베다적 전통을 그대로 전수하고 있으나, 다른 한편으로는 베다에서 찾기 어려운

78

점들도 발견된다. 그 중에서도 특별히 중요한 것은 힌두교의 가장 大衆的 信仰의 대상인 쉬바 Śiva신과 비슈누 Viṣṇu신의 등장이다.

쉬바神의 崇拜는 하라파 Harappā나 모헨조다로 Mohenjo Daro의 遺蹟發掘에서 나온 인더스 문화의 유물들을 통하여 제시되었듯이, 아리안족의 이주 이전의 인도 원주민들에 그 기원을 가지고 있는 듯싶으나, 그후 아리안族들의 베다 전통에서는 거의 종적을 감추게 되었다. 그러나 『슈베타슈바타라 우파니샤드 Śvetāśvatara Upaniṣad』와 같은 후기 우파니샤드에 와서 쉬바는 베다의 神 루드라 Rudra와 同一視되고 다름아닌 브라만 自體로서 간주되게 된다. 이것은 그 동안에 쉬바神에 대한 信仰이 널리 發展되었음을 立證하는 것이다. 『마하바라타』에 와서는 그는 온 宇宙를 創造한 위대한 神으로 崇拜될 뿐만 아니라 그에 대한 神話的 傳統도 풍부하게 형성되어, 히말라야의 높은 카일라사 Kailāsa 산속에서 심한 苦行을 행하는 典型的인 요가行者 yogin으로서 나타나 있다. 그의 瞑想을 통하여 이 世界는 유지되며 상투 jaṭā를 튼 그의 머리꼭대기에는 초생달이 걸려 있고 이로부터 聖스러운 갠지스江이 흘러나온다고 한다. 그의 몸은 苦行者들처럼 재로 덮여 있고 그의 목과 팔은 뱀으로 휘감겨 있다. 그의 곁에는 그의 무기 三枝槍과 그가 타고 다니는 황소 난디 Nandi가 있으며 그의 아름다운 아내 파르바티 Pārvatī 혹은 우마 Uma와 함께 히말라야 산속에 거하고 있다. 이와 동시에 쉬바神은 또한 세계의 창조적 힘으로서 男根 liṅga의 상징을 통하여 숭배되기도 한다. 男根숭배는 이미 하라파文化의 유적에서부터 찾아볼 수 있다.

그러나 『마하바라타』에서 쉬바神보다도 더 큰 大衆的 信仰의 비중을 차지하고 있는 것은 비슈누神이다. 비슈누神은 물론 베다와 브라흐마나에서도 이미 중요한 神으로 언급되지만, 그가 대중적 신앙의 대상이 된 것은 베다 전통의 밖에서 숭배되고 있던 바수데바 Vāsudeva나 크리슈나 Kṛṣṇa와 같은 神, 혹은 바라문의 종교전통에 기원을 둔 또 하나의 神 나라야나 Nārāyaṇa와 동일시된 후로부터이다. 여하튼 『마하바라타』에는 비슈누, 나라야나, 하리 Hari, 바수데바, 크리슈나 등이 모두 같은 존재로 同一視되고 있으며, 〈바

가바트 Bhagavat〉, 즉 〈尊貴한 者〉, 〈主〉라는 뜻의 칭호로서 불리어
지고 있어 그에 대한 신앙과 전통이 널리 퍼지고 발전되어 있음을
입증하고 있다. 비슈누神은 世界와 萬物의 根源으로서, 有名한 神話
에 의하면 그는 太古의 大洋 가운데서 千首를 가진 뱀 쉐샤 Śeṣa 위
에서 잠을 자고 있는 동안 그의 배꼽으로부터 蓮꽃이 자라난다. 이
연꽃으로부터 宇宙創造의 代行者 브라마 Brahmā神이 태어나서 세계
를 창조한다. 세계가 창조되자 비슈누神은 잠에서 깨어나 最上天인
바이쿤타 Vaikuṇṭha에서 세계를 다스린다고 한다. 그는 주로 네 개
의 팔을 가진 어두운 색깔의 人間으로 묘사되며 큰 독수리 가루다
Garuḍa를 타고 다닌다. 그의 아내 락스미 Lakṣmī 혹은 슈리 Śrī도
幸運의 女神으로서 널리 숭배되었다.

『마하바라타』 가운데서 비슈누信仰을 가장 뚜렷하게 반영하고 있
는 것은 유명한 『바가바드 기타 Bhagavad Gītā』이다. 『기타』는 힌두
교의 바이블이라고 불릴 정도로 중요한 종교적 철학적 문헌으로서,
인도뿐만 아니라 全世界的으로 愛讀되고 있는 古典이다. 이제 그
내용을 간략히 살펴보기로 한다.

3 『바가바드 기타』의 思想

『바가바드 기타』는 원래 바수데바 Vāsudeva라는 人格神을 숭배하
던 中印度西部의 바가바타 Bhāgavata派에 의하여 만들어진 독립적인
詩篇으로서, 나중에 『마하바라타』의 일부분으로 흡수된 것으로 추
정된다. 〈바가바드〉란 말은 〈숭배할 만한 者〉 혹은 〈지극히 尊貴한
者〉라는 뜻이며, 〈기타〉는 이 至尊의 〈노래〉 혹은 가르침이라는 뜻
이다. 이 바가바타派들이 居하던 지방에 크리슈나 Kṛṣṇa라는 영웅이
있었는데, 이 영웅은 神格化되어 至尊과 동일시되게 되었으며, 바
가바드신앙이 점차 퍼짐에 따라 바라문 문화의 중심지인 中印度東
部에까지 미쳐, 결국 바수데바-크리슈나神은 비슈누신과 동일시되
게 되었다. 그리하여 『바가바드 기타』의 교훈의 主가 되는 크리슈
나는 비슈누신의 化身 avatāra으로까지 간주되게 된 것이다.

『마하바라타』는 바라타族中에서 사촌간인 판다바 Pāṇḍava 형제

와 카우라바 Kaurava 형제들 간의 왕위계승을 위한 싸움의 이야기이
다. 『바가바드 기타』는 이 叙事詩의 제 6 권에 포함되어 있으며, 그
직접적인 배경은 다음과 같다. 판다바 5 형제 중의 세째이며 크리슈
나의 친구인 아르쥬나 Arjuna는 그의 사촌들인 카우라바 형제들과
戰場에서 對陣하여 살륙전을 벌이려고 한다. 그 순간 그는 용기를
잃고 만다. 차라리 죽으면 죽었지 同族을 죽이지는 못하겠다고 고
백을 하자, 아르쥬나의 수레잡이로서 그를 돕던 크리슈나가 그에게
武士 Kṣatriya로서의 의무 dharma인 싸움을 해야만 한다는 것을 說
得시킨다. 이것이 『바가바드 기타』의 형식상의 이야기로 되어 있다.
『바가바드 기타』는 그 실제 내용에 있어서 어떤 체계적인 哲學
論書라기보다는 여러가지 해탈의 방법을 제시한 실천적 성격이 강
한 종교적 作品이다. 다시 말하면 『바가바드 기타』는 그 전체적 성
격을 한 마디로 규정한다면 요가의 古典이라고 말할 수 있다,

　　『바가바드 기타』는 3종의 요가를 말하고 있다. 즉 知의 요가
jñāna-yoga, 行의 요가 karma-yoga, 그리고 信愛의 요가 bhakti-yoga
이다. 각기 인간의 知・情・意의 3面에 相應하는 것이라 볼 수 있
다. 知의 요가는 知에 대한 전념을 의미하는 것으로서, 『기타』에서
知란 상키야 Sāṃkhya 철학에 있어서처럼 영원한 精神으로서의 참자
아 puruṣa와 물질적・현상적 prakṛti 自我와를 분명히 구별하는 지
혜를 의미하며, 혹은 우파니샤드的인 梵我一如의 진리와 神을 아는
지혜를 의미하기도 한다. 信愛의 요가는 神에게, 특히 비슈누神에
게 온 정신을 집중하고 그에 대한 믿음과 사랑과 헌신에 의하여 輪
廻의 세계로부터 구원을 받게 된다는 사상이다. 信愛 bhakti의 사상
은 이미 『슈베타슈바타라 우파니샤드』에도 나타나 있지만, 『바가바
드 기타』에 와서야 비로소 본격적인 자세를 보이게 되었으며, 그후
의 모든 대중적 신앙운동과 有神論的 哲學思想에 至大한 영향을 끼
치게 되었다.

　　行의 요가는 『기타』에 있어서 가장 독특하고 창의적인 사상으로
서, 바라문의 사회윤리 질서와 해탈의 길과의 긴장관계를 해소해
주는 데 그 思想的 의의가 있다. 바라문의 사회윤리에 의하면 사
람이란 누구든지 자기가 속한 계급 varṇa과 나이가 규정하는 올바른

행위 dharma를 하여야만 하며 그렇게 해야만 사회질서가 유지되는 것이다. 그러나 아무리 올바른 행위를 할지라도 우리는 자연히 그 행위의 결과를 얻기 마련이며 따라서 輪廻의 세계에 속박될 수밖에 없는 것이다. 이런 이유로 해서 우파니샤드 이후에는 모든 행위를 부정하며 사회적 유대관계를 끊어 버리고 苦行과 더불어 신비적 지식만을 추구하는 拋棄者 saṁnyāsin(혹은 沙門 śrāmaṇa)의 理想이 성행하게 된 것이다. 특히 佛敎에 의하여 이러한 운동이 대폭적으로 확대됨에 따라 사회윤리 및 질서에 지대한 관심을 가졌던 바라문계급의 지도자들에게는 상당한 사회문제로 등장하게 되었으며, 바라문교 자체의 사회적 기반을 위협하는 것으로 간주되게 된 것이다. 따라서 『바가바드 기타』의 行의 요가 思想은 社會倫理를 준수하는 행위 자체가 解脫의 이상에 배치되는 것이 아니라는 것을 강조한다. 『기타』에 의하면 우리의 속박을 가져오는 것은 행위 그 자체가 아니라 행위의 결과에 執着하는 욕망이라고 한다. 행위는 아무런 욕망 없이 순수한 마음으로 하는 한 業報를 초래하지 않는다고 하면서 행위자의 내면적인 태도를 강조한다. 『기타』는 말하기를 사람은 자연의 본성 prakṛti상 잠시도 행위없이 존속할 수 없으며, 문제는 행위를 하느냐 안하느냐가 아니라, 어떠한 자세로 하느냐가 관건이라는 것이다. 따라서 참다운 체념은 〈행위를 전혀 하지 않는 체념 renunciation of action〉이 아니라, 〈행위 가운데서의 체념 renunciation in action〉임을 강조하고 있다. 그리하여 윤리와 해탈간의 긴장관계는 카르마 요가 karma-yoga에 의하여 지양되는 것이다.

그러면 어떻게 행위를 하면서도 체념을 할 수 있는가? 어떻게 하여야 욕망이 없이 행위 아닌 행위를 할 수 있겠는가? 『기타』는 두 가지 길을 제시하고 있다. 첫째는, 지혜의 필요성이다. 특별히 상키야 철학에서 말하는 영원한 두 개의 형이상학적 원리가 되는 정신 puruṣa과 물질 prakṛti에 대한 혼동 없는 확실한 구별을 아는 지식을 말한다. 인간의 모든 행위는 우리의 물질적 prakṛti 자아가 하는 것이며, 우리의 참자아인 정신 puruṣa은 어떠한 행위에도 개입하지 않으며 언제나 자유로운 방관자 내지 관조자와 같다는 것이다. 이 사실을 알 때에는 우리는 아무 욕망 없이 우리기 지닌 프라크르티의 필연적 성품 guṇa에 따라 자연스러운 행동을 할 따름이라는 것이다.

카르마 요가의 다른 한 방법은 우리의 모든 행위를 神에 대한 全的인 사랑과 헌신으로 해야 한다는 것이다. 이러한 行爲는 순수한 것으로서 業報를 초래하지 않을 뿐만 아니라 神의 은총에 의해 그와 사랑의 聯合을 하는 구원에까지 이르게 된다고 한다. 이상과 같은 관점에서 보면 결국 行의 요가란 知의 요가나 信愛의 요가로부터 獨立해서 있는 길이라기보다는 바로 知와 信愛에 입각한 行爲의 길이라고 해야 할 것이다. 여하튼 『기타』가 欲望없는 行爲라는 개념에 착안하여 社會倫理的 의무와 解脫이라는 초월적 이상을 동시에 살리는 적극적인 행동의 哲學을 전개한 것은 印度思想史上 특기할 만한 사상이다. 『기타』는 行의 요가라는 사상을 통하여 한편으로는 四姓階級에 근거한 전통적인 사회질서를 옹호하지만, 다른 한편으로는 信愛의 길을 통하여 女子나 슈드라 계급까지도 포함한 모든 사람에게 大衆的인 구원의 길을 터 준 것이다. 참으로 拋棄한 者 saṁnyāsin는 外形的으로 出家한 者가 아니라 마음의 執着과 欲望으로부터 자유로와진 사람이기 때문이라는 것이다.

『기타』의 思想을 자세히 살펴볼 것 같으면, 知와 信愛를 둘 다 강조하고 있으며, 때로는 知에 가장 높은 修行의 목표를 두는가 하면 다른 곳에서는 神에 대한 믿음과 사랑이 최고의 길로 제시되고 있으며 知는 信愛에 이르는 수단으로 간주한다. 전체적으로 볼 때 『바가바드 기타』에는 우파니샤드적인 一元論的 思想과 상키야哲學의 二元論的 要素, 自覺의 宗敎과 信仰의 宗敎와의 差異 등이 아직 해소되지 않은 채 남아 있음을 볼 수 있다. 그러므로 후세의 베단타 Vedānta 哲學의 거장들인 샹카라 Śaṅkara와 라마누자 Rāmānuja가 각기 자기의 철학적 입장에 따라 이 양면 중의 한 면을 더 강조하는 『기타』의 해석을 하게 된 것도 그 根據가 이미 『기타』 내에 있음을 기억해야 할 것이다.

4 『解脫法品』에 나타난 哲學思想

『바가바드 기타』와 더불어 『마하바라타』의 또 하나의 중요한 철학적 부분은 제12권 『解脫法品 Mokṣadharma-parvan』이다. 『해탈법품』의 철학사상도 결코 어떤 체계화된 것이 아니라 여러가지 雜多한 思想들이 여러 모양으로 反復되어 나타나는가 하면 相互矛盾的으로 叙述되어 있기도 하다.[1] 그러나 그 내용은 주로 상키야-요가 철학의 사상이다.

우리는 이미 후기 우파니샤드들에 상키야철학의 사상이 나타나 있음을 언급했거니와 『마하바라타』의 『解脫法品』에는 이 原始상키야사상이 더욱 발전되어 體系化된 상키야사상에 아주 가까운 형태로 전개되어 있음을 볼 수 있다. 다시 말하면 『해탈법품』의 印度哲學史的인 意義는 후기 우파니샤드와 마찬가지로 체계화된 상키야철학 이전의 상키야사상의 발전을 우리에게 보여준다는 데 있다. 특히 상키야철학의 25원리 및 세계 轉變說의 기초가 이미 이루어져 있음을 우리는 볼 수 있다. 우선 감각기관의 수는 眼·耳·鼻·舌·身의 五根으로 고정되어 사용되고 있으며, 여섯번째의 감각기관이라 불리는 意根 manas이 심리기관으로서 모든 감각기관의 우두머리로 定立되어 있다. 또한 五元素說이 이론적 발전을 보아 五根에 해당하는 五大 혹은 五元素가 설정되게 된다. 종래에는 地·水·火·風의 四元素만을 말하던 것이 空 ākāśa이라는 소리의 성질을 지닌 元素가 추가되어 인도철학의 일반적인 定說로 형성되었다. 이 五大와 더불어 그들이 각각 지니고 있는 지배적 성품으로서 香·味·色·觸·聲의 五境이 言及된다. 그러나 나중에 우리가 考察하겠지만 古典 상키야체계에서처럼 五境이 아직은 五唯로 대체되어 있지 않으며, 五大도 五唯로부터 전개해나오는 것이 아니다. 또한 다섯 개의 감각기관인 五知根과 五作根 및 意의 11根도 五大와 五境으로부터 생기는 것으로 되어 있어, 自意識 ahaṁkāra으로부터 展開된 것

---

1) F. Edgerton, trans. *The Beginnings of Indian Philosophy* (Cambridge, Massachusetts: Harvard University Press, 1965), pp. 255~334 참조.

84

으로 보는 고전 상키야의 說과 差異를 보이고 있다. 이외에도 精神的 原理인 푸루샤 puruṣa와 物質的 원리인 프라크르티 prakṛti의 개념은 물론, 상키야철학의 세계설명의 중요한 이론이 되고 있는 3 要素 guṇa의 사상도 찾아볼 수 있다.

『해탈법품』에는 이론적인 상키야철학뿐만 아니라 실천적 성격이 강한 요가의 사상이 아직도 상키야철학과 밀접하게 연결되지 않은 채로 발견된다. 『해탈법품』은 요가는 사회계급이 낮은 자나 여자들도 실천하여 해탈을 얻을 수 있다고 하여, 상키야의 主知主義的 哲學에 대하여 요가의 대중적·실천적 성격을 강조하고 있다.[2] 요가의 실천방법에는 여러가지 相異한 見解들이 발견되나, 그 핵심은 감각기관을 대상의 세계로부터 退去하여 意根 manas에 붙잡고 모든 생각의 活動을 멈추어서 우리의 참자아를 밝게 드러내는 것에 있다. 아트만 ātman을 아는 것은 아트만 자체라 하기도 하고 혹은 知性 buddhi이라 하기도 하나, 意根 manas이라는 견해가 지배적이다. 이 意根이 아트만과 더불어 輪廻의 主體가 된다는 사상도 우리의 주목을 끈다. 古典 상키야철학에 있어서 부디 buddhi가 차지하고 있는 지배적 역할과 대조를 보여 주고 있는 것이다.

5 婆羅門的 社會倫理의 確立

불교가 아무리 왕성한 布教活動과 자유롭고 平等倫理的인 정신을 바탕으로 하여 大衆的 宗教로서 바라문교를 위협하는 세력을 형성하였다 하더라도, 불교는 종교로서 한 가지 결정적인 약점을 지니고 있었다. 그것은 불교가 佛陀 당시부터 出家僧들을 중심으로 한 寺院中心的인 종교였다는 것이다. 따라서 解脫에 관한 적극적인 관심과 갈망이 없는 在家者들의 日常生活에 관한 한 불교는 그들의 삶의 방식을 구체적으로 규정해 주는 윤리체계는 제공하지 못했다. 在家者들의 종교생활은 三寶에 歸依하여 五戒를 지키며 僧伽에 필요한 物質的 布施를 하는 것이 거의 전부였다. 오히려 그들의 日常生活의 慣習 속에 깊이 파고들어 가서 그들의 행위를 지배하는 것은 베다

---

2) *Mahābhārata* 12. 232. 32, *The Beginnings of Indian Philosophy*, p. 272.

시대 이래로 계속해서 내려오는 祭儀的 行爲의 전통이었다. 더우기 우파니샤드 시대 이래로 古代印度人들 가운데서 輪廻와 業報에 대한 믿음이 보편화되면서 과연 구체적으로 어떠한 행동들이 善한 행위로서 좋은 果報를 받게 되는 것인가 하는 문제에 관하여 在家者들은 자연히 많은 관심을 갖게 된 것이다. 같은 베다 내에서도 브라흐마나와 같은 것은 祭儀를 주로 다루는 行爲篇 Karma-kāṇḍa으로서 우파니샤드와 같은 知識篇 Jñāna-kāṇḍa과 별도로 연구되어 왔지만, 行爲의 문제는 브라흐마나 이래로 계속해서 바라문 지도자들의 관심을 끌어 오게 되었다. 그리하여 베다적 儀式들의 규범을 취급하는 『天啓經 Śrauta Sūtra』, 在家者들의 社會生活의 義務를 더 폭넓게 규정해 주는 『家庭經 Gṛhya Sūtra』이나 『義務經 Dharma Sūtra』들이 편찬되게 된 것이다. 여기서 〈義務 dharma〉란 것은 宇宙의 法則 그 자체에 근거하며 그것을 유지한다고 믿어지는 祭祀의 의무뿐만 아니라 社會的 의무까지 의미하게 되었다. 『義務經』은 이러한 면에서 바라문교의 윤리전통상 매우 중요한 문헌으로서 누구나가 사회의 一員으로서 지켜야 하는 社會的 義務와 儀禮的 규범들을 상세히 규정하고 있다. 이러한 『義務經』은 더욱더 발전하여 서력기원전 약 200년경부터 기원후 300년경 사이에는 古代印度人의 生活規範을 더욱더 완전하게 체계적으로 제정해 놓은 法典 Dharma Śāstra들이 편찬되게 된 것이다. 이 法典들 가운데서 가장 권위있는 것은 마누 法典 Mānava-dharma-śāstra(200 B. C.~100 A. D)과 야즈나발키야法典 Yājñavalkya-smṛti(100 A. D.~300 A. D.) 같은 것으로서, 이들은 마우리야王朝 이후 人種的, 社會的, 經濟的으로 점점 더 복잡해 가는 社會的 상황과 佛敎와 같은 非바라문계의 종교적, 사상적 위협에 대처한 바라문들의 대응으로서 이루어진 것이었다.

이 法典들도 우파니샤드처럼 知識과 解脫을 인생의 최고의 목표로서 인정하고 있지만 이들의 실제의 관심은 어디까지나 現世의 삶 속에서 지켜야 할 올바른 의무적 행위 dharma를 체계적으로 규정해 주는 데 있다. 이러한 義務的 行爲體系의 根幹을 이루고 있는 것은 무엇보다도 소위 〈바르나아슈라마 varṇāśrama〉制度, 즉 四姓階級 Brāhmaṇa, Kṣatriya, Vaiśya, Śūdra의 社會的 義務와 人生의 四期

brahmacārin, gṛhastha, vānaprastha, saṁnyāsin에서 個人이 추구해야 할 理想的인 삶의 형태를 제시해 주는 제도이다. 特히 生의 四期에 대한 이론은 現世에서 社會的 秩序를 준수하며 사는 在家者의 삶과 超世間的 解脫을 추구하는 出家者들의 이상을 時期的으로 配列함으로써 兩者를 갈등없이 추구할 수 있도록 하는 제도로서 만들어진 것이다. 즉, 生의 第一期는 梵行者 brahmacārin의 생활로서, 兒童期를 마친다는 표식으로서 入門式 upanāyana을 한 다음 집을 떠나서 스승 guru의 지도하에 베다 등의 학문을 배우며 禁慾的인 생활을 한다. 第二期에는 學習기간이 끝난 다음 在家者 gṛhastha로서 결혼을 하고 神들과 祖上들에게 祭祀를 올리는 일, 後孫을 낳는 일 등을 하며 本能的 欲望과 富를 추구하는 생활을 한다. 『마누法典』은 이 時期를 바라문적 사회질서의 핵심으로서 가장 중요시하고 있다. 第三期는 在家者로서 성공적인 삶을 마치고 孫子를 본 다음 숲속으로 들어가서 隱居하면서 瞑想과 禁慾의 생활을 한다. 이것이 林棲者 vānaprastha의 생활이다. 마지막으로 第四期에는 완전히 一切의 社會的 紐帶關係를 끊고서 現世의 삶을 〈拋棄한 者 saṁnyāsin〉로서 오로지 解脫의 세계만을 추구한다.

이와 같이 하여 바라문의 사회윤리체계는 人生이 추구해야 할 諸價値들을 치우침 없이 均衡있게 추구할 수 있도록 규정함으로써 불교의 解脫中心的인 경향을 制裁하며 社會全體의 이익을 도모하고자 한 것이다.

* 참고문헌

Apte, V. M., *Social and Religious Life in the Grihya Sutras*. Bombay, 1954.

Banerjee, S. C., *Dharma Sūtras: A Study in Their Origin and Development*. Calcutta, 1962.

Bühler, G., trans., *The Laws of Manu. SBE*, XXV. Oxford, 1886.

Coomaraswamy, A. K. and The Sister Nivedita, trans., *Myths of the Hindus and Buddhists*. New York, 1967.

Dutt, R. C., trans., *The Mahābhārata and Rāmāyana* (abridged edition). London, 1917.

Deussen, P. and O. Strauss. trans., *Vier Philosophische Texte des Mahābhārata*. Leipzig, 1906.

Edgerton, F., trans., *The Beginnings of Indian Philosophy*. Cambridge, Mass., 1965.

————, trans., *The Bhagavad Gītā*. 2 vols. Cambridge, Mass., 1944.

Glasenapp, H. von., *Zwei philosophische Rāmāyana*. Wiesbaden, 1951.

Garbe, R., trans., *Die Bhagavadgītā*. Leipzig, 1905.

Hopkins, E. W., "Yoga–technique in the Great Epic," *Journal of the American Oriental Society*, XXII (1901).

————, *The Great Epic of India*. New Haven, 1928.

Johnston, E. H., *Early Samkhya: An Essay on its Historical Development according to the Texts*. London, 1937.

Kane, P. V., *History of Dharmaśāstra*. 5 vols. Poona, 1930∼1962.

Lamotte, E., *Notes sur la Bhagavad Gītā*. Paris, 1929.

Nikam, N. A. and R. McKeon, ed. and trans., *The Edicts of Asoka*. Chicago, 1959.

Radhakrishnan, S., trans., *The Bhagavadgītā*. New York, 1948.

Smith, V. A., *Asoka: The Buddhist Emperor of India*. 3rd ed. Oxford, 1920.

van Buitenen, J. A. B., trans., *The Mahābhāratā*. Chicago, 1973.

Zaehner, R. C., trans., *The Bhagavad Gītā*. London, 1969.

제II부 印度哲學의 體系化

제 7 장   상키야·요가哲學

1   印度哲學의 體系化

　　지금까지 우리는 서력기원전 1500년경부터 기원전 2세기 가량에 걸친 印度哲學의 形成期를 고찰해 왔다. 이 기간을 인도철학의 형성기라 부르는 것은 이 기간에 다양하고 창의적인 哲學的 思想들이 형성되어 후세에 와서 體系化된 哲學的 學派들의 根本性格을 決定지어 주는 밑바탕이 되고 있기 때문이다. 이들 다양한 思想들은 小乘佛敎의 몇몇 敎派들을 제외하고는 대부분 아직도 질서있는 論理와 認識論的 批判을 통하여 수립된 體系的 理論이라기보다는 종교적 修行과 體驗에 입각한 단편적인 철학적 통찰들이라 말하는 것이 더 타당할 것이다. 우리가 지금까지 고찰한 철학적 문헌들은 그 형식에 있어서도 우파니샤드나 佛敎經典들과 같이 주로 對話의 형식을 취하고 있으며, 어떤 一定한 哲學的 世界觀을 一貫性있게 체계적으로 진술하거나 옹호하는 論文은 아닌 것이다. 그러나 기원전 약 200년부터는 종래에 바라문의 전통 內에서 여러가지 흐름을 형성하여 오던 사상들이 각기 獨自的인 學派를 이루게 되었으며 이들은 자기들의 哲學的 見解들을 간략하게 집약하여 진술하는 經 sūtra이라는 문헌을 산출하게 되었다. 이 經들은 각 학파의 根本經典이 되었으며, 그 내용이 너무 간결하고 난해하기 때문에 자연히 그에 대한 註釋書인 疏 bhāṣya와 이 疏의 내용을 체계화하여 다루는 論

prakaraṇ이 씌어지게 되었다. 이러한 印度哲學의 學派的, 體系的 發展은 아무래도 佛敎內의 部派哲學的 發展에 힘입은 듯하며, 이로부터는 印度哲學의 발전은 各 學派間의 相互意識과 論爭 가운데서 진행되게 되었다. 따라서 각 학파들은 그들의 形而上學的 見解만을 주장하는 데 그치지 않고 나아가서 그들의 주장을 論理的으로 認識論的으로 밑받침하려는 노력도 보이게 되었다. 이로써 印度哲學은 自己反省的인 새로운 단계로 접어들게 된 것이다.

우리는 이미 上座部, 說一切有部, 經量部와 같은 小乘佛敎의 體系的 發展을 고찰했거니와 이제부터는 바라문의 正統六派哲學과 大乘佛敎哲學의 體系를 그 哲學的 內容에 중점을 두면서 學派別로 考察하기로 한다. 1)

2 상키야·요가哲學의 傳統

상키야 Sāṃkhya哲學은 인도의 체계화된 철학학파 가운데서 가장 먼저 형성된 것으로 여겨진다. 2) 상키야 哲學思想은 우리가 이미 고찰한 바와 같이 『카타 우파니샤드』나 『슈베타슈바타라 우파니샤드』와 같은 후기 우파니샤드에 분명하게 나타나 있으며 또한 『마하바라타』의 제12권 『解脫法品』에도 여러가지 초기 상키야哲學의 형태가 나타나 있음을 우리는 이미 보았다. 특히 『바가바드 기타』가 형성된 당시, 즉 서력기원전 2~3세기 경에는 상키야는 요가와 더불어 하나의 잘 확립된 思想으로서 존재한 듯이 보이며, 『기타』에 사상적으로 至大한 영향을 주었던 것이다. 그러나 이런 고대 문헌들에 나타나 있는 상키야철학은 어디까지나 아직도 충분히 발달되지 않은 초기의 것으로서 나중에 형성된 古典的 無神論的 상키야哲學과는 많은 차이점을 보이고 있다.

---

1) 小乘部派佛敎의 哲學은 時期的으로도 아쇼카王을 前後로 하여 일찍 전개되기 시작했기 때문에, 叙述의 편의상 I部(形成期)에서 다루었다. 그러나 說一切有部나 經量部 같은 學派는 時期的으로나 內容的으로도 II部(體系期)에서 다루어도 무방한 것임을 밝혀둔다.

2) 상키야哲學은 세계를 25원리(tattva)에 의하여 說明하므로 數를 중시한다하여 數論이라 불려 왔다. 〈Sāṃkhya〉라는 말도 〈計算하는 者〉라는 뜻을 지닌 것으로 풀이되고 있다.

상키야철학은 전통적으로 카필라 Kapila라는 기원전 4세기 경의
聖賢을 元祖로 하며, 그의 제자 아슈리 Āsuri 판차쉬카 Pañcaśika 등
에 의하여 대대로 전승되었다고 한다. 그러나 이들 초기 상키야思
想家들의 著書는 하나도 남아 있는 것이 없고 카필라에 의해서 씌
어졌다고 전해지는 『數論解說經 Sāṃkhyapravacana-sūtra』은 학자들
에 의하면 빨라야 9세기 정도에 씌어진 僞作으로 여겨지고 있
다.[3] 17세기의 베단타철학자인 비즈냐나빅슈 Vijñānabhikṣu는 이
經의 주석서를 썼으며, 그는 또한 상키야철학에 대한 중요한 기본
서로서 『數論精要 Sāṃkhya-sāra』라는 책을 썼다.

현존하는 古典 상키야철학서 가운데서 가장 오래되며 동시에 가장
중요한 것은 이슈바라크리쉬나 Īśvarakṛṣṇa 自在黑의 『數論頌 Sāṃ-
khya-kārikā』이다. 우리는 이 『數論頌』에 와서야 數論哲學이 분명히
二元論的, 無神論的 哲學으로 定立되는 것을 보게 된다. 『數論頌』
은 기원후 4세기 경에 씌어진 것으로 추측되며[4] 모두 70절로 되어
있어 『數論七十 Sāṃkhyasaptati』이라고 불리기도 하며, 인도의 古典
哲學書 가운데서도 白眉로 간주되는 名著이다. 8세기의 哲學者 가
우다파다 Gauḍapāda의 註釋書 『數論頌疏 Sāṃkhyakārikā-bhāṣya』와 9
세기의 베단타 哲學者 바차스파티미슈라 Vācaspatimiśra의 주석서인
『眞理月光 Tattvakaumudī』이 있다.

상키야哲學은 獨自的인 학파로서 근세까지 그 명맥을 유지하지는
못했으나 상키야哲學의 여러 理論들은 베단타哲學 등 他哲學학파들
에 흡수되었으며[5] 印度人의 세계관 형성에 큰 영향을 주어 왔다.

상키야철학 연구의 또 하나의 중요한 자료는 요가학파의 문헌들
이다. 요가는 상키야철학의 세계관과 형이상학을 거의 그대로 받아
들이고 있는 동시에 實踐·修行의 면을 더욱 강조하고 있는 학파로

---

3) 이 經은 Śaṅkara에 의해서 언급되지 않고 있으며 9세기의 Vācaspatimiśra는
　이 經 대신에 『數論頌』에 주석을 쓴 것으로 보아 상당히 나중에 만들어진 것으로
　간주된다.
4) 『數論頌』은 560년경에 眞諦 Paramārtha에 의하여 주석과 함께 漢譯되었다.
5) 17세기의 비슈누派의 베단타哲學者인 비쥬냐나빅슈 Vijñānabhikṣu는 상키야哲學
　을 냐야-바이쉐시카 Nyāya-Vaiseṣika哲學과 더불어 영원한 베단타 眞理의 한 면
　으로 간주했다. 그는 상키야哲學을 神의 본질을 깨닫지 못하는 자를 위하여, 그들
　이 物質과 영혼의 차이를 알지 못할까봐 주어진 가르침이라고 생각했다.

서, 『요가經 Yoga-sūtra』이라는 근본경전을 갖고 있다. 『요가經』
은 전통적으로 파탄잘리 Patañjali라는 B.C. 2세기의 인물에[6] 의
한 著書로 알려져 왔으나, 사실상으로는 서력기원 후 4~5세기 경
에야 完成된 古典으로 간주된다.[7] 그러나 물론 요가 yoga的인 修行
의 傳統은 이보다 훨씬 이전으로 소급하여 찾아 볼 수 있는 것이
다. 요가의 기원은 아마도 이미 베다時代부터 바라문들이 祭祀때
에 神秘的이고 초자연적인 힘과 지혜를 얻기 위하여 행하던 苦行
tapas의 행위에서 찾아볼 수 있을 것이다. 혹은 이보다도 더 앞
서, 인더스文明의 遺蹟 가운데서 요가의 座法을 한 神像이 발굴됨에
따라 요가는 아마도 베다나 아리안족의 풍습에 기원을 둔 것이 아
니라 非아리안적인 行法이 아니었는가라는 추측도 자아내고 있다.
여하튼 『카타 우파니샤드』에서는 〈요가〉라는 말은 감각기관과 마음
을 制御하여 絶對者를 인식하는 방법을 뜻하고 있으며, 이러한 행위
는 이미 佛陀나 혹은 그에게 禪法 dhyāna을 가르쳐 주던 出家修行
者들 가운데서 盛行하였던 것이다.

　『마하바라타』에 와서는 요가는 상키야와 더불어 두 개의 分明한
思想的 體系로서 認定되고 있다. 상키야는 解脫에 이르는 理論的인
接近으로, 그리고 요가는 같은 目的을 위한 實踐的, 修行的인 방법
으로 구별되어 이해되고 있는 것이다. 이러한 오랜 실천적인 전통
이 他思想들이 哲學的인 體系로 定立됨에 따라서 『요가經』에 와서
다듬어지고 정리되게 된 것이다.

　『요가經』의 註釋書로서 가장 오래된 것은 뱌사Vyāsa의 『요가經
疏 Yoga-sūtra-bhāṣya』이다. 經과 疏가 모두 〈數論의 解明 Sāṁkhya-
pravacana〉이라는 副題를 달고 있는 것으로 보아 이들이 씌어진 당
시에[8] 이미 상키야哲學과 요가는 同一한 思想으로 이해되고 있었음
을 말해 주고 있다. 그러나 요가哲學은 有神論的인 사상으로서 本

------

6) J.H. Woods는 그의 *The Yoga System of Patañjali* (Cambridge: Harvard
　　Univ. Press, 1914)에서 이 파탄잘리와 B.C. 2세기의 文法學者 파탄잘리와는 다
　　른 人物로 간주하고 있다. 그러나 Dasgupta는 兩者를 同一人으로 본다. 그의 *A
　　History of Indian Philosophy*, Vol. I, p.238 참조.
7) 이 점에 관해서는 Woods의 견해에 따름.
8) J.H. Woods는 經의 年代를 300~500년경, 疏의 年代를 650~800년경으로 잡고
　　있다. 이에 관하여는 많은 異說들이 있어 확실하지는 않다.

來부터 상키야와는 다른 면을 가지고 있었다고 생각된다. 여하튼 9세기의 바차스파티미슈라 Vācaspatimiśra는 뱌사의 疏에 『眞理通曉 Tattvavaiśāradī』라는 復註를 썼으며 이에 의하여 요가哲學의 學說은 고정되게 되었다. 16세기의 비즈냐나빅슈 Vijñānabhikṣu도 뱌사의 疏에 『요가評釋 Yoga-vārttika』이라는 주석서와 『요가精粹綱要 Yogasāra-saṁgraha』라는 요가哲學의 綱要書를 저술했다.

이제 이슈바라크리쉬나의 『數論頌』과 파탄잘리의 『요가經』, 그리고 바차스파티미슈라의 註釋을 中心으로 하여 상키야·요가哲學의 대강을 살펴보기로 하며, 때에 따라 두 思想의 중요한 差異點들을 언급하기로 한다.

3 物質

상키야철학은 佛敎와 같이 세계를 苦로 보며, 이 苦를 극복하려는 데에 철학적 사유의 주목적이 있다. 또한 그 세계관에 있어서도 불교와 같이 요가의 체험에 기초한 心理學的인 世界觀, 즉 인간의 심리현상의 관찰을 중심하여 세계를 파악하려는 경향이 짙으며, 一元論的인 세계해석을 피하고 있다. 그러나 동시에 상키야철학은 불교에서는 인정하지 않고 있는 인간의 영원한 自我, 즉 푸루샤(精神: puruṣa)라는 실재를 인정하고 있으며, 이 점에서 佛敎와 결정적인 차이를 보이고 있다. 상키야철학은 세계의 모든 존재를 精神 puruṣa과 物質 prakṛti이라는 두 개의 형이상학적 원리로서 설명한다. 따라서 이 두 개념을 바로 이해하면 상키야철학의 근본을 파악하게 되는 것이다.

프라크르티, 즉 物質이란 개념은 상키야哲學에서 특수한 의미를 지니고 있다. 프라크르티는 푸루샤를 제외한 세계의 一切現象이 그로부터 발전되어 나오는 母胎와 같은 것으로서 未顯現 avyakta이라 불린다. 즉, 경험의 세계에서 보는 바와 같은 한계를 지닌 현상들이 그 분명한 모습으로 나타나기 이전의 가능성의 세계를 의미한다. 그 자체는 어떤 원인도 가지고 있지 않으나, 그로부터는 모든 것이 발전되어 나오는 세계의 質料的 원인 upādāna-kāraṇa, 혹은 제 1 원인

pradhāna이 되며, 무한한 창조적 힘 śakti이 되는 것이다. 상키야철학에 의하면 無에서 有가 나올 수 없기 때문에 어떤 결과도 원인에 이미 내재하고 있어야 한다. 결과란 눈에 보이지는 않으나 잠재적으로 이미 원인에 존재하고 있던 것이 눈에 보이게 나타나는 것에 불과한 것이다. 이러한 견해를 印度哲學에서는 因中有果論 satkārya-vāda이라 부른다. 즉 결과 kārya가 원인 kāraṇa 속에 이미 존재 sat 한다고 하는 견해이며, 說一切有部와 같은 小乘佛敎나 냐야-바이쉐시카철학이 대표하는 因中無果論 asatkāryavāda과 대조를 이룬다. 因中有果論을 대표하는 철학 가운데서도 결과를 원인의 참다운 변형으로 보는 轉變說 pariṇāmavāda이 있는가 하면, 결과를 원인의 환상적 나타남으로 보는 假現說 vivartavāda의 인과론도 있다. 前者를 가장 잘 대표하는 것이 상키야철학이고 後者는 不二論的 베단타 哲學에서 그 전형적인 예를 찾아 볼 수 있다. 예를 들어 말하자면, 전변설에 의할 것 같으면 진흙 안에 이미 항아리가 보이지 않는 형태이지만 존재하고 있고, 항아리는 진흙의 참다운 변형인 것이다. 반면에 假現說에 의할 것 같으면 진흙만이 유일한 실재이고 항아리는 거짓 나타남에 지나지 않는다는 것이다.

상키야의 세계관에 의하면, 세계는 解體 pralaya와 進化 sarga의 과정을 끊임없이 반복한다고 한다. 해체의 상태에는 만물이 프라크르티 속에 잠재적으로 존재하고 있으며 발전되어 나타나지 않는 상태를 말하며, 진화란 프라크르티로부터 모든 현상이 순차적으로 발전되어 나오는 과정을 말한다. 그러면 무엇이 이 해체와 진화를 되풀이하게끔 하는가? 어찌하여 未顯現인 프라크르티는 그 자체로서 해체의 상태에 머물러 있지 않고 진화의 과정으로 넘어가는가? 이 문제에 대한 상키야哲學의 說明을 이해하기 위해서는 프라크르티 자체의 성격을 고찰할 필요가 있다.

상키야에 의하면 프라크르티는 사트바 sattva, 라자스 rajas, 타마스 tamas라는 세 종류의 요소 guṇa로 구성되어 있다. 이 세 요소들은 눈에 보이지는 않으나 그 결과들로부터 추리된 존재들로서, 사트바는 知性, 가벼움, 즐거움, 빛남 prakāśaka, 흰 색깔의 성질을 갖고 있으며, 라자스는 힘과 끊임없는 운동, 고통, 빨간색의 속성을 가지고 있고, 타마스는 질량, 무거움, 沮止, 無知, 무감각과 까만색의 속성을 지녔다고 한다. 세계의 만물의 차이는 프라크르티의 이 세 가지 요소가 어떤 비율로 결합되어 그 중의 어떤 것이 지배적인가 하는 데에 따라 결정된다고 한다. 이 세 요소는 서로서로에 영향을 주며, 限界와 形態가 없는 프라크르티의 상태로부터 점점 더 분명한 한계와 형태를 가진 현상세계를 산출시킨다. 만약에 이 세 요소가 꼭 같은 비율로 섞여 있어 완전한 平衡 sāmyāvastha을 이루고 있을 때에는 비록 이 요소들 자체는 바삐 운동을 계속하고 있기는 하지만 어떤 요소의 성질도 지배적으로 나타나지 않기 때문에 프라크르티는 아무런 변형도 없이 未顯現 그대로 남아 있게 된다고 한다.

그렇다면 어찌하여 프라크르티의 이러한 평형상태가 깨어지게 되는가? 상키야哲學의 이 문제에 관한 대답은 다음과 같다. 프라크르티는 단지 푸루샤의 곁에 있게 됨으로써 puruṣa-saṁnidhi-mātra 그 평형이 깨어진다고 한다. 마치 자석이 철을 당기듯이 兩者의 接觸 saṁyoga이 있어야만 비로소 세계는 프라크르티로부터 전개되어 나온다는 것이다. 그러면 왜 이 두 개의 異質的인 存在는 접촉을 하게 되는가 하는 것이 문제이다. 상키야는 말하기를 푸루샤와 프라크르티의 접촉은 서로가 서로를 필요로 하기 때문이라고 한다. 푸루샤는 解放 apavarga이나 享受 bhoga, enjoyment를 위하여 프라크르티를 필요로 하며, 프라크르티는 자신을 보고 알며 즐기는 者로서 푸루샤를 필요로 한다는 것이다. 혹은 장님과 걷지 못하는 절름발이가 서로 협력하는 것과 마찬가지라고 비유적으로 설명하기도 한다. 그러나 이와 같은 상키야哲學의 설명은 說得力의 不足함을 인정할 수밖에 없다. 만약에 상키야哲學에서 주장하는 대로 解脫이란 푸루샤와 프라크르티의 分離에서 이루어지는 것이라면 푸루샤가 解放을 위하여 프라크르티를 필요로 한다는 것은 수긍하기 어려운 설명인 것이다. 뿐만 아니라 상키야哲學은 어떻게 하여 전혀 異質的인 두 개의 形而上學的 實在 사이에 처음부터 접촉이란 것이 가능한가라는 것을 설명해야만 한다. 이 문제를 해결하기 위하여 상키야哲學은 그 접촉은 실제상의 접촉이 아니라 다만 그렇게 보일 뿐이라는 說 samyogābhāsa을 내세운다.

여하튼 상키야에 의할 것 같으면 푸루샤와 프라크르티의 접촉에 의하여 프라크르티의 내적 평형상태는 깨어지기 시작한다. 이 접촉에 의하여 제일 먼저 영향을 받는 것은 프라크르티의 三要素 가운데서 운동의 성질을 갖고 있는 라자스 rajas이다. 이 라자스가 먼저 흔들리기 시작하면 사트바와 타마스도 따라서 흔들리게 되며 進化의 과정은 시작되는 것이다. 일단 그 균형이 깨어진 프라크리티의 展開과정은 다음과 같다.

제일 먼저 특정한 성격을 갖고 나타나는 것은 사트바를 그 지배적인 성품으로 하는 붓디 buddhi이다. 붓디는 우주론적으로는 그로부터 다른 모든 물질적 세계가 전개되어 나오기 때문에 〈위대한 것 mahat〉이라고도 불리고, 심리적·개인적으로는 모든 것을 인식할 수 있는 기관으로서 붓디, 즉 知性이라고 불린다. 이 붓디는 그 속에 우주가 해체될 때 프라크르티 속으로 잠재해 버렸던 모든 개인적 붓디들을 포함하고 있으며, 이 붓디들은 과거의 無數한 轉生을 통하여 얻은 기억들과 정신적 性向들 saṁskāra, mental disposition을 지니고 있다고 한다. 붓디는 어디까지나 프라크르티, 즉 物質의 産物로서 그 自體는 識 cit의 性品을 갖고 있지 않다. 붓디는 그것을 純粹識인 푸루샤의 反射作用을 통하여 받는다고 한다. 붓디는 마치 거울과 같아서 푸루샤의 빛이 있을 때만 다른 물건들을 비추게 되어 우리의 정신활동, 인식, 경험 등이 가능하게 된다고 한다. 물론 붓디가 빛을 반사할 수 있는 것은 그 자체가 아주 섬세한 물질, 즉 사트바의 요소가 지배적이기 때문이다. 다시 말하면, 붓디는 푸루샤와 가장 비슷한 성품을 지니고 있으며, 푸루샤에 가장 가까운 존재로서 푸루샤와 프라크르티의 중개 역할을 하는 중요한 위치를 차지하고 있다. 모든 경험과 인식 활동은 識을 지닌 푸루샤와 대상과 관계를 맺은 붓디가 상호 협력할 때에만 가능한 것이다. 경험과 인식의 주체는 푸루샤만도 아니고 붓디만도 아니고 兩者의 교섭상태인 것이다.

여기서 한 가지 상키야철학의 認識論에 있어서 흥미로운 사실은, 미세한 사유물질인 붓디는 감각기관을 통하여 들어오는 사물의 形相 ākāra을 認知할 때나 혹은 사고행위를 할 때, 그 자신이 대상들의 각기 다른 형태들에 따라 수시로 변화한다고 한다. 다시 말하면 붓디는 단순히 거기에 들어오는 여러 대상들을 수동적으로 受納하는 것이 아니라 적극적으로 대상들에 따라 변모하여 인식과 경험이 성립한다는 것이다.

붓디로부터 아함카라 ahaṁkāra(我慢)라 불리는 個體化의 原理가 전개되어 나온다. 心理的으로는 아함카라의 기능은 무엇보다도 自我意識과 我執과 憍慢 abhimāna이다. 푸루샤는 自身을 바로 이 아함카라로 착각하여 스스로를 행위의 主體로 생각하게 된다고 한다. 아함카라는 붓디와 마찬가지로 宇宙的 存在論的인 원리이기도 하다. 따라서 그것의 지배적인 성품이 사트바냐 라자스냐 타마스냐에 따라서 세 가지 방향으로 아함카라는 발전하게 된다. 라자스는 주로 운동의 성품을 지녔으므로 그 자체로는 독립적인 발전을 하지 않고, 사트바와 타마스를 도와서 지배하도록 하는 일만 한다고 한다. 사트바의 힘이 지배적이 되면 아함카라는 내적 감각기관인 意根 manas과 五智根 jñāna-indriya, 즉, 보고, 듣고, 만지고, 맛보고, 냄새맡는 능력과, 五作根 karma-indriya, 즉, 말하고, 손을 움직이고, 발을 옮기고, 배설하고, 생식하는 능력들을 산출한다. 여기서 根 indriya이란 말은 눈에 보이는 육체적 기관을 의미하는 것이 아니라 그 기관을 통하여 작용하는 보이지 않는 힘 śakti 등을 의미하는 것으로서, 推論 anumāna을 통하여 아는 것이지 지각 pra-tyakṣa의 대상이 되는 것은 아니라고 한다.

이상의 프라크르티의 전개물 가운데서 붓디와 아함카라와 마나스(意根)를 심리기관 antaḥ-karaṇa이라 부르며, 나머지 十根은 외적 기관 bāhya-karaṇa이라 부른다. 숨 prāṇa은 심리기관의 기능으로 간주된다. 외적 기관은 외부세계를 심리기관에 전달해 주는 역할을 하며, 심리기관의 기능을 위한 조건이 된다. 마나스는 심리기관과 외적 기관의 매개체와 같은 것으로서, 감각기관을 통하여 들어온 無分別的 nirvikalpa 감각의 所與 sense data를 언어를 매개로 하여 分別하고 종합하고 해석하여 分別的인 savikalpa 판단적(〈이것은 돌이다〉, 〈저것은 빨갛다〉 등) 지각으로 바꾸는 작용을 한다. 상키야 철학에 의할 것 같으면, 마나스는 부분들로 구성되어 있으며, 여러 감각기관들과 동시에 접촉을 할 수가 있다고 한다(이것은 뒤에 고찰하겠지만, 냐야-바이쉐시카 Nyāya-Vaiśeṣika에서 말하는 마나스에 대한 견해와 대조를 보이고 있다). 이러한 마나스의 作用 다음에 아함카라는 지각활동을 〈나〉라는 개념에 연결시켜 자기 경험으로 만든 다음 붓디 buddhi에 전달한다. 붓디는 감각기관과 마나스를 통해 들어온 形相들에 따라 변모한다 buddhi-vṛtti. 그러나 이것만으로는 아직도 認識이 성립되지 못한다. 왜냐하면 붓디는 어디까지나 프라크르티, 즉 物質의 발전된 상태이며 그 자체로는 識 cit의 성품이 없기 때문이다. 따라서 푸루샤의 빛을 반사하여서만 비로소 지식이 성립되는 것이다. 이상과 같이 볼 것 같으면 프라크르티의 존재론적 전개 과정은 인간의 인식 과정과는 정반대의 것임을 알 수 있다. 인간의 인식의 성립에 관한 관찰과 분석을 통하여 인식의 가능 근거를 이루는 존재요소들을 거꾸로 올라가며 찾는 것이 상키야 철학의 존재론적 사유과정인 것이다.

다른 한편, 重量의 성격을 지닌 타마스가 지배하는 아함카라로부터는 五唯 tanmātra, 즉, 音・觸・色・味・香의 본질을 이루는 미세한 물질이 방출된다. 이 五唯의 배합에 의하여 五大 bhūta가 산출된다. 즉, 音의 본질로부터는 空 ākāśa, 音과 觸의 결합으로 風 vāyu, 音・觸・色의 결합으로 火 tejas, 音・觸・色・味의 결합으로 水 ap, 그리고 音・觸・色・味・香의 결합으로 地 kṣiti의 五大가 산출되는 것이다. 여기서도 역시 五唯의 존재는 눈에 보이는 五大의 성질들에 입각하여 그로부터 逆으로 추리하여 눈에 보이지 않는 五唯의 존재를 설정하게 된 것 같다. 이렇게 하여 제1차적인 진화 sarga의 과정이 끝나고 五大의 여러가지 결합에 의하여 눈에 보이는 모든 현상세계의 다양성이 나타나는 것이다.

이상과 같이 프라크르티는 그 내적 균형이 깨어진 후 붓디로 발전한 다음, 한편으로는 아함카라에서부터 11개의 根으로 발전하는 내적 전개와, 五唯를 거쳐 五大로 발전하는 외적 전개 과정을 거쳐 현상세계로 나타나게 되는 것이다. 아함카라와 五唯는 더 특정지어질 수 있는 가능성을 지녔기 때문에 無決定者 aviśeṣa라 하며, 十一根과 五大는 이미 특정지어져 있기 때문에 決定者 viśeṣa라 부른다.

또한 붓디와 아함카라와 마나스는 五唯와 함께 인간의 細身 liṅga-
śarīra, subtle body을 이룬다고 한다. 細身이란 우리의 육체가 파괴
되는 때에도 계속해서 存續하여 또 다른 몸으로 태어나게 되는 輪
廻의 주체가 되는 몸이다. 이 細身은 그 안에 과거와 現世의 業을
통하여 形成된 우리의 精神的 性向 saṃskāra을 지니고 있다고 한다.
즉 덕 dharma과 악 adharma, 지혜 jñāna와 무지 ajñāna, 격정 vairāgya,
無欲 avairāgya, 超自然的 힘 aiśvarya, 약함 anaiśvarya의 8 가지 性向
들이다. 細身은 이러한 性向에 따라 그것에 알맞는 형태로 다시 태
어난다는 것이다. 마치 연극배우가 여러가지 역할을 하듯이 이 細
身은 여러 형태의 몸으로 태어난다고 한다.

이미 언급했듯이 상키야哲學에 의하면 이상과 같은 프라크르티의
展開과정은 無意識的이긴 하지만 어떤 目的을 이루고 있다고 한다.
즉 푸루샤의 享受 bhoga나 解放 apavarga을 위한 目的論的인 의미를
지닌다는 것이다. 그러면 이제 푸루샤에 관한 상키야哲學의 이론을
검토해 보자.

4 精神

프라크르티는 세계의 質料的인 原因은 되나 結果는 아닌 존재인
반면에, 푸루샤는 원인도 아니고 결과도 아닌 어떤 존재이다. 상키
야철학은 이 푸루샤의 존재를 인정함으로써 유물론적인 철학이 되
지 않는 것이다.

푸루샤는 영원하고 무한하며 부분과 성질들을 갖고 있지 않다고
한다. 그러나 우파니샤드에서 말하는 아트만이나 브라흐만과는 달
리 상키야哲學은 푸루샤가 무한히 많은, 그러나 본질적 차이는 없
는 個別者的 存在들이라고 한다. 이 푸루샤는 순수한 識, 혹은 傍
觀者로서 결코 對象化될 수 없는 存在라고 하며, 우리의 모든 지
식이 성립되는 근저에 깔려 있으나, 대상에 따라 수시로 변하는 지
식에 의하여 아무런 영향도 받지 않는다. 변하는 것은 붓디이지 푸
루샤가 아니기 때문이다.

상키야에 의하면 푸루샤의 존재도 프라크르티처럼 推論 anumāna

에 의하여 알려지는 존재라고 한다. 상키야는 푸루샤의 존재에 관하여 여러가지 증명을 한다. 물질적 세계는 앎이 없으므로 그것을 경험하는 어떤 원리를 필요로 한다. 즉, 對象은 主體를 필요로 하며, 이 주체는 푸루샤인 것이다. 또한 인간에게는 윤회의 세계로부터 벗어나려는 종교적 갈망이 있다. 그리고 이 벗어남은 벗어나고자 하는 것, 즉 물질의 세계와는 다른 어떤 존재가 있어야만 가능한 것이다. 또한 프라크르티의 세계에 있는 모든 부분들로 구성된 사물들에게서 발견되는 목적과 수단의 일치는 어떤 意識的인 존재를 위한 것이라고 한다. 상키야는 푸루샤를 이러한 자연 질서의 계획자 designer로서 이해하는 것은 아니나, 이러한 의도적 질서의 혜택을 받는 의식적인 존재로 이해한다.

　우리는 여기서 無神論的인 상키야철학과 有神論的인 입장을 취하는 요가철학의 차이를 잠시 살펴볼 필요가 있다. 상키야와 요가는 둘 다 프라크르티가 전개되는 과정 속에 일정한 질서와 合目的性이 존재한다고 인정한다. 그러나 문제는 원래 知性을 갖고 있지 않은 盲目的인 프라크르티의 어디서 그런 질서와 조화가 생기게 되는 것인가이다. 이 점에 관하여 상키야는 프라크르티 자체가 푸루샤에게 봉사하려는 목적적 경향을 가지고 있다고 하여 그 전개 과정에 있어서 아무런 외부적 힘의 작용을 인정하지 않는다. 이에 반하여 요가철학은 프라크르티에는 知性이 결여되어 있기 때문에 스스로 그런 목적성을 가질 수 없으며, 더군다나 그 전개 과정에 있어서 모든 사람이 각각 자기가 행한 業에 합당한 業報를 받도록 전개할 수 있는 것은 프라크르티 자체만으로는 설명이 안된다고 한다. 따라서 요가哲學은 全知全能한 神 이슈바라 Īśvara의 존재를 인정한다. 이 神의 영원한 意志에 따라서 프라크르티의 전개 과정은 인도되며 푸루샤의 이익이 보호되고 실현된다는 것이다.

　본래 『요가經』自體內에서는 神은 實際的인 기능과 활동은 하지 않고 다만 영원히 속박을 모르는 푸루샤로서 요가行者들의 瞑想의 대상이 되는 존재로 이해되고 있다. 그러나 註釋家들에 와서는 이러한 非活動的인 神의 개념에 만족하지 않고 점점 더 그를 활동적인 존재로 파악하게 되었다. 그리하여 뱌사 Vyāsa는 神을 미세한

物質로 몸을 삼아 宗敎的 敎訓도 주며 은총으로 信者들의 구원을
도우기도 하는 존재로 간주하고 있으며, 바차스파티미슈라는 世界
의 주기적인 進化와 解體, 그리고 우주의 도덕적 법칙을 관장하며
베다를 啓示하는 者로서 이해하고 있는 것이다.

5 解脫論

그러면 푸루샤의 解放은 어떻게 가능한가? 이 문제를 살피기 위
하여 우리는 우선 무엇이 상키야哲學에 있어서 속박의 상태인가를
검토하지 않으면 안된다. 우리는 이미 프라크르티는 解體와 進化의
과정을 끊임없이 반복하고 있음을 얘기했다. 이 프라크르티의 전개
의 시작은 프라크르티와 푸루샤의 接觸 saṁyoga 때문에 가능한 것
이며, 특히 푸루샤는 프라크르티의 최초의 전개물인 붓디와 가장
가까와서, 그 兩者의 교섭상태에서 경험과 인식이 가능해지며, 따
라서 모든 욕망과 業이 생기게 되는 것이다. 다시 말하면 붓디는
푸루샤가 프라크르티에 混入되게 되는 과정에서 중요한 위치를 차
지하고 있다. 그러나 이 접촉 혹은 혼입은 實際上의 섞임을 말하는
것은 아니다. 왜냐하면 푸루샤는 本性上 순수한 의식으로서 언제나
자유로우며 프라크르티의 방관자일 뿐이기 때문이다. 문제는 無知로
인하여 푸루샤가 붓디로 착각되어 마치 붓디가 겪는 모든 마음의
상태들을 푸루샤가 체험하는 것으로 誤認되고 있다는 것이다.

다른 말로 바꾸어 말하면 상키야철학에 있어서의 속박이란 푸
루샤와 붓디를 구별하지 못하고 혼동하는 무지를 말하는 것이다.
붓디는 사트바의 성질을 지배적으로 가지고 있기 때문에 아주 섬세
한 물질이어서, 푸루샤의 빛을 반사하여 마치 그 자체가 의식이 있
는 존재처럼 보인다고 한다. 따라서 우리는 붓디의 상태가 푸루샤
가 아니라는 것을 모른다는 것이다. 이것이 상키야철학에서 말하는
無知인 것이다.

요가철학은 좀더 적극적으로 주장하기를 우리가 붓디의 상태를
마치 푸루샤인 양 간주하는 것이 無知라 한다. 푸루샤는 본래 純粹
識으로서 아무런 활동을 하지 않으며 변화를 겪지 않는 存在이다.

그러나 對象에 따라 변하는 붓디의 비추어진 상태들과 혼동되기 때문에 푸루샤 자체가 認識과 經驗의 主體로서 변화를 겪고 있는 것처럼 보인다는 것이다. 마치 아무런 형태도 없는 鐵球의 불이 둥근 형태를 가진 것처럼 보이는가 하면, 차가운 쇳덩어리가 뜨겁게 보이는 것과 비슷하다고 한다. 혹은 달이 흔들리는 물결에 비치게 되면 마치 달 자체가 흔들리는 것처럼 보이며 물 자체가 빛이 있는 것처럼 보이는 것과 같다고 한다. 따라서 푸루샤와 붓디를 분명히 구별하는 分別智 viveka-jñāna가 解脫에 필수적인 요건이 되는 것이다.

상키야철학에 의하면 이러한 分別智의 가능성은 붓디 자체 내에서 발견된다. 따라서 프라크르티는 푸루샤의 해방이라는 靈的인 목적을 위하여 부단히 활동하고 있으며, 프라크르티는 본래 푸루샤를 속박하려는 존재가 아닌 것이다. 결국 解脫과 束縛은 모두 프라크르티 자체 내의 사건이며 붓디가 그 關鍵을 쥐고 있다는 것이다. 일단 붓디 내에 이러한 分別智가 생기게 되면, 붓디를 중심으로 한 우리의 認識과 行爲도 그치게 되며 푸루샤도 그 본래의 모습인 순수한 獨存 kaivalya의 상태에 있게 되는 것이다. 『數論頌』의 著者 이슈바라크리쉬나 Īśvarakṛṣṇa는 말하기를 프라크르티는 매우 수줍은 舞姬와도 같아서, 일단 푸루샤라는 방관자가 자기 춤을 쳐다보고 있다는 의식이 생기면 춤을 그치게 된다고 한다. 푸루샤는 프라크르티를 일단 보고 나면 모든 興味를 잃어버리고 프라크르티는 푸루샤에 보여졌다고 생각하면 모든 행위를 그치게 된다는 것이다.

요가철학에서는 이 붓디에다가 아함카라 ahaṁkāra와 意根 manas을 포함시켜서 心 citta이라 부른다. 心은 그 안에 前生에서 경험한 經驗들의 자취 saṁskāra나 印象 vāsanā들, 혹은 業의 功過들을 지니고 있는 輪廻의 주체로서, 이들 잠재적인 힘들이 現世나 來世에서 적당한 조건들을 만나면 還生하게 된다고 한다. 요가철학은 이 心의 잠재적인 힘들을 강조하기 때문에 상키야철학에서처럼 푸루샤의 해방을 단순히 分別智만으로 가능하다고는 생각하지 않는다. 心 속에 잠재해 있는 모든 과거의 습관적인 힘들이 제거되어 心이 푸루샤처럼 순수한 상태로 변화되어야 한다는 것이다. 뿐만 아니라 현재에도 계속해서 새로운 습관적인 힘과 業의 자취를 生成

하고 있는 心의 모든 작용들이 그쳐야만 citta-vṛtti-nirodha 解脫이 가능하다는 것이다.

요가철학에 의하면 心은 다섯 가지의 습관적인 힘 혹은 煩惱 kleśa 에 의하여 침투되어 있다고 한다. 즉 無明 avidyā, 我見 asmitā, 貪 rāga, 憎 dveṣa, 現貪 abhiniveśa[9]인데, 이 중에서 無明의 힘이 가장 크며, 나머지 4가지 번뇌를 낳게 된다. 이들 번뇌에 의하여 우리 는 業을 짓게 되며, 우리가 행한 業은 또 心 속에 그 자취와 영향을 남기게 되어 우리는 후에 그에 相應한 業報를 받게 되는 것이다.

요가철학은 우리의 心作用을 5種類로 區分하여 설명하고 있다. 즉 正知 pramāṇa, 不正知 viparyaya, 分別知 vikalpa, 睡眠 nidrā, 記 憶 smṛti이다. 正知는 知覺 pratyakṣa과 推論 anumāna과 證言 śabda의 세 가지 妥當한 인식의 方法으로부터 오는 지식이고 不正知는 적극 적으로 틀린 지식을 말한다. 分別知는 對象이 存在함이 없이 순전 히 말에 의해서만 아는 지식, 예를 들면 〈토끼의 뿔〉과 같은 것이 고, 睡眠이란 認識의 不在를 뜻하는 것으로서 이것도 心作用의 하 나로 간주된다. 마지막으로 기억은 남겨진 印象을 통하여 과거의 경험을 回想하는 것이다.

이러한 心作用들과 前에 축적되었던 습관적인 힘들을 제거하기 위하여 요가哲學은 구체적인 修行方法으로서 8가지 단계로 구성된 八支 요가 aṣṭāṅga-yoga를 제시한다. 즉 禁制 yama, 勸制 niyama, 坐法 āsana, 調息 prāṇāyāma, 制感 pratyāhāra, 執持 dhāraṇā, 靜慮 dhyāna, 三昧 samādhi로서, 이 중에서 처음 다섯은 나머지 셋을 위 한 준비 단계로 간주되며, 요가의 궁극목표는 모든 心作用이 그 친 三昧 samādhi의 경지에 이르는 것이다.

* 참고문헌

Colebrook, H.T., trans., *The Sānkhya Kārikā;* and H.H. Wilson, trans., *The Bhasya or Commentary of Gaudapada.* Bombay, 1887.
Dahlman, J., *Samkhya-Philosophie.* Berlin, 1902.

---

9) 現貪이란 現世의 享樂에 執着하여 죽음을 두려워하는 마음을 말한다.

Daniélou, A., *Yoga: The Method of Re-integration*. London, 1949.

Dasgupta, S., *The Study of Patanjali*. Calcutta, 1920.

————, *Yoga as Philosophy and Religion*. London, 1924.

————, *Yoga Philosophy in relation to Other Systems of Indian Thought*. Calcutta, 1930.

Eliade, M., *Yoga: Immortality and Freedom*. Princeton, 1958.

Garbe, R., *Die Saṁkhya-Philosophie*. Leipzig, 1917.

————, *Saṁkhya und Yoga*. Strasbourg, 1896.

————, trans., *Mondschein der Saṁkhya Wahrheit*. (Vācaspatimiśra 의 *Sāṁkhyatattva-kaumudī*의 獨譯).

Hauer, J. W., *Die Anfänge der Yogapraxis*. Stuttgart, 1922.

————, *Yoga als Heilweg*. Stuttgart, 1932.

Jha, G., trans., *The Yogasārasaṃgraha of Vijñāna Bhikshu*. Bombay, 1894.

Johnston, E. H., *Early Samkhya: An Essay in its Historical Development according to the Texts*. London, 1937.

Keith, A. B., *The Saṃkhya System*. London, 1918.

Sharma, V. H. D., trans., *The Tattvakaumudī* (Vācaspatimiśra's Commentary on the *Sāṁkhya-kārikā*) 2nd ed. Poona, 1934.

Wood E., *Yoga*. Harmondsworth, England, 1959.

Woods, J. H., *The Yoga System of Patañjali, or the Ancient Hindu Doctrine of Concentration of Mind*. Harvard Oriental Series, Vol. 17, 1914. (*Yoga-Sūtra, Yoga-Bhāṣya, Tattva-Vaiśāradī*의 英譯).

제 8 장 勝論學派의 哲學

1 勝論哲學의 傳統

상키야와 요가哲學이 같이 가듯이 勝論 Vaiśeṣika哲學[1]은 보통 正理 Nyāya學派의 哲學과 함께 논의되어 왔다. 어느 때부터 이 두 學派가 같이 취급되게 되었는지는 확실히 알 수 없으나, 두 학파는 처음부터 근본적인 世界觀에 있어서 일치한다고 생각하여, 서로 相資관계를 이루어 온 것으로 보아 왔다. 勝論학파는 주로 世界의 形而上學的 構造를 중점적으로 다루는 학파인 데 반하여, 正理학파는 이 形而上學的 世界觀을 論理學과 認識論을 통하여 뒷받침해 주는 학파이다. 인도의 다른 모든 정통학파들이 佛敎를 비판해 왔지만, 그 중에서도 이 두 학파는 극단적인 實在論的 立場을 대표하는 哲學으로서 佛敎의 哲學的 立場과 정면으로 대립하여 왔다.

勝論과 正理는 비록 바라문계의 正統六派로서 간주되어 왔지만, 실제상에 있어서 이 두 학파의 正統性은 오히려 다분히 名目的인 것이다. 베단타나 미맘사, 그리고 상키야·요가학파가 분명히 베다의 哲學的 思想에 근거하고 있는 반면에 **勝論과 正理學派는** 베

---

1) 〈Vaiśeṣika〉란 말은 〈特殊〉, 〈區別〉 등을 의미하는 〈viśeṣa〉라는 말에서 온 것으로서 이 학파가 세계를 6범주로 區別하여 설명하기 때문에 생긴 이름이다. 그러나 中國의 佛敎傳統에서는 〈Vaiśeṣika〉란 말을 〈뛰어나다(殊勝)〉의 뜻으로 이해하여 이 학파를 勝論이라고 불러왔다. 本書에서는 이 用法을 그대로 따른다.

다나 그 후의 종교적 문헌들인 叙事詩나 푸라나 Purāṇa 같은 것에서도 분명히 그 기원을 찾기 어려운 哲學이기 때문이다. 2)

우선 勝論학파의 주요 哲學的 文獻들을 살펴볼 것 같으면, 카나다 Kaṇāda라고 하는 아마도 가공적 인물의 저서로 전해지고 있는 『勝論經 Vaiśeṣika-sūtra』으로부터 시작한다. 그 연대는 정확히 알 수 없으나 서력기원 1~2세기경의 작품으로 추측된다. 내용은 극히 간결한 격언조로 된 철학적 진술들을 모아놓은 것으로서 다른 학파의 근본경전들처럼 주석이 없이는 이해하기 어려운 부분들이 많이 있다. 勝論哲學의 결정적인 체계적 정립을 한 것은 서력기원 500년경에 씌어진 프라샤스타파다 Praśastapāda의 『句義法綱要 Padār-tha-dharma-saṃgraha』로서, 형식상으로는 『勝論經』에 대한 주석으로 되어 있지만 실제상에 있어서는 하나의 독자적인 論書이다. 3) 프라샤스타파다의 論書에 관해서는 뵤마쉬바 Vyomaśiva(900~960년경)의 『如虛空 Vyomavati』, 슈리다라 Śrīdhara(950~1000년경)의 『正理芭蕉樹 Nyāyakandalī』 그리고 우다야나 Udayana(1050~1100년경)의 『光暉連續 Kiraṇāvalī』와 같은 주석서들이 씌어졌다. 또한 이 무렵 勝論과 正理哲學을 함께 섞어서 취급하는 쉬바아디티야 Śivāditya의 『七句義論 Saptapadārthī』도 씌어졌다. 4) 이제 『勝論經』과 프라샤스타파다의 『句義法綱要』를 中心으로 하여 勝論哲學의 大綱을 살펴보기로 한다.

2 六範疇

勝論哲學은 世界를 여섯 가지 範疇 padārtha(句義)로 區別하여 分析한다. 여기서 범주라 함은 단순히 抽象的인 觀念만을 뜻하는 것이 아니라 이 觀念들에 해당하는, 실제로 存在하며 言表할 수 있

<hr>

2) 勝論哲學의 기원에 관하여는 쟈이나敎, 順世派 Lokāyata, 혹은 미맘사學派로부터 유래되었을 것이라는 諸學說 등이 있으나 모두 확실치 않다. H. v. Glasenapp, *Die Philosophie der Inder* (Stuttgart: Alfred Kröner Verlag, 1974), pp. 234~37 참조.
3) S. N. Dasgupta, *A History of Indian Philosophy*, Vol. I, p. 306 脚註 참조.
4) 이 이외에도 同類의 著書로서 Keśavamiśra의 *Tarkabhāṣā*, Annambhatta의 *Tarkasaṃgraha* 등이 그 후에 씌어졌다.

는 知識의 對象을 지칭하는 것이다. 다시 말해서 勝論哲學은 世界를 여섯 가지 측면으로 구성된 것으로 해석하고 있다.

첫째 범주는 實體 dravya다. 實體란 거기에 어떤 性質이나 行爲가 속할 수 있는, 즉 性質이나 行爲의 根底에 놓여 있는 어떤 것이다. 또한 實體는 어떤 물건들의 質料的 原因이 되는 것이다. 勝論에 의하면 實體에는 9 가지가 있다. 즉 地 pṛthivī, 水 ap, 火 agni, 風 vāyu, 空 ākāśa, 時間 kāla, 空間 diś, 意根 manas, 自我 ātman이다. 地, 水, 火, 風, 空은 5 가지 物質的 要素 pañca-bhūta로서, 5 가지 외적 감각기관에 의하여 각각 지각될 수 있는 고유의 特殊性質 viśeṣa-guṇa들을 지니고 있다. 예를 들면 흙은 코에 의하여 지각되는 냄새의 성질을 지녔고, 空은 귀에 의하여 지각되는 소리의 성질을 지녔다고 본다. 地·水·火·風은 그것들을 구성하는 미세한 원자 paramāṇu들로 구성되어 있다고 한다. 이 원자들은 무수히 많으며 부분을 가지고 있지 않기 때문에 더 이상 나눌 수도 없고, 生成도 될 수 없고 파괴도 될 수 없는 영원한 nitya 存在들인 반면에, 이들로 구성된 地·水·火·風은 생성·소멸될 수 있기 때문에 영원하지 못하다 anitya. 勝論에 의하면 원자에는 地·水·火·風을 구성하는 異質的인 4 가지 종류가 있고, 개개의 원자들도 각각 量과 質에 있어서 서로 다르다고 한다. 空 ākāśa은 원자로 구성되어 있지 않다. 勝論에 의하면 實體가 외적으로 지각되려면 크기와 나타나는 색깔이 있어야 하는데, 空은 그렇지 않으므로 지각될 수 없다. 그러나 소리라는 성질이 속해야 하는 어떤 실체로서 그 存在가 추리되어 알 수 있는 것이라고 주장한다. 時間 kāla과 空間 diś은 空과 마찬가지로 지각될 수 없고 추리로 아는 실체들로서, 각각 하나이며 영원하고 모든 것에 遍在하는 것이다. 즉 시간은 우리가 과거·현재·미래·젊음·늙음 등을 인식하는 근거로서, 공간은 〈여기〉, 〈저기〉, 〈가깝다〉, 〈멀다〉 등을 아는 인식의 근거로서 추리된다. 空과 時間과 空間은 비록 눈으로 볼 수 없는 통일적 실체들이지만 우리의 인식에 영향을 주는 제한적 條件들 upādhi 때문에 다수의 부분적인 존재들인 것처럼 흔히 말하여진다고 한다. 예를 들면 房이라는 제한적 조건 때문에 房의 공간이라는 개념

이 생겨, 원래는 하나인 공간이 마치 부분적인 존재들로 인식된다
는 것이다.

　自我 ātman 혹은 영혼은 우리의 의식현상의 밑바닥을 이루는 실
체로서 영원하고 遍在的이다. 영혼에는 개인영혼 jīvātman과 최고
영혼 parātman, 즉 神 Īśvara의 두 종류가 있다. 神은 하나이며 세
계의 창조자로서 추리되는 존재이다(神의 存在證明은 正理哲學에서
다룰 것임). 神은 全知한 영혼으로서 모든 고통과 욕망으로부터 자
유로운 존재이다. 개인영혼은 하나가 아니라 많으며, 그들이 속한
몸에 따라 각각 다른 特殊性 viśeṣa을 갖고 있다고 한다. 개인영혼
은 意根 manas과 관계되어 있지만 않는다면 본래 神과 같이 고
통과 욕망으로부터 자유로운 존재라고 한다. 영혼은 意志, 欲望, 기
쁨, 아픔 등의 여러가지 정신적 상태들이 속하는 實體로서, 〈나는
안다〉, 〈나는 원한다〉 등의 表現으로부터 우리는 自我가 意識이 속
하게 되는 바의 實體인 것을 알 수 있다고 한다. 그러나 勝論哲學
은 상키야나 베단타哲學과는 달리 識 cit을 영혼의 본질적인 性格으
로 보지 않고 우연적인 성질로 간주한다. 예를 들어 우리가 깊은
수면의 상태에 빠질 때에는 우리의 영혼은 識의 성질을 갖지 않는
다고 한다.

　마지막으로 勝論哲學은 意根 manas이라는 것을 독립된 實體로
인정한다. 意根은 우리의 내적 감각기관 antarindriya으로서, 勝論
에 의하면 우리의 외적 감각기관들이 외적 대상들을 지각하듯이
영혼의 여러 상태들과 같은 내적 대상들을 지각하는 어떤 내적 감
각기관이 있어야만 한다는 것이다. 이것이 바로 意根인 것이다.
즉 우리의 自我는 외적 감각기관을 통하여 외계의 事物들과 상대하
며 意根이라는 내적 감각기관을 통하여는 自身의 상태들을 인식한
다는 것이다. 또한 우리의 외적 감각기관들은 항시 그 대상들과 접
촉하고 있음에도 불구하고, 그 대상들이 동시에 다 지각되지 않는
것은 우리의 지각활동을 한 번에 하나씩으로 제한하는 어떤 요인이
있기 때문이라 한다. 이것이 意根의 기능으로서, 지각이란 意根의
注意가 감각기관을 통해서 들어오는 대상으로 향해져야만 비로소
가능하다는 것이다. 意根은 감각기관을 통하여 들어오는 대상 세계

와 자아와의 사이에 위치하는 것으로서, 그것을 통하여 자아는 대상과 접촉을 하며 인식을 하는 것이다. 그리고 意根은 일종의 미세한 原子와 같아서 아무런 部分을 갖고 있지 않는 영원하고 통일적인 존재라고 한다. 만약에 마나스가 部分을 갖고 있다면, 그것의 활동도 分化될 수 있으며 우리는 많은 대상을 동시에 지각할 수 있게 될 것이기 때문이다. 우리의 각 自我는 각자의 意根과 관계하고 있으며 이 意根이 우리의 自我에다 個體性을 부여하는 것이라고 한다. 意根은 輪廻의 과정을 통하여 自我를 동반한다고 한다.

지금까지 우리는 勝論哲學의 6범주 가운데서 實體 dravya의 개념을 살펴보았다. 勝論哲學의 둘째 범주는 性質 guṇa이다. 성질은 언제나 實體에 속하여서만 존재하며 그 자체는 아무런 성질이나 行爲를 갖고 있지 않다. 성질은 어떤 사물의 性格이나 本性은 결정할 수 있으나, 그것의 존재와는 무관하다. 또한 행위와는 달리 性質은 실체의 움직이지 않는 수동적이고 靜的인 속성이다. 勝論은 가장 기본적인 性質을 24種(색, 말, 數, 延長 등)으로 분류하고 있으며 各種을 더욱 더 세분하여 고찰하지만 여기서는 생략한다.

勝論은 세번째 범주로 行爲, 혹은 運動 karma을 든다. 行爲는 性質과 마찬가지로 실체를 떠나서 독립적으로 존재하지 못하나, 性質과는 달리 한 실체가 자신의 영역을 벗어나 他 실체와 접하거나 떨어지게 하는 원인이 되는 원리이다. 行爲는 물론 어떤 性質도 갖고 있지 않다. 왜냐하면 性質은 실체에만 속하기 때문이다. 그리고 空, 時間, 空間이나 靈魂과 같은 遍在的인 실체들은 운동이 있을 수 없다. 오로지 제한된 物體的 實體, 즉 地, 水, 火, 風, 意根에만 운동이 가능하다고 본다. 왜냐하면 그런 無制限한 것은 위치를 바꾸는 일이 불가능하기 때문이다. 勝論은 행위를 다섯 가지로 분류하는데 上投 utkṣepaṇa, 下投 avakṣepaṇa, 屈 ākuñcana, 伸 prasāraṇa, 行 gamana 등이다.

네번째 범주는 普遍 sāmānya이다. 즉, 한 사물을 다른 이름이 아닌 그 이름으로 부르게 하는 근거가 되는 공통적이고 본질적인 實在를 말한다. 唯名論的인 견해와는 달리 勝論에 의하면 보편은 단순히 우리 마음의 관념으로만 존재하는 것이 아니라 객관적으로

事物에 內在하는 實在이다. 보편은 個物에 내재하며 그들이 가지는 공통성에 대한 관념, 즉 類개념의 기반이 된다. 보편은 그 범위에 따라 가장 높은 보편, 즉 有性 sattā의 개념과 가장 낮은 보편, 즉 고양이性같이 一類의 사물 안에 국한된 보편, 그리고 높지도 않고 낮지도 않은 보편, 예를 들면 實體性 dravyatā과5) 같은 것으로 구분된다. 普遍은 實體와 屬性과 行爲의 범주에만 內在한다.

보편이 사물의 공통성을 설명해 주는 것임에 반하여 勝論의 5번째의 범주인 特殊性 viśeṣa은 부분을 갖지 않는 영원한 실체들 즉, 時間, 空間, 空, 意根, 靈魂, 原子 등의 궁극적인 特殊性 혹은 차이점을 설명하는 개념이다. 부분을 갖고 있는 사물들의 차이점은 부분들의 차이에 의하여 설명이 되지만, 부분이 없는 실체들의 차이는 그들이 가지고 있는 고유한 특수성에 의하여야만 설명이 된다고 한다. 이 특수성은 영원한 실체들 속에 존재하므로 그 자체가 영원하다고 한다.

마지막으로 勝論철학은 內在 samavāya라는 범주의 實在性을 말한다. 勝論에서는 사물과 사물간의 관계에 두 종류가 있다고 한다. 하나는 連結 saṁyoga, conjunction이고 다른 하나는 內在 samavāya, inherence이다. 연결이란 한 사물과 다른 사물 사이의 잠정적인 외적 관계로서 그것이 없어도 그 사물은 존재할 수 있다. 연결이란 따라서 두 실체들이 가지는 우연적 성질 혹은 속성으로 간주된다. 반면에 내재의 관계는 영구적이고 不可分離의 관계로서 全體와 部分, 實體와 性質들과 같이, 하나가 다른 하나 안에 필연적으로 내재하는 관계인 것이다. 內在는 勝論에 의하면 지각될 수 없으나, 正理哲學에서는 지각될 수 있다고 주장한다.

이상과 같은 여섯 가지 범주 외에도 『勝論經』에는 언급되어 있지 않지만 10세기 이후의 勝論哲學의 著書들은 일곱번째의 범주 padārtha로서 不存 abhāva을 들고 있다. 무엇이 存在하지 않는다는 것은 否定할 수 없는 實在의 한 면이라는 것이다. 우리의 지식과 言語 pada는 대상 artha이 있게 마련이며 대상은 지식과는 별도로 독립적으로 존재하므로 不存이라는 것도 不存을 아는 지식과는 별도의 객관

---

5) 마찬가지로 性質 guṇa됨, 行爲 karma됨도 이런 부류의 類槪念이다.

적 사실이라는 것이다. 勝論哲學은 네 가지 종류의 不存을 구별한
다. 첫째는 前不存 prāgabhāva, 즉 어떤 事物의 生成 이전의 不存이
다. 둘째는 後不存 pradhvaṁsābhāva, 즉 事物의 파멸 후의 不存이며,
세째는 相互不存 anyonyābhāva, 즉 한 사물이 다른 어떤 사물로 存
在하지 않음으로써의 不存이다. 네째는 絕對不存 atyantābhāva, 즉
〈토끼의 뿔〉, 〈허공의 꽃〉 等과 같은 不存이다. 前不存이 없다면 모
든 事物들이 시작이 없을 것이고, 後不存이 없다면 모든 사물이 영
원할 것이고, 相互不存을 否認하면 사물들의 구별이 없어질 것이며
絕對不存이 없다면 모든 事物들이 항상 어디에서나 있을 수 있게
된다는 不合理한 결과를 초래할 것이라고 한다.

이미 언급한 바와 같이, 勝論哲學은 이상과 같은 7 가지의 범주
들을 단지 우리가 갖고 있는 觀念으로만 간주하는 것이 아니라 우
리가 알아야 하는 知識의 객관적인 대상 padārtha으로 여기는 것이
다. 그들은 實在의 7 가지 측면을 구성하고 있는 것으로서, 勝論哲
學은 이 範疇論에 의하여 多樣한 世界의 모습을 把握하고 있는 多
元的 實在論의 哲學이다. 상키야哲學의 二元論이나 베단타哲學의
一元論的인 世界觀과 대조를 보이고 있는 것이다.

3 神, 不可見力, 解脫

勝論哲學도 印度의 전통적 세계관인 세계의 주기적인 창조와 해
체를 받아들인다. 원자들의 결합과 해체에 의하여 물질세계는 창
조되고 해체되는 것이다. 초기의 勝論思想은 神의 存在를 인정하지
않은 듯하나 후에 와서는 세계의 道德的 性格을 설명하기 위하여
신의 존재를 받아들였다.[6] 즉 원자의 결합과 해체는 맹목적이고
우연적인 과정이 아니라 온 우주의 大主宰者 Maheśvara인 신의 창조
와 파괴의지에 따른다는 것이다. 이 의지는 도덕적인 경륜을 배려
하여 〈不可見力 adṛṣṭa〉이라고 불리는 개인영혼들의 보이지 않는

---

6) 프라샤스타파다의 『句義法綱要』에서 처음으로 분명하게 세계를 창조하고 파괴하
  는 大主宰神 Maheśvara의 개념이 나타나 있으며, 그후 우다야나와 슈리다라 등
  의 주석서 등에서 有神論的 思想이 더욱 두드러지게 되었다.

도덕적 功過에 따라서 그들에게 합당한 경험을 하도록 원자들의 운동을 조정한다는 것이다. 神은 이 영원한 원자들을 창조하지는 않았지만 知性을 결여한 맹목적인 원자들을 도덕적 법칙에 따라 움직이도록 한다는 것이다. 따라서 神은 세계의 能動因이며 質料因은 아니다. 勝論哲學에 의할 것 같으면 원자는 그 자체로서는 운동을 갖고 있지 않다고 하며, 오히려 개인의 영혼들 안에 존재하고 있는 不可見力에 의하여 운동이 전달된다고 한다. 그러나 이 不可見力 그 자체도 지성이 없는 맹목적인 존재이기 때문에, 결국 知性的인 神이 있어서 원자들의 운동을 도덕법칙에 따라 조정해야 한다는 것이다. 이렇게 보면 원자론에 입각한 勝論哲學은 西洋哲學에서처럼 唯物論的인 결론으로 가지 않고 인도인 일반이 가졌던 도덕적 세계관에 적응하는 有神論的 원자론을 전개한 것이다.

인도의 다른 모든 학파들과 마찬가지로 勝論哲學도 自我의 해방에 그 최종목표를 두고 있다. 自我의 해방이란 自我가 아무런 속성이나 성질들을 지니지 않고 순수하게 그 자체로서 존재하며, 또한 그 안에 來世에서의 業報를 초래하는 어떠한 不可見力도 남아 있지 않게 된 상태를 말한다. 그러기 위해서는 우선 勝論哲學에 대한 올바른 지식이 필요하다고 한다. 예를 들어 自我의 본성이나 원자의 이론 등을 바로 알면, 이러한 지식은 우리의 모든 이기적 욕망과 행위들을 제거하게 된다고 한다. 勝論哲學은 인간의 행위를 자발적인 것과 자발적이 아닌 것으로 구별하며, 자발적인 행위는 欲望 icchā 과 嫌惡 dveṣa에 근거한 행위로서, 이것만이 도덕적인 의미를 지닌다고 한다. 解脫이란 이러한 자발적인 행위가 모두 그쳐서 새로운 도덕적 功過 dharma, adharma가 축적되지 않고 과거에 축적된 功過가 서서히 盡하여 버린 상태인 것이다. 이러한 상태에서 自我는 아무런 생각이나 감정이나 의지를 느끼지 않고 어떠한 의식도 없는 상태가 된다. 모든 속성을 떠나서 실체로서의 自我가 그 자체로서 존재할 따름인 것이다.

勝論哲學의 認識論은 現量, 즉 知覺 pratyakṣa과 比量, 즉 推論 anumāna을 지식의 두 가지 타당한 방법으로 간주한다. 베다의 권위는 인정하지만 正理學派처럼 베다를 하나의 독립적인 타당한 지식

의 방법으로 인정하지는 않는다. 왜냐하면 베다에 나타난 진술들의
타당성은 그 著者들의 권위적인 성격으로부터 추론된 것이기 때문
이다. 따라서 聖敎量 śabda은 추론의 일종인 것으로 간주된다.

*참고문헌

Bhaduri, S., *Studies in Nyāya-Vaiśeṣika Metaphysics.* Poona, 1947.

Chatterji, J., *Hindu Realism.* Allahabad, 1912.

Gough, A.E., trans., *The Vaiśeṣika Sūtras of Kanāda.* Benares, 1873.

Faddegon, B., *The Vaiçeṣika System.* Amsterdam, 1918.

Handt, W., *Die Atomische Grundlage der Vaiśeṣikaphilosophie.* Rostock, 1900.

Keith, A.B., *Indian Logic and Atomism.* Oxford, 1921.

Mishra, U., *Conception of Matter according to Nyaya-Vaiśeṣika.* Allahabad, 1936.

Patti, G., *Der Samavāya.* Roma, 1953.

Potter, K,H., ed., *Indian Metaphysics and Epistemology: The Tradition of Nyaya-Vaiśeṣika up to Gaṅgeśa.* Prinecton, 1977.

Röer, E., trans., "Vaisheshika-Sūtra", *Zeitschrift der Deutschen Morgenländischen Gesellschaft* 21 (1867).

Sinha, J., *Indian Realism.* London, 1938.

Ui, H., trans., and F.W. Thomas, ed., *The Vaiśeṣika Philosophy according to the Daśopadārtha-śāstra: Chinese Text with Introduction, Translation, and Notes.* London, 1917.

宇井伯壽, 『印度哲學硏究』, 第一, 第三卷.

제 9 장 正理學派의 哲學

1 正理哲學의 傳統

正理 Nyāya學派의 철학체계는 전통적으로 가우타마 Gautama 혹
은 眼足 Akṣapāda이라는 사람에 의해 성립되었다고 한다. 그의 정확
한 연대는 알 수 없으나 대략 서력기원전 1∼2세기의 사람으로 추
정되며, 현재의 『正理經 Nyāya-sūtra』은 기원후 2세기경에 편찬된
것으로 간주되고 있다. 『正理經』에 대한 현존하는 註釋書 가운데서
가장 오래되며 권위있는 것은 밧샤야나 Vātsyāyana(450∼500년경)에
의한 『正理疏 Nyāya-bhāṣya』이며, 이 疏는 그후 오늘날에 이르기까
지 많은 다른 주석서들을 낳았다. 비록 『正理經』은 2세기 전후에
씌어졌다고 하나, 올바른 사고의 형태와 논증의 연구를 중심으로
하는 이 학파의 연원은 훨씬 더 멀리 소급된다고 볼 수 있다. 正理
nyāya란 말은 아마도 원래는 베다시대 이후에 점차로 잃어버리게
되었던 제식의 올바른 규범을 추리해내고 논증하는 것을 의미했다.
天文, 文法, 法律 등과 같은 인도의 많은 학문들이 베다의 연구를
기초로 하여 발전된 것과 같이 正理學도 원래는 베다의 연구와 관
련되었던 것이다. 그러나 나중에 미맘사 Mīmāṁsā학파가 祭式의 문
제를 전문적으로 다룸에 따라 正理는 학문의 일반적인 논증방법만
을 추상적으로 다루는 形式論理學 쪽으로 발전하게 된 것이다. 正
理는 다른 이름으로 思擇 tarka 혹은 尋究 ānvīkṣikī라고도 불리었

다. 우리는 『가우타마法典 Gautamadharma-sūtra』, 『마누法典 Māna-vadharma-śāstra』, 카우틸리야 Kauṭilya의 『實利論 Artha-śāstra』과 같은 古代文獻들에서 그러한 학문의 공부가 政治나 法의 遂行을 위해서 권장되고 있음을 발견할 수 있다.

밧샤야나의 『正理疏』에 대한 주석서 가운데서 가장 중요한 것은 6세기 경의 웃됴다카라 Uddyotakara에 의해서 씌어진 『正理評釋 Nyāya-vārttika』으로서 웃됴다카라는 佛敎의 世親 Vasubandhu과 陳那 Dignāga의 說을 분명히 알고 있었으며 그들을 반박하고 있다. 이후 약 300여년간에는 正理학파의 저술로서 이렇다 할 만한 것이 별로 전해지는 것이 없으나 샨타락시타 Śāntarakṣita나 카말라쉴라 Kama-laśīla와 같은 8세기의 불교철학자들의 저서를 통하여 이 동안의 正理학파 사람들의 견해를 엿볼 수도 있다. 다음으로 正理哲學의 중요한 인물로는 印度西北部의 카쉬미르地方 출신인 브하사르바즈나 Bhāsarvajña(850∼920 A. D.)가 있다. 그의 저서 『正理精要 Nyāyasāra』는 正理哲學을 간략히 요약해 주는 대표적인 저서이고 그의 『正理裝飾 Nyāyabhūṣaṇa』은 『正理精要』에 대한 주석으로서 正理학파 내에서 많은 논란의 대상이 되어 왔던 大著이다. 최근에야 비로소 발견되어 學界의 관심을 모으고 있다.[1] 正理哲學뿐만 아니라 다른 많은 학파들의 哲學에도 대표적인 저술들을 남긴 바차스파티미슈라 Vācaspatimiśra(9세기)[2]는 웃됴다카라의 『正理評釋』에 대한 주석서인 『正理評釋眞意註 Nyāyavārttika-tātparyaṭīkā』를 썼고, 우다야나 Uda-yana(1050∼1100)는 이 註에 대한 復註로서 『正理評釋眞意註解明 Nyāyavārttika-tātparyaṭīkā-pariśuddhi』를 썼다. 우다야나는 많은 現代의 學者들에 의하여 正理와 勝論哲學의 가장 위대한 哲學者로서 간주되고 있다. 그의 다른 著書 『自我眞理分別 Ātmatattvaviveka』은 佛敎의 無我說에 대한 批判으로서 自我의 存在를 증명하고 있으며, 그의 『正理 花束 Nyāyakusumāñjali』은 냐야-바이쉐시카 哲學에 있어서 神의 存在의 증명에 대한 決定的인 저술로 여겨지고 있다. 우다

---

1) Karl H. Potter, ed. *Indian Metaphysics and Epistemology.* (New Jersey: Princeton University Press, 1977), pp. 6, 410∼24 참조.
2) Vācaspatimiśra의 年代에 관해서, 同上, pp. 453∼4 참조.

야나의 哲學은 그후 냐야-바이쉐시카 학파를 風靡하다가 14세기에
와서 간게샤 Gaṅgeśa가 출현하여 『眞理如意珠 Tattvacintāmaṇi』라는
論理學書를 써서 소위 新正理學 Navya-nyāya의 기초를 수립했다. 新
正理學은 주로 까다롭고 기술적인 論理의 문제들을 중점적으로 연
구하는 形式論理학파로서 여기서는 다루지 않기로 한다.

2 知識의 意味와 方法

『正理經』은 正理哲學이 다루어야 할 문제들을 16가지로 분류하여
언급하고 있다.

참된 지식의 手段인 量 pramāṇa, 지식의 대상인 所量 prameya,
불확실한 의심의 상태인 疑惑 saṁśaya, 討議가 지향하거나 피하려
는 目的 prayojana, 추리에 도움이 되는 적절한 例 dṛṣṭānta, 옳다
고 받아들이는 定說 siddhānta, 추리의 5가지 단계를 구성하는 명
제들인 支分 avayava, 가설적 논법을 통한 論破 tarka, 正當한 論
議를 통하여 도달한 확실한 지식으로서의 決定 nirṇaya, 인식의 수
단과 논리의 전개를 통하여 진리에 도달하려는 論議 vāda, 승리만
을 일삼는 不正한 論爭 jalpa, 상대방의 논파만을 목적으로 하는 論
詰 vitaṇḍā, 추리에 있어서 타당한 이유같이 보이나 사실은 틀린 似
因 hetvābhāsa, 상대방의 주장이나 논리를 왜곡시켜 비난하는 詭辯
chala, 상대방을 혼란시키는 부당한 論難인 誤難 jāti, 논쟁에 있어
서 상대방을 敗하게 만드는 약점 혹은 負處 nigraha-sthāna 등이다.

이상에서 볼 수 있는 바와 같이, 正理철학의 주요 관심사는 무엇
보다도 認識과 論理展開의 問題들임을 알 수 있다. 勝論철학에서
말하는 7가지 범주는 모두 2번째의 것, 즉 所量 prameya에 포섭
되며, 正理哲學은 이 所量보다는 量 pramāṇa에 더 많은 관심을 기
울이는 철학이다.

正理哲學은 知識 jñāna을 認知 upalabdhi, (혹은 anubhava; apprehen-
sion)로 정의하며, 모든 지식은 대상의 啓示나 나타남 arthaprakāśo_
buddhi이라고 한다. 지식은 自我가 自我가 아닌 것, 즉 대상들과 접
촉할 때 생기는 것으로서, 自我의 본질적인 성품은 아니다. 타당한

118

지식 pramā은 대상을 있는 그대로 인지하는 것 yathārtha-anubhava
이며, 진리란 대상과의 일치를 말한다. 올바른 인식은 성공적인 행
위 pravṛtti-sāmarthya로 이끌며, 그릇된 인식은 실패와 실망으로 이
끈다고 한다. 正理哲學에 의하면 인식의 옳고 그름은 자명한 것이
거나 혹은 지식 자체가 가지고 있는 본래적인 성품이 아니라, 일단
지식이 생기고 난 후에 대상과의 일치와 불일치에 따라 별도로 알
려지게 되는 것이다. 한 마디로 말하여 진리의 내용은 대상과의 일
치이고, 진리의 시험기준은 성공적인 행위라는 것이다. 正理의 인
식론은 따라서 實在論的이고 實用主義的이라고 말할 수 있다.

正理哲學은 妥當한 知識 pramā의 手段 pramāṇa으로서 現量 혹은
知覺 pratyakṣa; perception, 比量 혹은 推論 anumāna; inference, 譬喩
量 혹은 比較 upamāna; comparison, 그리고 聖敎量 혹은 證言 śabda;
testimony을 認定한다. 이들을 통하여 얻은 지식은 대상에 관한 확실
하고 충실한 오류가 없는 지식이며, 疑心 saṁśaya, 誤謬 viparyaya,
假說的 論破 tarka나 혹은 記憶 smṛti에 의하여 얻은 妥當치 못한 지
식 apramā과 구별해야 한다. 의심이란 확실치 못한 지식으로서 타
당한 지식이 못 되며, 오류란 확실한 지식이 될지언정 대상에 충실
치 못한 지식이다. 假說的 論破란 예를 들면 〈만약에 불이 없으면
연기가 안 났을 것이다〉라는 형식의 가설적 논증으로서 자기가 이
미 推論, 즉 〈연기가 있으니까 불이 있다〉라는 추리를 통하여 얻은
지식을 옹호하려는 목적을 가지고 있다. 그러나 이것은 새로운 지
식을 提供해 주는 것이 아니다. 〈불이 있다〉라는 사실은 추론을 통
하여 이미 알고 있기 때문이다. 따라서 가설적 논파는 妥當한 지식
이 못 된다고 한다. 記憶이란 대상에 관한 直接的인 지식을 주지
않고 단지 과거에 가졌던 지식을 再現시켜 주기 때문에 타당한 지
식으로 간주되지 않는다. 물론 그것이 과거의 타당한 지식을 再現
시켜 주느냐 혹은 그렇지 않으냐에 따라서 그 自體가 타당한 기억
일 수도 있고 그렇지 못한 것일 수도 있다. 正理哲學에서 말하는 타
당한 지식이란 이미 언급한 대로 대상을 있는 그대로 認知 anubhava
하는 것으로서, 기억에 의한 再現的 지식과는 구별되는 것이다. 妥
當한 지식 pramā이란 지각과 추론과 비교와 증언의 4방법 pramāṇa

을 통한 대상의 認知인 것이다. 그러면 이제부터 이 4가지 方法을
하나하나 考察해 보자.

3 知覺의 理論

正理哲學은 知覺 pratyakṣa를 두 種類로 구분한다. 하나는 普通
laukika 知覺이요, 다른 하나는 特殊 alaukika 知覺이다. 보통 지각
은 우리의 감각기관과 대상과의 접촉에서 생기는 참다운 지각을 말
한다. 우리의 감각기관에 여섯이 있으므로 보통 지각도 여섯 種類
가 있다. 즉 眼, 耳, 鼻, 舌, 身의 다섯 가지 外的 감각기관 bahya-
indriya과 각각의 대상들과의 접촉에서부터 생기는 視覺 cākṣuṣa, 聽
覺 śrauta, 臭覺 ghrāṇaja, 味覺 rāsana, 觸覺 spārśana이 있고, 여섯
번째의 감각기관으로서 마나스 manas;, 즉 意根이라는 內的 기관
antarindriya을 통하여 自我의 여러 상태들, 즉 욕망, 혐오, 쾌락,
고통, 지식 等을 지각하는 內的 mānasa 知覺이 있다. 외적 감각기
관들은 각각 그들에 의하여 지각되는 대상들의 物質的 요소들로
구성되어 있다고 생각한다. 意根 manas은 物質的 요소 bhūta들에 의
하여 구성되어 있지 않으며 그 기능에 있어서 외적 기관들처럼 어
떤 한 종류의 사물의 인식에만 국한되어 있지 않고 모든 종류의 지
식에 共通的이고 中心的인 역할을 한다. 正理哲學에 의할 것 같으
면 우리의 외적 감각기관이 대상과 접촉할 때면 반드시 意根이 먼저
그 감각기관들과 접촉하고 있어야 한다고 한다. 또한 그러기 위해
서는 意根이 인식주체인 自我 ātman와 접촉되어야 한다. 다시 말하
여 意根은 自我와 감각기관들 사이의 중개자와 같은 것으로서, 意
根과 감각기관을 통하여 외적 대상은 自我에 印象을 남기는 것이
다. 지각적 지식은 自我의 상태 혹은 속성인 것이다.

正理哲學은 普通知覺의 두 단계 혹은 두 樣態를 구별한다. 즉 無
分別的 nirvikalpa, indeterminate 지각과 分別的 savikalpa, deter-
minate 지각이다. 無分別的 지각이란 어떤 대상을 그 대상의 성격
에 대한 아무런 의식이나 판단 없이 감지하는 지각인 데 반하여, 分
別的 지각은 대상을 그 성격에 대한 의식과 판단을 가지고 지각하

는 것을 말한다. 분별적 지각은 무분별적 지각의 후에만 이루어지는 것이라 한다. 正理哲學은 再認識 pratyabhijñā, re-cognition, 즉 어떤 대상을 전에 지각했던 무엇으로 인지하는 것도 또 한 종류의 지각으로 간주한다.

特殊 alaukika 知覺이란 그 대상이 特別한 것이어서 보통의 지각과는 달리 特別한 수단을 통하여만 감각기관에 주어지는 것이다. 正理哲學은 이러한 特殊知覺에 3種을 들고 있다. 첫째는 普遍相 sāmānya-lakṣaṇa의 지각이다. 普遍相이란 한 類에 共通된 性質 혹은 普遍的 相을 말하는 것으로서 이 普遍相의 지각을 통하여 우리는 한 類에 속한 特殊한 事物들이 갖고 있는 一般的인 性格을 지각할 수 있게 된다는 것이다. 正理哲學에 의하면 普遍은 特殊 안에 內在하고 있는 實在이다.[3] 따라서 事物의 지각에서 우리는 特殊만을 지각할 뿐만 아니라 이와 더불어 特殊들이 갖고 있는 普遍的 性質인 普遍相도 지각한다는 것이다. 예를 들면, 한 사람을 지각할 때 우리는 그 사람의 特殊한 모습이나 성품만 지각하는 것이 아니라 그 사람 안에 내재하여 있는 人間性 一般도 특수지각을 통하여 지각할 수 있다는 것이다. 두번째 종류의 특수지각은 知相 jñāna-lakṣaṇa을 통한 지각이다. 우리가 흔히 〈독이 무거워 보인다〉 혹은 〈얼음이 차가와 보인다〉라고 말할 때 〈무겁다〉, 〈차다〉는 눈으로 지각되는 것이 아니나 그렇게 말한다. 이러한 지각은 과거에 가졌던 찬 얼음의 지식을 매개로 하여 현재의 얼음이 차다고 보는 것으로서 一種의 特殊知覺이라 한다. 세번째로 正理哲學은 요가의 修練 yogābhyāsa에 의하여 얻어진 神通力에 근거하여 과거와 미래의 사물들, 혹은 極微하거나 숨겨진 것들을 直觀的으로 지각하는 지각을 특수지각으로 들고 있다. 요가에 의한 yogaja 지각인 것이다.

4 推論의 理論

正理哲學은 두번째의 認識의 방법으로서 推論 anumāna을 들고 있

---

3) 正理哲學은 普遍的 屬性 가운데 客觀的으로 事物에 內在하여 實在하는 것 jāti과 우리의 마음에 의하여 附加된 것 upādhi, 즉 實在하지 않는 것과를 구별한다.

다. 推論에 관한 이론은 正理哲學의 認識論에 있어서 가장 중요한 위치를 차지하고 있는 것으로서 正理哲學은 추론의 타당성을 옹호하기 위하여 비상한 노력을 기울였다.

추론이란 우리가 직접 지각하지는 못했지만 어떤 表徵 liṅga을 보고서 그 표징과 普遍的 周延關係 vyāpti를 갖고 있는 다른 어떤 것을 간접적으로 알게 되는 것을 말한다. 예를 들면, 〈산에 불이 나고 있다. 왜냐하면 연기가 나고 있기 때문이며; 연기가 있는 곳에는 불이 있기 때문이다〉와 같은 것이다. 즉 연기라는 표징을 보고 불의 존재를 추리하게 되는 것이다. 이 추리에 있어서 산을 小名辭 pakśa, minor term, 불을 大名辭 sādhya, major term, 표징이 되는 연기는 中名辭 liṅga, middle term라 하며, 이 中名辭는 小名辭와 大名辭를 연결시켜 주는 것으로서 理由 hetu라고도 부른다. 위에 든 예는 우리가 혼자서 추리할 때 생각하는 爲自比量 svārtha-anumāna의 과정을 그대로 나타낸 것으로서, 他人을 위하여 정식으로 추론을 전개하는 爲他比量 parārtha-anumāna의 경우에는 다음과 같은 다섯가지 명제들을 갖추어야 한다(五支作法) :

① 宗, 즉 主張 pratijñā―산에 불이 있다.

② 因, 즉 理由 hetu―연기가 나기 때문이다.

③ 喩, 즉 例 udāharaṇa―연기가 나는 곳에는 모두 불이 있다; 예를 들면 아궁이에서처럼.

④ 合, 즉 適用 upanaya―이 산에도 연기가 난다.

⑤ 結, 즉 結論 nigamana―그런고로 이 산에는 불이 있다. 4)

이러한 추리 과정에서 가장 결정적인 부분은 두말할 필요도 없이, 〈연기가 나는 곳에는 불이 있다〉라는 보편적 진리이다. 왜냐하면 이것이 성립 안되면, 〈이 산에 불이 있다〉라는 결론적인 추리는 타당성을 잃게 되기 때문이다. 우리는 이미 챠르바카 Cārvāka의 회의론적 철학이 바로 이 점을 인정하지 않으므로 추리를 인식의 방법으로 받아들이지 않았다는 것을 보았다. 正理哲學은 이 점

---

4) Aristoteles의 三段論法에서는 ③, 즉 大前提를 먼저 드나, Nyāya 哲學에서는 결론부터 먼저 든다. 혹은 Aristoteles의 三段論法은 ①과 ②를 생략한 것이라 볼 수 있다.

을 감안하여 추리의 근거 hetu와 추리가 증명하고자 하는 바 sādhya 와의 틀림없는 周延관계를 입증하려는 시도를 한다. 그러나 우선 正理哲學에서 말하는 이 普遍的 周延關係 vyāpti의 개념을 좀더 세밀하게 고찰해 볼 필요가 있다.5) 周延관계란 두 事物間에 한 사물이 다른 사물에 의하여 포섭될 때 成立되는 相關關係를 말한다. 포섭된다는 말은 한 사물이 다른 사물에 의하여 언제나 同半된다는 것을 뜻한다. 예를 들면, 불은 연기에 항시 동반하므로 불은 연기를 포섭하는 것 vyāpaka이며 연기는 불에 의하여 포섭되는 것 vyāpya이다. 그런데 연기는 반드시 불에 의하여 포섭되지만 불은 연기에 의하여 반드시 포섭되는 것은 아니다. 예를 들면, 불덩어리의 鐵球는 연기가 없으며 마른 연료가 탈 때는 연기가 나지 않는다. 이 경우의 兩者의 相關關係는 어떤 條件 upādhi에 의존하는 것이기 때문이다. 따라서 이것은 周延관계 vyāpti라 부르지 않는다. 오직 한 사물이 다른 사물을 항시 無條件的으로 포섭하는 경우만을 보편적 관계라 한다. 이와 같이 A는 B를 반드시 포섭하나 B는 A를 반드시 포섭하지는 않는 경우의 A와 B의 상관관계를 不等周延關係 asama-vyāpti라 부른다. 이에 反하여 兩者가 반드시 서로 포섭하고 포섭되는 경우의 상관관계를 等價周延關係 sama-vyāpti라고 한다. 예를 들면, 〈모든 이름을 댈 수 있는 사물은 알 수 있는 사물이다〉라고 할 때 〈이름을 댈 수 있는 것〉과 〈알 수 있는 것〉과는 等價周延關係를 이루고 있는 것이다.

다음의 문제는 그렇다면 우리는 어떻게 普遍的 周延關係를 알 수 있는가라는 문제이다. 연기와 불과의 보편관계는 물론 과거로부터 누적되어 온 경험들에 의거한 歸納推理에 근거하고 있다고 正理哲學은 認定한다. 正理哲學에 의할 것 같으면 귀납추리는 4가지 조건 혹은 절차를 만족시켜야만 한다. 첫째는 存在聯關 anvaya이다. 존재연관이란 A(예 : 연기)가 있으면 반드시 B(예 : 불)가 있다는 동반관계를 확인 경험함으로써 세워지는 관계이다. 둘째는 不存聯關

---

5) 여기서 周延關係란 論理學에서 보통 사용하는 대로 개념과 개념 사이의 관계를 나타내는 것이 아니라 사물과 사물사이의 관계를 지칭하는 개념으로서, 遍充關係라고도 번역할 수 있다.

vyatireka이다. 즉 B가 없으면 반드시 A도 없다는 사실을 확인하는 경험에 의한 관계이다. 세째는 無反例 vyabhicārāgraha이다. 즉 A는 있는데 B가 없는 反證의 경우가 없다는 것을 확인하는 것이다. 귀납추리의 네째 절차는 周延關係의 無條件性 upādhinirāsa을 확인하는 것이다. 예를 들어, 불과 연기와의 관계를 多角的인 상황하에서 여러 번 관찰하여 연기가 발생하는 데 어떤 조건이 있지 않는가를 확인하는 방법이다.

그러나 이상과 같은 4가지 절차를 다 걸쳐서 얻은 귀납적 결론이라 할지라도 의심의 여지는 아직도 남아 있다는 것을 正理哲學은 認定한다. 챠르바카 Cārvāka와 같은 회의주의는 바로 이 점을 의심하는 것이다. 즉 과거의 경험적 관찰에 따르면 A와 B 사이에 주연관계가 있었지만 지금 이 순간이나 미래에도 그러한 관계가 성립된다는 보장은 없다는 것이다. 여기서 正理哲學은 두 가지 방법에 의하여 귀납추리와 周延關係 vyāpti의 타당성, 따라서 推論 anumāna의 타당성을 뒷받침하려고 한다. 첫째는 假說的 論破 tarka의 방법이다. 이 방법은 주연관계를 否認할 때 생기는 결론의 不合理性을 지적하여 주연관계를 間接的으로 증명하려는 것이다. 예를 들면, 만약에 〈연기가 있으면 언제나 불이 있다〉는 주연관계를 부인한다면 불이 없어도 연기가 있을 수 있다는 結論이 나오게 되며 이것은 原因이 없어도 結果가 있을 수 있다는 不合理性에 빠지게 되므로 연기와 불사이의 주연관계는 認定되야만 한다는 論法이다. 주연관계를 뒷받침하는 다른 하나의 이론은 正理學派에서 얘기하는 特殊한 知覺 중의 하나인 普遍相의 知覺 sāmānyalakṣaṇa-pratyakṣa에 근거하고 있다. 이 理論에 의할 것 같으면 귀납적 결론은 단순히 個別的 事例들을 관찰하여 이를 一般化한 것이 아니라, 한 事物의 普遍相 sāmān-yalakṣaṇa의 지각을 통하여 그 事物이 屬한 類全體의 지각이 주어진다는 사실에 입각한 것이라는 것이다. 예를 들어, 연기와 불과의 주연관계는 여러 개의 구체적인 경우들을 보고서도 알지만 煙氣性이라는 普遍相을 지각함으로도 모든 연기와 불과의 관계가 지각된다는 것이다. 다시 말하면 연기의 本質을 지각하므로 연기가 언제나 불과 연관되어 있음을 알 수 있다는 것이다. 이러한 特殊知覺에 의하여 귀납적 결론은 보증된다고 한다. 따라서 귀납적 결론이란 단지 몇몇이 그러하니까 모두가 그러하다고 생각하는 비약이 아니라, 個別的 事物에 內在하고 있는 普遍相의 지각을 媒介로 하여 具體的인 예로부터 一般的인 結論을 얻는 추리인 것이다.

이상에서 우리는 正理哲學의 推論에 관한 理論을 고찰했다. 끝으로 推論의 三種類를 언급한다. 우리가 이미 본대로 正理學派의 五段階推論은 歸納과 演繹을 둘다 포함하고 있다. 따라서 正理哲學은 推論을 歸納法과 演繹法으로 나누지 않고 대신 주연관계 vyāpti의 性格에 따라서 三種類로 나눈다. 첫째는 보이는 원인으로부터 보이지 않는 결과를 추리하는 原因的 pūrvavat 推理이고, 둘째는 보이는 결과로부터 보이지 않는 원인을 추리하는 結果的 śeṣavat 推理이며, 세째는 普遍關係가 因果的 연관성을 지니지 않을 때의 推理이다. 예를 들어 뿔이 달린 동물을 보고 갈라진 발굽을 추리하는 것과 같이 단지 여러 경우를 관찰한 결과로 얻어지는 一般的 類似性에 입각한 類推的 analogical 推理를 말한다.

5 比較와 證言

妥當한 지식의 세번째 방법으로 正理哲學은 譬喩量 upamāna, comparison이라는 것을 들고 있다. 비유량이란 한 이름과 그 이름을 가진 어떤 사물과의 관계를 알게 하는 지식의 방법으로서, 근본적으로 比較나 類推에 의거하고 있다. 과거에 본 일이 없지만 이름만 알고 있는 한 사물을 그 사물에 대한 묘사에 의거하여 알게 되는 것을 비유량이라고 한다. 佛敎철학은 이 비유량을 지각과 증언에 환원시키고, 數論과 勝論哲學은 추론에 환원시킴으로써 하나의 독립된 인식의 방법으로 인정하지 않는다.

마지막으로 正理철학은 聖敎量, 혹은 證言 śabda, testimony을 인식의 방법으로 들고 있다. 〈Śabda〉란 소리라는 뜻이며 正理철학의 인식론에서는 주로 믿을 만한 사람의 말이나 증거의 의미를 이해함으로써 생기는 지식을 의미한다. 證言은 그 내용 혹은 대상에 따라서 可視的 對象 dṛṣṭārtha과 不可視的 對象 adṛṣṭārtha에 대한 증언으로 구분하기도 하고, 혹은 누구의 증언이냐에 따라서 聖典的 vaidika인 것, 즉 완전무결한 神의 말씀으로서의 베다와, 오류의 가능성이 있는 인간에 의한 세속적 laukika인 것으로 구분하기도 한다. 勝論 철학은 이 증언 역시 하나의 독립된 인식의 방법으로 인정하지 않고 추론의 한 형식으로 간주한다.

증언이란 다른 사람의 어떤 진술이나 문장의 의미를 이해함에서 오는 지식을 말하므로, 正理철학은 자연히 意味論에 상당한 관심을 보였다. 즉 말과 의미와의 관계, 문장의 성격 등에 관한 이론을 발전시켰던 것이다. 正理철학에 의하면 문장이란 낱말들 pada이 모여 어떤 일정한 양식으로 배열됨에서 성립한다고 하며, 낱말이란 글자들이 어떤 固定된 순서로 배열된 것이라 한다. 낱말의 본질은 그 의미, 즉 그것이 지칭하는 대상에 있으며 말과 대상과의 관계는 항시 고정되어 있어서 하나의 말은 반드시 일정한 대상을 의미하게끔 되어 있다고 한다. 正理철학은 한 걸음 더 나아가 말들이 각각 그 고유의 대상들을 의미할 수 있는 것은 그들이 어떤 힘 śakti, potency 을 지니고 있기 때문이라고 한다. 그리고 이 힘은 세계의 질서의 궁극적 원인이며 최고의 존재인 神에 의한 것이라고 주장한다. 이러한 주장들을 통하여 正理철학은 언어의 기원에 관하여 단순한 사회관습론적인 설명을 배척한다는 것을 알 수 있다.

言語의 의미가 그것이 指稱하는 대상에 있다고 할 것 같으면, 말이란 個物을 지칭하는가, 아니면 普遍的 屬性 jāti 자체를 가리키는가라는 문제가 제기된다. 正理哲學은 대체로 이 문제에 관하여 말이란 個物들을 지칭하되 그 個物들이 보편적 속성을 지니고 있다고 한다. 그렇기 때문에 우리는 하나의 同一한 개념으로서 여러 개의 個物들을 지칭할 수 있다고 한다.[6]

正理哲學에 의하면 文章이란 낱말들이 어떤 意味를 갖도록 組合된 것이다. 문장이 의미를 가지려면 낱말들을 組合함에 있어서 4가지 條件을 充足시켜야 된다고 한다. 첫째 조건은 낱말들이 서로서로를 含蓄하거나 필요로 하는 期待性 ākāṅkṣā을 지녀야 한다. 예

---

6) 이 미묘한 문제에 관하여 B. K. Matilal의 *Epistemology, Logic, and Grammar* (The Hague: Mouton, 1971), pp. 62~77 참조.

를 들면, 〈가져 오다〉라는 動詞는 目的語로서 〈무엇을〉이라는 것을 필요로 하는 것이다. 둘째는 整合性 yogyatā이다. 정합성이란 한 문장 안에 있는 낱말들 사이에 모순이 있어서는 안된다는 말이다. 예를 들어, 〈불로 적시어라〉라는 말은 의미를 지닐 수 없다는 것이다. 세째는 隣接性 saṁnidhi이다. 즉 한 문장 안에 들어 있는 낱말들은 時間的으로 혹은 空間的으로 어느 정도 서로 인접해 있어야만 의미를 가질 수 있다는 것이다. 말로 하는 문장은 낱말들이 시간적으로 인접해 있어야 의미를 가질 수 있고 글로 씌어진 문장에서는 공간적으로 인접해 있어야 하는 것이다. 네번째로, 同一한 낱말이라 할지라도 경우에 따라 다른 뜻을 지니므로 문장아 理解되려면 말한 사람의 趣旨 tātparya가 알려져야만 한다는 것이다. 인간들에 의한 보통의 문장인 경우에는 그 論題 prakaraṇa로 보아서 의도를 알 수 있으며, 베다의 경우는 미맘사 Mīmāṁsā 학파에서 規定하는 解釋의 規則들에 의하여 도움을 받을 수 있다고 한다. 以上과 같은 意味論을 통하여 正理哲學은 證言 śabda에 의한 지식의 타당성을 뒷받침하고 있는 것이다. 증언에 의한 지식이란 증언의 의미를 이해함으로써 얻어지는 지식이기 때문이다.

이상의 네 가지 타당한 지식의 방법들에 의하여 正理哲學은 세계나 인간이나 신에 대한 지식을 얻게 된다고 한다. 물리적 세계의 구조에 관해서는 正理철학은 勝論철학과 大同小異한 견해를 따르므로 인간과 신에 대한 正理철학의 형이상학적 견해를 잠시 검토해 보기로 한다.

6 自我, 神, 解脫

正理哲學에서 말하는 人間의 自我 ātman는 個人我 jīvātman로서 인식, 의식, 감정, 마음의 상태 등과 같은 정신적 현상들이 속하는 바 영원한 실체이며, 몸이나 意根 manas이나 감각기관들과는 다르다. 자아는 불교철학에서처럼 항시 생멸하는 정신적 현상들의 연속적 흐름으로 간주될 수 없다고 한다. 왜냐하면 그렇다면 기억이라는 것이 불가능하게 되기 때문이다. 또한 不二論的 베단타哲學에서 얘기하는 것처럼 자아는 스스로 빛을 발하는 svayaṁprakāśaka 순수의식 cit도 아니라고 한다. 正理철학은 어떤 주체에도 속하지 않고, 어떤 대상에도 관계하지 않는 순수의식의 존재를 부인한다. 자아란 의식 자체가 아니라, 의식이라는 정신현상을 속성으로 가지고 있는 실체이다. 자아는 모든 인식의 주체, 행위의 주체, 經驗의 享受者 bhoktṛ이며 윤회의 세계에서 업보를 받게 되는 존재인 것이다. 그러나 自我 그 자체는 아무런 認識活動도 하지 않는다. 오직 意根 manas과 관계를 맺고 있는 한에서 인식이 가능한 것이다.

自我의 存在는 他人의 證言에 의하여 알든지 혹은 간접적인 推論에 의하여 알 수 있다고 한다. 즉 欲望, 忌避, 認識 등과 같은 정신적 현상들은 모두 記憶에 의존하고 있으며 기억이란 몸이나 意根이나 외적 감각기관에 속할 수 없기 때문에 항구적인 영혼의 存在를 말해 주고 있다는 것이다. 후기 正理哲學者들은 또한 自我가 內的 감각기관인 意根에 의하여 직접 지각될 수 있다고 한다. 즉, 意根은 自我를 대상으로 하여 순수한 自我意識을 가질 수 있다는 것이다. 그러나 어떤 正理學者들은 이러한 自我 그 自體의 직접적인 지각가능성을 부인하고 自我는 항시 어떤 정신적 상태의 지각과 더불어 그러한 상태를 가진 主體로서만 인식된다고 주장한다. 〈나는 안다〉, 〈나는 행복하다〉 등의 지각적 판단에서 〈나〉에 해당하는 存在로서 인식된다는 것이다. 한편 他人의 自我는 그의 知性的 혹은 의도적인 육체적 행위로부터 推理하여 알 수 있다고 한다. 왜냐하면 이러한 의도적인 행위는 非知性的인 육체에 의하여서는 행하여질 수 없고 意識的인 自我가 있어야만 하기 때문이다.

正理哲學에 있어서 해탈의 개념은 이상과 같은 自我의 理解에 直結된다. 正理철학에서 말하는 해탈이란 모든 고통으로부터의 해방 apavarga을 의미하며, 이것은 自我가 아닌 것들, 즉 몸과 감각기관들과의 관련으로부터 완전히 벗어날 때 가능하다고 한다. 몸과 감각기관들로부터 완전히 해방된 自我의 상태는 正理철학에 의하면 고통뿐만 아니라 어떤 즐거움이나 행복도 느끼지 않는 상태이다. 아무런 감정이나 의식이 없는 상태인 것이다. 自我는 그 自體에 딸

이 있는 것이 아니기 때문이다. 그러나 후기의 正理철학 사상가들은 해탈을 단지 고통으로부터의 해방뿐만이 아니라, 영원한 행복의 성취로 이해했다. 아마도 베단타철학의 영향을 받은 것으로 간주된다. 해탈을 얻기 위하여서는 무엇보다도 自我가 몸이나 감각기관이나 意根과는 다른 어떤 존재라는 것을 알아야 하며, 그러기 위하여는 우선 자아에 대한 聖典, 즉 베다의 가르침에 귀를 기울여야 하며 śravaṇa, 항상 그것에 대해서 생각해야 하며 manana, 요가 원리에 따라 명상해야 한다 nididhyāsana. 그리고 자아에 대한 그릇된 지식 mithyā-jñāna이 사라지면 자아는 욕망과 충동의 지배를 받지 않게 되고 행위 karma에 의하여 영향을 받지 않으므로, 결국 윤회의 세계에 다시 태어남이 없다는 것이다.

正理철학은 인간의 영원한 自我외에 세계의 창조와 유지와 파괴의 主가 되는 神의 존재를 인정한다.[7] 神은 세계를 無에서 창조하거나 自己自身으로부터 放出하는 存在가 아니라, 이미 존재하고 있는 영원한 原子들과, 空, 時間, 空間, 意根들을 도덕적인 원리에 따라서 질서있고 의미있는 세계로 형성하고 유지하는 者이다. 즉 神은 세계의 質料因 upādāna-kāraṇa이 아니라 能動因 nimitta-kāraṇa인 것이다. 그는 또한 세계를 도덕적인 필요가 있을 때에는 파괴하기도 하는 者이다. 神은 영원하고 무한하며 全知全能한 存在이다. 그는 영원한 意識을 갖고 있으나 의식은 그의 본질이 아니라 속성이라고 본다. 베단타철학의 見解와 根本的인 差異를 보이고 있다. 神은 세계의 能動因으로서 또한 모든 生命體들의 행위를 調整한다. 따라서 인간의 행위도 완전히 自由로울 수 없으며 神의 引導下에 행하여지는 것이다. 人間은 자기 행위의 능동적 手段因 instrumental cause이나 神은 인간행위의 능동적 指導因 prayojaka-kartṛ이다.

正理哲學者들은 이러한 神의 존재에 대해서 여러 가지 증명으로 뒷받침하고 있다. 다음과 같은 논증들은 神의 존재에 대한 전형적인 증명들이다. 즉 세계는 結果 kārya로서 원인이 되는 創造者가 있다. 諸現象간에 발견되는 질서와 목적과 조화 등은 知性的인 能動因

---

7) 正理·勝論哲學의 初期思想에서는 神의 개념이 확고한 위치를 차지하지 않고 있으나 後期에 와서는 分明히 有神論的 경향을 띤다.

으로서의 神의 존재를 필요로 한다. 원자들은 근본적으로 盲目的이고 움직이지 않는 것들이나, 神이 원자들에게 운동을 제공하며 조정한다. 또한 최초로 말들이 각각 그 대상을 의미하도록 하는 用法을 가르쳐 준 者는 神이다. 신은 誤謬가 없는 완전무결한 베다의 지식의 원인이 되는 著者로서 베다는 神의 존재를 증거하고 있다. 우리의 행위로부터 不可見力이라고 불리는 道德的 功過가 생기게 된다. 그러나 이 不可見力 자체는 지성이 결여되어 있으므로 최고의 지성을 가진 神의 인도가 있어야만 우리가 행한 행위는 그것에 合當한 결과를 거두게 된다는 等의 論證들이다.

＊참고문헌

Bhattacharya, G., *Studies in Nyāya-Vaiśeṣika Theism.*

Bulcke, C. *The Theism of Nyāya-Vaiśesika.* Calcutta, 1947.

Chatterjee, S. C., *Nyāya Theory of Knowledge.* 2nd ed. Calcutta, 1950.

Chemparathy, G., *An Indian Rational Theology: Introduction to Udayana's Nyāyakusumāñjali.* Vienna, 1972.

Cowell, E. B., trans., *Udayana's Kusumāñjali, with the Commentary of Hari Dasa Bhattacarya.* Calcutta, 1864.

Ingalls, D. H. H., *Materials for the Study of Navya-Nyāya. Harvard Oriental Series*, Vol. 40. Cambridge, 1951.

Jacobi, H., "Indische Logik," *Nachrichten der Göttinger Gesellschaft der Wissenschaften.* Göttingen, 1901.

Jha, G., trans., *The Nyāya-Sūtras of Gautama with Vātsyāyana's Bhāṣya and Uddyotakara's Vārttika. Indian Thought Series* 7, 9, 12. Poona, 1939.

―――――, trans., *The Tarkabhāṣā (by Keśavamiśra), or Exposition of Reasoning.* Poona, 1924.

Keith, A. B., *Indian Logic and Atomism.* Oxford, 1921.

Matilal, B. K., *Nyāya-Vaiśeṣika.* Wiesbaden, 1977.

Matilal, B. K., *Epistemology, Logic, and Grammar in Indian Philosophical Analysis.* The Hague, Paris, 1971.

Potter, K. H., ed., *Indian Metaphysics and Epistemology.* Princeton,

1977.

Randle, H.N., *Indian Logic in the Early Schools*. Oxford, 1930.

Ruben, W., *Zur Indischen Erkenntnis Theorie: Die Lehre von der Wahrnehmung nach den Nyāyasūtras*. Leipzig, 1926.

————, trans., *Die Nyāya-Sūtras*. Leipzig, 1928.

Sastri, S.K., *A Primer of Indian Logic according to Annambhatta's Tarkasaṁgraha*. Madras, 1932.

Spitzer, M., *Begriffsuntersuchungen zum Nyāya-bhāṣya*. Kiel, 1926.

Vidhyabhusana, S.C., *A History of Indian Logic*. Calcutta, 1921.

————, trans., *The Nyāya Sūtras of Gotama*. Allahabad, 1930.

제 10 장　大乘佛敎의　展開

1　大乘佛敎의　興起

대승불교 Mahāyāna의 歷史的 기원에 대하여는 아직도 불분명한 점들이 많이 남아 있다. 대승불교가 發生한 시대와 지역, 대승불교와 소승 Hīnayāna 부파불교와의 관계, 대승불교의 敎團的 性格 等과 같은 기본적인 문제들이 아직도 학자들의 연구와 논란의 대상이 되고 있다.

서력기원 2세기 후반에 쿠샤나 Kuṣāṇa國으로부터 後漢에 온 文婁迦讖은 대승경전 中에서 『般舟三昧經』『首楞嚴經』『道行般若經』『寶積經』 等을 번역했다. 이로 보아 우리는 그때에 대승불교가 쿠샤나國에 盛行되고 있었음을 확실히 알 수 있다. 또한 이들 經典들이 形成되기까지의 時間을 생각하면 대승불교의 發生은 적어도 서력기원 1세기까지는 소급할 수 있을 것이다. 般若經典 中에서 가장 오래된 것으로 믿어지는 道行般若經(小品般若) Aṣṭasāhaśrikā-prajñāpāramitā-sūtra에는 〈摩訶衍 Mahāyāna〉이라는 말이 쓰여지고 있으며, 阿閦佛 Akṣobhya Buddha에 대한 信仰도 나타나 있다. 또한 支婁迦讖이 번역한 『般舟三昧經』에는 阿彌陀佛 Amitābha Buddha의 淨土信仰도 發見된다. 이런 事實들로부터 미루어 보아 우리는 佛·菩薩에 대한 신앙과 般若 prajñā 思想을 기반으로 하는 대승불교가 적어도 서력기원 전후에 이미 確立되어 있었음을 알 수 있는 것이다.

〈大乘 Mahāyāna〉이란 말은 〈큰 수레〉라는 말로서 대승불교의 가르침은 모든 衆生을 彼岸의 世界로 날라다 주는 큰 수레와 같다는 뜻이다. 반면에 대승불교의 운동을 전개한 者들은 從來의 佛敎를 〈小乘〉, 즉 〈작은 수레〉라 불러 그것이 出家僧만을 위주로 한 편협한 불교임을 비난했다. 대승불교자들은 王이나 富豪들의 지원 아래 경제적으로 안정된 생활을 누리는 출가승들의 安逸한 삶과, 신도들의 물질적 供養에도 불구하고 자기 자신들만의 정신적 平安만을 구하는 그들의 소극적이고 現世逃避的인 경향에 반발하여, 一切衆生을 濟度할 것을 목표로 삼는 새로운 大衆的 佛敎를 提昌한 것이다. 본래 석가모니佛陀 自身은 成佛 후에도 印度의 각 지방에 遊行하면서 衆生의 濟度에 힘썼으며 원시불교의 출가승들도 그를 본받아 사방으로 돌아다니며 敎化活動을 폈다. 바로 이러한 활동이 불교의 전파에 큰 역할을 했던 것이다. 그러나 僧伽 saṃgha의 生活이 점차 組織化되고 안정된 경제적인 기반을 갖춤에 따라 출가승들은 在家信徒들의 삶과 종교적 관심으로부터 점차 멀어지게 되었다. 그들은 寺院에 安住하며 瞑想과 涅槃의 寂靜만을 추구하는 高踏的인 생활을 영위하는 한편 在家信徒들은 그들에게 物質的 布施 dāna를 하고 世俗的인 功德 puṇya을 얻는 것만으로 만족해야만 했던 것이다. 더우기 寺院의 安定된 생활을 기반으로 하여 발달된 敎學的 abhidharma 佛敎는 한가롭게 번거로운 이론적 논의을 일삼게 됨에 在家者들의 종교적 필요와 욕구로부터 점점 더 유리되게 된 것이다.

大乘佛敎運動은 이러한 교단적 상황에 대한 在家者들의 宗敎的 覺醒에서 일어난 것이다. 대승불교자들은 自身의 이익뿐만 아니라 生死의 세계에서 고통을 받고 있는 모든 衆生들을 이익되게 하는 利他行을 강조하는 行動主義的인 불교를 提唱하고 나왔다. 이러한 大乘의 理想을 가장 잘 표현해 주는 것이 菩薩의 개념이다.

菩薩은 菩提薩埵 bodhisattva의 略語이며 菩提薩埵라는 말은 梵語로서 菩提 bodhi, 즉 깨달음을 추구하는 有情 sattva, 혹은 〈깨달음을 본질로 하는 者〉라는 뜻이다. 보살은 대승불교에서 指向하는 새로운 이상적인 人間像으로서 大乘은 小乘의 이상인 阿羅漢 arhat을 自己의 이익만을 돌보는 利己的인 存在로 배척한다. 보살은 자

신의 구원에 앞서 남부터 구원한다는 慈悲 karuṇā의 願 praṇidhāna을
세워서 涅槃을 추구하지 않고 오히려 生死의 세계에 태어나기를
원한다. 菩薩道는 在家者나 出家者를 막론하고 菩提心을 發하고
bodhicittotpāda 慈悲의 願을 세운 자는 누구든지 다 실천할 수 있는
길이었다. 소승불교에서는 最高의 아라한果를 얻으려면 在家生活을
버리고 出家者로서 修道를 해야만 했다. 그러나 보살은 원래 대승
경전들에 자주 나오는 〈善男子〉와 〈善女子〉들과 같은 在家者들이었
다. 물론 나중에는 出家한 보살도 생겼으나 出家보살이라 할지라도
반드시 250의 具足戒 prātimokṣa를 받아 僧伽의 一員이 되는 것은
아니었다. 오히려 그들의 活動무대는 在家信徒들이 많이 찾아오는
佛陀의 遺骨이나 遺品을 奉安한 佛塔이었다. 그들은 戒 śīla는 지켰
으나 僧團生活을 지배하는 律 vinaya은 없었던 것같이 보인다.

소승불교에서는 보살이란 무엇보다도 석가모니佛의 成佛 이전의
存在를 의미했으며 그의 前生의 行蹟에 관하여 많은 이야기들이 産
出되게 되었다. 소승경전의 本生經 Jātaka은 바로 이러한 석가보살
의 前生에서의 수많은 利他的인 행위와 업적들에 관한 이야기를 모
아 놓은 것이다. 그러나 소승불교에서는 보살이란 어디까지나 석가
모니佛과 같이 特別한 사람만이 가질 수 있는 지위였고 佛이든 보살
이든 다 凡夫衆生들로서는 도저히 도달할 수 없는 높은 이상에 불
과했던 것이다. 이에 반하여 대승불교자들은 바로 이러한 보살의
이상을 普遍化하여 누구든지 달성할 수 있는 것으로 생각했으며 그
들의 궁극적인 목표는 다름아닌 석가모니佛이 이룩했던 것과 같은
成佛 그 자체였던 것이다. 아마도 석가모니佛의 前生譚이나 傳記
등에서 우리는 대승의 在家者들 자신이 추구하던 삶의 이상이 이미
반영된 것을 볼 수도 있을 것이다.

大乘의 보살들이 닦아야 하는 修行의 方法도 자연히 소승과는 달
리 八正道 대신 六波羅密多 pāramitā, 즉 6개의 〈完成〉 혹은 〈到彼
岸〉을 닦는다.[1] 즉 布施 dāna, 持戒 śīla, 忍辱 kṣānti, 精進 vīrya,

---

1) 〈Pāramitā〉란 單語는 〈parama(最上, 完全의 뜻)〉이라는 형용사의 女性形
   pāramī＋tā로 해석되기도 하며 혹은 pāram(彼岸의 뜻)＋i(간다는 뜻)＋tā로서 이
   해되기도 한다. 漢譯 전통적으로는 후자를 使用해 왔다. 〈倒彼岸〉, 〈度〉, 아니면
   音譯으로 〈波羅密〉이라고 번역되었다.

禪定 dhyāna, 智慧 prajñā이다. 파라밀다의 개념은 소승의 문헌들에 이미 발견된다. 有部의 『大毘婆沙論』은 四波羅密多說을 언급하고 있으며 本生經에는 十波羅密多를 언급하고 있다. 그러나 六波羅密多를 選定하여 확고한 修行의 원리로 세운 것은 대승불교자들에 의해서였다. 六波羅密多 중에서 특별히 주목할 것은 布施 dāna의 개념이다. 布施란 소승불교에서는 주로 在家者들이 出家僧들에게 행하는 물질적인 供養을 의미했으나 대승불교는 그것을 보살들 자신이 실천해야 할 첫번째의 항목으로 삼은 것이다. 다음에 留意할 것은 般若波羅密多로서 대승에서 般若 prajñā란 주로 諸法의 〈空〉, 즉 無實體性의 眞理를 깨닫는 지혜를 의미한다. 이러한 지혜의 바탕에 근거하여서만 남은 다섯 파라밀다도 올바르게 닦아질 수 있다고 한다. 그렇기 때문에 대승불교는 일찍부터 般若파라밀다를 주제로 한 많은 經들을 산출한 것이다.

　대승불교의 또 하나의 특징은 菩薩에 대한 신앙이다. 대승불교에 의하면 보살은 수없이 많이 있으며 이 세상뿐만 아니라 十方世界의 곳곳에 살아서 활동하고 있다고 한다. 그들은 결코 스스로를 위하여 涅槃을 求하지 않고 生死의 세계에서 고통을 당하는 衆生들을 도우기 위하여 활동하고 있다는 것이다. 小乘佛敎에서는 해탈이란 어디까지나 개인이 자기 스스로의 노력으로 성취하는 것이지 他力의 信仰은 소용이 없는 것이었다. 그러나 대승불교는 보살의 무한한 자비심을 믿기 때문에 엄격한 영적인 개인주의를 넘어서서 신앙적 불교로 나아가게 된 것이다. 觀世音보살 Avalokiteśvara, 大勢至보살 Mahāsthāmaprāpta, 文殊보살 Mañjuśrī, 普賢보살 Samantabhadra 等은 이러한 신앙의 대상이 되어온 대표적인 보살들이다.

　대승불교는 佛陀觀에 있어서도 큰 變化를 초래했다. 보살이라는 개념이 一般化되었듯이 佛陀의 개념도 일반화되어 三世十方에 수없이 많은 佛陀가 存在한다고 믿는다. 소승불교에서는 佛陀라 하면 무엇보다도 歷史的인 석가모니佛을 意味했다. 물론 소승불교에서도 過去 七佛 혹은 二十五佛, 또 未來佛인 彌勒佛 Maitreya Buddha의 觀念이 없었던 것은 아니나, 대승에서처럼 佛의 개념이 일반화되지는 않았다. 뿐만 아니라 소승에서는 과거의 佛들은 모두 涅槃에 들

어가서 生死의 세계와는 아무런 관련을 갖지 않는 존재들로 이해되
는 반면에, 대승에서는 諸佛은 宇宙의 各方에서 보살들과 함께 淨
土를 이루며 거기서 살아 활동하고 있는 존재들로 간주된다. 대승
불교의 사상가들은 이러한 佛陀觀의 변화를 밑받침하기 위하여 佛
陀의 三身說 trikāya을 전개했다. 즉 佛陀에는 3가지 몸이 존재한
다는 것이다. 첫째는 化身 혹은 應身 nirmāṇakāya으로서 衆生의 教
化를 위해 地上에 태어난 歷史的인 佛陀를 의미한다. 둘째는 報身
saṁbhogakāya으로서 보살이 願을 發한 후 오랜 修行을 하여 그 결
과로서 얻은 超自然的인 몸을 말한다. 阿彌陀佛 Amitābha Buddha은
그 가장 좋은 例이다. 세째는 法身 dharmakāya으로서 어떤 보이는
形態도 초월하며 모든 佛의 근거가 되는 眞如의 깨달음 그 自體를
뜻한다.

　諸佛과 菩薩들에 대한 信仰과 더불어 자연히 信徒들 가운데는 그
들을 形象化하여 崇拜하려는 熱望도 생기게 되어 많은 佛像과 菩薩
像들이 제작되게 되었다. 特別히 中央印度의 마투라 Mathurā라는
곳과 西北印度의 간다라 Gandhāra地方은 이러한 佛像製作의 中心地
였다. 간다라地方의 佛像은 佛의 形相을 희랍의 神像들에서 발견되
는 優雅함을 가지고 표현하고 있어 알렉산더大王 이후로부터 그 지
방에 盛行했던 희랍文化의 영향을 받은 것으로 간주되고 있다.

　대승불교는 在家者들의 종교적 요구에 부응하여 佛·菩薩의 崇拜
이외에도 佛陀의 遺骨이나 遺品을 奉安한 佛塔 stūpa의 參拜는 물론
이요, 심지어는 大乘經卷의 崇拜도 행했다. 즉 보통의 在家者들로서
는 도저히 이해하기 어려운 심오한 진리를 담은 經卷을 塔 안에 安
置하고 崇拜한 것이다. 이와 더불어 經卷의 受持, 讀誦, 書寫의 행
위도 다른 어떤 것보다 많은 功德 puṇya을 지닌 것으로 권장되었
다. 사실 이것은 國王이나 富豪들만이 할 수 있는 寺塔의 建立이나
莊園의 寄進과 같은 것에 비하면 비교적 큰 經濟力이 없는 者라도
누구나 할 수 있는 행위로서, 大乘佛敎가 일어날 당시에 確固한 社
會的, 經濟的 기반을 갖고 있던 小乘敎團에 대한 大乘의 大衆的인
社會的 地位를 반영하는 것으로도 볼 수 있다.

　대승불교는 또한 이상과 같은 各種의 신앙적 행위를 통하여 얻어

지는 功德을 한 個人이 자기자신만을 위한 것으로 생각하지 않고
모든 衆生의 濟度를 위하여 넘겨 준다는 소위 廻向 pariṇāmanā의 實
行도 강조했다. 이것은 물론 業의 法則에 대한 엄격한 個人主義的
인 이해를 넘어서는 것으로서 대승불교에서 강조하는 慈悲의 정신
의 표현인 것이다. 실로 이상과 같은 大乘의 宗敎的 運動은 從來의
佛敎에 비하면 훨씬 더 종교적으로 다채롭고 풍부하며, 한 마디로
표현하면 大乘의 宗敎世界는 小乘佛敎처럼 외롭지 않은 世界라고
말할 수 있을 것이다.

2 前期의 大乘經典들

대승불교의 지도자들은 자연히 그들의 종교적 이상을 담은 경전
들을 産出하게 되었다. 대승경전들도 형식상으로는 〈佛說 Buddha-
vacana〉로 되어 있으나 실제로 그들이 석가모니불의 說法으로부터
온 것이라고는 보기 어렵다. 그러나 대승불교자들은 그들의 경전이
본래 언어를 초월한 불타의 깨달음의 경지를 나타낸다고 믿었기 때
문에 이런 뜻에서 〈佛說〉이라 부를 수 있는 것이다. 대승불교의 주
장에 의하면 불타의 참 가르침은 오직 하나의 진리뿐이나 ekayāna
(一乘) 듣는 사람들 각각의 처지와 능력에 따라 다르게 說法했다는
것이다. 따라서 大乘經典들은 上根機의 사람들을 위한 說法으로 간
주되고 있는 것이다.

대승경전의 形成은 대체로 前後二期로 나누어 볼 수 있다. 前期
는 서력기원 1세기부터 대승의 최초의 論師인 龍樹 Nāgārjuna의 때
까지이다. 龍樹의 年代는 정확히 알 수 없으나 대략 2세기 후반에
서 3세기 초(150~250 A. D.)의 人物로 推定된다. 그를 前期大乘經典
들의 終點으로 삼는 이유는 『大智度論』을 비롯하여 그의 著作들이
다수의 대승경전들을 引用하고 있기 때문이다. 물론 龍樹가 당시의
모든 대승경전들을 다 引用했다고 볼 수는 없으나 그에 의하여 인
용된 것은 확실히 前期經典으로서 간주되어야 할 것이다. 이제 前
期의 대승경전들 가운데서 主要한 것만을 간단히 살펴보기로 한
다.

1 『大無量壽經 Sukhāvatīvyūha-sūtra』

阿彌陀佛 Amitābhā (Amitāyus) Buddha에 대한 신앙은 대승의 불·
보살신앙 및 淨土往生 신앙의 가장 代表的인 표현으로서 많은 대승불
교 신자들의 歸依處가 되어 왔다. 〈無量壽〉라는 말은 〈Amitāyus〉를
번역한 말로 〈무한한 壽命〉이란 뜻이고, 『大無量壽經』[2)의 梵名 〈Su-
khāvatīvyūha〉라는 말은 〈極樂의 莊嚴〉이라는 뜻이다. 『무량수경』
의 내용은 法藏 Dharmakāra이라는 보살이 衆生을 위하여 48개의 誓
願을 세운 후 오랜 기간 동안의 修行을 거쳐 成佛하여 西方에 있는
極樂世界 sukhāvatī의 淨土를 이루었다는 것을 골자로 하고 있다. 이
經에서 가장 중요한 것은 48개의 誓願으로서 이들은 장차 법장보살
이 성취하고자 하는 淨土의 모습과 衆生들이 거기에 태어날 수 있
는 조건들을 제시하고 있다. 特히 第十八願은 〈設我得佛 十方衆生
至心信樂 欲生我國 乃至十念 若不生者 不取正覺〉이라 하여 衆生들이
淨土에 往生할 수 있는 조건을 말하고 있다.[3) 淨土信仰은 보살의
慈悲와 功德에 힘입어서 이 혼탁한 세상에서 닥치는 苦痛과 罪와
유혹이 없는 安樂한 곳에 往生하여 거기서 成佛하고자 하는 대승불
교자들의 念願의 표현인 것이다.

2 般若波羅密多 Prajñāpāramitā 계통의 경전들

般若계통의 經에는 頌(32 음절의)의 數에 따라 길고 짧은 여러 개
의 經들이 있다. 그 중에서 제일 먼저 성립됐다고 간주되는 것은
『八千頌般若 Aṣṭasāhaśrikā』(小品般若)이며 이것이 擴大되어 25,000頌
의 『大品般若』가 成立되었으며 龍樹의 『大智度論』은 바로 이 『大品
般若』의 註釋書이다. 그 외에도 18,000頌, 100,000頌으로 된 것도
있었으며 짧은 것으로는 『金剛般若波羅密多經 Vajracchedikā-prajñā-
pāramitā-sūtra』의 500頌, 『般若心經 Prajñāpāramitā-hṛdaya-sūtra』의
300頌과 같은 것이 있다.

---

2) 『大無量壽經』은 『阿彌陀經』과 『觀無量壽經』과 더불어 淨土宗의 所依經典으로서
　　淨土三部經이라 불린다.
3) 『大正新修大藏經』 Vol. 12, p. 268a. 梵本과 내용상 差異가 있다. Max Müller,
　　trans., *The Larger Sukhāvatī-vyūha, Buddhist Mahāyāna Texts, The
　　Sacred Books of the East*, Vol. XLIX, p. 15 參照.

般若經典의 주요 사상은 空思想으로서 諸法은 自性 svabhāva이 없이 空하며 이것이 諸法의 實相이라는 것이다. 이것은 소승불교, 특히 說一切有部에서 法을 實體視하는 경향을 정면으로 부정하는 것으로서 대승불교사상의 근본을 이루는 것이다. 諸法이 空함을 깨닫는 것이 般若, 즉 智慧 prajñā이며, 이러한 지혜에 입각하여 보살은 보살도를 실천하는 것이다. 空觀에 의거한 보살의 修行을 『金剛經』은 〈應無所住而生其心〉이라 表現하고 있다. 諸法이 空하고 모든 현상적 차별들이 虛妄한 것임을 깨달으면, 佛陀와 衆生, 濟度하는 者와 濟度받는 者, 世間과 出世間, 涅槃과 生死의 差別이 모두 사라져버리고, 佛陀의 說法도 說法이 아니라는 것을 般若經典들은 거듭 강조하고 있다.

3 『維摩詰所說經 Vimalakīrtinirdeśa-sūtra』

위와 같은 空思想에 입각하여 『維摩經』은 世俗社會의 적극적인 참여와 在家佛敎의 이상을 가르친다. 이 經의 주인공은 維摩詰 Vimalakīrti이라는 居士로서 그는 智慧에 있어서 佛陀의 다른 出家한 제자들보다도 훨씬 뛰어나 그들을 무색하게 하고, 어디서나 自由自在하는 거침없는 삶의 지혜를 보여준다. 實在는 모든 對立을 초월한 不二 advayatva의 絶對平等한 경지로서 不可思議하고 言語로 表現할 수 없다는 사상이 강조되고 있다. 經의 構成도 드라마틱한 면이 있는 興味로운 經典이다.

4 『正法蓮華經 Saddharmapundarīka-sūtra(法華經)』

『維摩經』이 아직도 大乘의 理想을 小乘에 대립시켜 논하고 있는 반면에, 『法華經』은 이러한 對立的 견해를 초월하여 佛陀의 여러 敎說들은 결국 모두 衆生의 敎化를 위한 方便 upāya에 지나지 않고, 聲聞 Śrāvaka, 緣覺 Pratyekabuddha, 菩薩 Bodhisattva의 三乘은 결국 一乘 ekayāna 혹은 一佛乘에 귀결한다는 대승불교의 포용적 사상을 전개하고 있다. 이 一佛乘에 의하여 모든 衆生은 成佛하는 것이다. 佛陀觀에 있어서도 『法華經』은 佛陀가 出生하여 出家하고 成佛한 후 入滅한 것은 단지 衆生의 敎化를 위한 方便에 지나지 않고 實은 佛

陀의 壽量은 不可數量이고 그의 成道는 無量刼의 前에 이룬 것이라고 한다. 『法華經』은 이상과 같은 진리들을 여러가지 비유로 설명하고 있으며 文學的 價値가 높은 經典이다. 佛塔信仰과 經卷信仰도 이 經에는 강하게 나타나고 있다.

5 華嚴系統의 經典

『華嚴經』에는 漢譯으로 40卷本, 60卷本, 80卷本의 三種이 있으나 중국에서는 5세기에 佛駄跋陀羅 Buddhabhadra에 의하여 번역된 60卷本의 『大方廣佛華嚴經 Mahāvaipulya-buddha-avataṁsaka-sūtra』이 가장 널리 使用되어 왔다. 『華嚴經』은 매우 방대한 문헌으로서 본래는 독립적으로 流通되던 여러 經들이 모여서 이루어진 것으로 보고 있다. 『華嚴經』은 주요 내용으로서 『十地品』에서 佛의 正覺에 도달하기 위하여 十波羅密을 닦아가는 보살의 因行을 十地의 단계로 구분하여 설명하고 있다.[4] 또한 十地의 前段階로서 十住, 十行, 十廻向도 論하고 있다. 다음에 『入法界品』에서는 보살의 수행과정을 善財 Sudhana 童子의 求道記로서 실감있게 그리고 있다. 〈法界〉란 보살이 여래가 되기 위하여 깨달아 들어가야 하는 眞理를 말하는 것으로서 善財童子는 社會의 各界各層에서 活動하고 있는 53善知識을 찾아다니며 說法을 듣고 마지막으로 彌勒佛을 만나서 法界를 證得한다. 『十地品』에는 〈三界虛妄 但是一心作 十二因緣分 皆依心〉이라는 유명한 唯心思想 citta-mātratā을 說하는 구절이 발견된다. 이것은 十二支因緣分 가운데서 第三支, 즉 識 vijñāna, citta을 가장 重視하는 것으로서 唯識思想의 發達에 至大한 영향을 주었다.

*참고문헌

Conze, E., trans., *The Perfection of Wisdom in Eight Thousand Lines and its Verse Summary*. Bolinas, 1973.

————, *Buddhist Wisdom Books: The Diamond Sūtra and the Heart Sūtra*. London, 1958.

---

4) 十波羅密은 六波羅密에다 方便, 願, 力, 智의 波羅密을 더한 것이다.

Cowell, E. B., M. Müller, & J. Takakusu, trans., *Buddhist Mahāyāna Texts. SBE*, Vol. XLIX. Oxford, 1894.

Dutt, M. N., *Aspects of the Mahāyāna Buddhism and its Relation to Hīnayāna.* London, 1930.

Kern, H., trans., *The Saddharmapuṇḍarīka or the Lotus of the True Law, SBE*, Vol. XXI, Oxford, 1884.

Lamotte, E., trans., *L'Enseignement de Vimalakīrti.* Louvain, 1962.

Thurman, R. A. F., trans., *The Holy Teaching of Vimalakīrti.* University Park and London, 1976.

Walleser, M., *Prajñāpāramitā: Die Vollkommenheit der Erkenntnis.* Göttingen, 1914.

宇井伯寿, 『大乗仏教の研究』

―――, 『仏教経典史』, 『宇井伯寿著作選集』7.

平川彰, 『初期大乗仏教の研究』

静谷正雄, 『初期大乗経典の成立過程』

宮本正尊, 『大乗と小乗』

―――編, 『大乗仏教の成立史的研究』

山田竜城, 『梵語仏典の諸文献』

―――, 『大乗仏教成立史序説』

平川, 梶山, 高崎編, 『大乗仏教とは何か』, 『講座・大乗仏教』1.

中村元編, 『華厳思想』

望月信亨, 『浄土教の起源及発達』

坂本幸男編, 『法華経の思想と文化』

제 11 장 中觀哲學

1 龍樹와 中觀哲學의 傳統

대승불교는 처음에는 소승불교의 번잡한 교리의 연구를 부질없는 것으로 여기고 이에 반발하여 대중적인 종교운동으로 일어난 것이었으나, 시간이 경과함에 따라 대승불교도 자연히 철학적으로 자신을 정립하고 옹호할 필요에 봉착했던 것이다. 그리하여 소승불교와 같이 많은 論 śāstra 등을 쓰게 된 것이다. 大乘의 論書들 중에서 제일 일찍 씌어진 것은 대승의 最高의 論師로 추앙되어 오는 龍樹 Nāgārjuna의 것들이다. 龍樹는 서력기원 후 2∼3세기 경의 인물로 추정되며 남인도 출신의 사람으로 불교의 여러 사상뿐만 아니라 外道 思想에도 조예가 있었다. 그의 저서들을 통하여 그는 大乘의 空思想에 입각하여 이에 어긋난 여러 實在論적 견해들을 논파하고 있다. 용수 당시에는 전에 언급한 초기의 대승경전들, 즉 般若經典, 『華嚴經』, 『法華經』, 淨土經典들이 비록 지금과 같은 형태는 아니겠지만 이미 성립되어 流通되고 있었음을 우리는 용수의 저서들을 통하여 알 수 있으며, 용수는 이들 諸經典들을 해석하는 論들을 지은 것이다. 그의 저서들 가운데, 철학적으로 중요한 것들을 열거하면 다음과 같다.

① 般若經典 계통의 空思想에 입각하여 그릇된 實在論的인 견해들을 논파하는 저서들로서, 『中論 Mūlamadhyamaka-kārikā』, 『十二門

論 Dvādaśanikāya-śāstra』,『空七十論 Śūnyatāsaptati』

② 역시 空思想에 입각해 外道를 破하는『廻諍論 Vigraha-vyāvar-
tanī』

③『大品般若』의 註釋書로서, 龍樹思想의 여러가지 측면을 포괄
적으로 보이는 저서인『大智度論』

④『華嚴經』의〈十地品〉의 註釋書인『十住毘婆沙論』과 華嚴의 唯
心思想을 論하는『大乘二十論』등이 있다.

이상에서 볼 수 있는 대로, 용수의 교학은 상당히 포괄적인 것이
었으며 단순히 般若經典의 空思想만을 전개한 것이 아니다. 그러나
그의 철학의 기반은 어디까지나 空思想에 있었으며 이 때문에 그의
『中論』을 중심으로 하여 中觀哲學이 성립하게 된 것이다. 용수의
제자로서 提婆 Āryadeva라는 사람이 있어서『百論 Catuḥśataka』을 저
술했다. 이『百論』은 용수의『中論』및『十二門論』과 함께 中國 三
論宗의 기본 論書를 이루었다. 서력기원 350년경에는 靑目 Piṅgala
이라는 자가 나와서『中論』의 주석서를 썼으며, 鳩摩羅什 Kumārajīva
에 의하여 漢譯되어 중국불교에 큰 영향을 미쳤다. 4세기부터는
唯識哲學이 인도불교에 풍미함에 따라 中觀哲學은 자연히 唯識哲學
의 학자들에 의하여 연구되었다. 6세기에는 佛護 Buddhapālita와 淸
辯 Bhāvaviveka이 나와서『中論』의 주석서를 썼으며,『中論』해석상
의 차이를 보여 中觀學派의 두 主流를 형성하게 되었다. 佛護 계통
으로 月稱 Candrakīrti이 나와서『淨明句論 Prasannapadā』이라는『中
論』의 주석서와 中觀哲學의 入門書인『入中論 Madhyamakāvatāra』을
써서 티벳불교에 유행하게 되었다. 淸辯은『般若燈論 Prajñāpradīpa』
이라는『中論』의 주석서를 썼으며 그는 의식적으로 唯識哲學者인 護
法 Dharmapāla의 唯識說을 비판하여 中觀과 唯識 兩派의 대립을 격
화시켰다. 佛護의 中觀學派를 프라상기카 Prāsaṅgika학파라 부르며,
자기의 입장을 적극적으로 주장하지 않고 상대방의 견해만을 모순
적인 것으로 논파하는 부정적인 방법을 使用하는 반면에, 淸辯의
中觀學派를 스바탄트리카 Svātantrika라고 부르며, 자기의 주장을 적
극적으로 천명하는 立場을 취하고 있다. 淸辯의 계통으로 7세기의
智光 Jñānaprabha은 瑜伽行哲學에 대항하여 空思想의 우위성을 주장

하기 위하여 佛陀의 가르침을 三時로 나누는 敎判을 제시했다. 즉 小乘은 四聖諦를 통하여 心境俱有를, 瑜伽行派는 萬法唯識說을 통하여 境空心有를, 그리고 中觀哲學은 諸法皆空의 理致를 통하여 心境俱空을 진리로 간주한다는 것이다.

2 『中論』의 哲學

『中論』에 나타난 龍樹의 사상을 이해하기 위하여 우리는 『中論』의 〈中〉의 개념을 먼저 고찰해 볼 필요가 있다. 우리는 이미 소승 경전에서 佛陀 자신이 人間存在에 대한 자기의 견해를 中道的인 것으로 규정하고 있는 것을 보았다. 즉 그는 인간에게 어떤 불변의 形而上學的 實在가 있다고 인정하는 有의 입장도 거부했으며, 동시에 인간은 죽음과 더불어 無로 돌아간다는 無의 입장도 거부했다. 『中論』의 〈中〉은 이와 같은 불타의 기본적 입장을 더욱 더 확대하여 세계 전체에 대한 存在論的 규명을 하는 것이다. 세계의 모든 法은 스스로 존재하는 自性 svabhāva이 없기 때문에 空한 것이다. 그러나 空은 결코 無가 아니며, 다만 自性이 없이 條件的으로 生起하고 있는 현상세계의 實相을 있는 그대로 표현하는 것일 뿐이다. 따라서 空이란 非有·非無이며 中道 madhyamā pratipad인 것이다. 非有·非無라는 것은 空이라는 말과 같이 實在를 부정적으로 표현하는 破邪의 말이요, 中道는 적극적으로 표현하는 顯正의 말인 것이다.

그러면 어찌하여 세계의 참 모습이 非有·非無이며, 中道란 말인가? 이것을 단적으로 지적해 주는 것이 『中論』의 다음과 같은 유명한 구절이다 : 〈因緣所生法, 我說卽是空, 亦爲是假名, 亦是中道義〉. 因緣에 의해 조건적으로 생기는 모든 法은 自性이 없이 空하다는 말이다. 즉 空은 緣起 pratītyasamutpāda의 眞理에 근거한 것이다. 용수는 연기설을 소승불교, 특히 有部에서처럼 諸法의 존재를 일단 인정하고 나서 그들의 因果關係를 설명하는 것으로만 이해하지 않았다. 오히려 緣起說의 참 철학적 의미는 어떤 法도 緣起의 지배를 받는 조건적이며 상대적인 것이기 때문에 독자적으로 존재하는

自性을 결여하고 있는 無自性 niḥsvabhāva, 따라서 空 śūnyatā이라는
것이다. 그러나 일단 諸法의 實相이 空임을 알면, 그 諸法이 아무
것도 아닌 無인 것이 아니라 空한 그대로, 즉 있는 모습 그대로 여러
이름을 가지고 존재하는 것이다. 『般若心經』의 말과 같이 〈色卽是空〉
이요, 〈空卽是色〉인 것이다. 이것을 용수는 假名 prajñapti이라 부른
다. 〈假〉란 말은 〈空卽是色〉, 혹은 〈眞空妙有〉의 현상 세계가 空임
에도 不拘하고 단지 방편상으로 인정된다는 뜻으로서, 假名이란 自
性을 缺如한 空한 法들이 그런대로 이름을 가지고 존재하는 妙有를
의미하는 것이다. 즉 有도 아니고 無도 아닌 中道의 妙有인 것이다.
문제는 모든 것이 假名이라는 진리를 모르고 현상적 차별의 세계를
절대적으로 실재하는 것으로 誤認하여 有나 無의 見에 빠지며 고통
을 받는 것이 보통사람의 현실이라는 것이다. 용수는 이러한 잘못
된 견해를 타파(破邪)하여, 實在의 모습을 있는 그대로 나타내려고
(顯正) 한 것이다. 破邪 그 자체가 다름아닌 顯正인 것이다.

　龍樹에 의하면 사람들이 세계의 실제의 모습인 바 空을 깨닫지 못
하는 것은 우리가 상식적으로 사회적으로 통용하고 있는 言語와 槪
念들의 성격과 밀접한 관계를 가지고 있다 한다. 즉 우리가 사용하는
言語는 事物을 實在論的으로 보게 하는 경향을 지니고 있으며, 우리
가 이 일상언어를 매개로 하여 세계를 보는 한 사물들이 각각 독립되
고 고정된 본질을 갖고 實在하는 것처럼 보인다는 것이다. 마치 색안
경을 쓴 사람이 바깥세계가 모두 그 안경의 색깔을 가지고 있다고 착
각하는 것과 마찬가지인 것이다. 따라서 용수는 『中論』의 初頭에서
우리들이 日常的으로 사용하고 있는 生・滅・常・斷・一・異・來・
出 등의 개념을 예로 들어 批判的으로 分析하며 그들이 순전히 우리
들의 머릿속에서 구성해낸 觀念 vikalpa들로서 모두 戱論 prapañca
에 지나지 않음을 갈파한다. 여기서 龍樹가 주로 사용하고 있는 방
법은 一種의 破壞的인 辯證法으로서 諸槪念들의 하나하나를 考察하
여 그것들이 결국 모순적이고 相對的이고 不合理한 것임을 드러내는
歸謬法 prasaṅga, reductio ad absurdum이다. 이러한 개념들은 龍樹에
의하면 모두 우리가 空의 眞理를 모르고 사물을 實在論的으로 보는
習慣에서 유래하는 헛된 관념들인 것이다. 〈生〉의 개념 하나만을

分析함으로써도 龍樹는 당시의 印度哲學에서 論議되고 있는 一切의 形而上學的 因果論을 궁극적으로 不合理한 것으로 비판하고 있다. 緣起, 즉 空의 世界는 不生, 不滅, 不斷, 不常, 不一, 不異, 不來, 不出(八不)이며 모든 言語와 觀念들이 타당성을 잃어버리게 되는 경지이다. 언어는 진리를 歪曲하기 때문이다.

　그렇다고 龍樹는 日常的 言語나 觀念의 타당성을 무조건 부정하는 것은 아니다. 여기서 우리는 그의 二諦說에 접하게 된다. 龍樹에 의하면 우리는 事物을 볼 때 높고 낮은 두 가지 觀點에서 볼 수 있다고 한다. 그리고 이 두 가지 관점에 따라서 眞諦 paramārtha-satya 와 俗諦 saṁvṛtti-satya가 成立된다는 것이다. 眞諦란 事物을 있는 그대로 般若 prajñā(智慧)의 눈으로 보는 것으로서 言語를 초월한 空의 眞理를 말하는 것이며, 俗諦란 세상 사람들의 상식적인 눈으로 보는 세계로서 진리가 가리워진 saṁvṛtti 모습을 말한다. 龍樹는 이러한 日常的인 眞理가 존재한다는 것을 부정하지 않는다. 아니 오히려 空의 立場에서 볼 것 같으면 모든 言語의 使用과 哲學的 思惟는 다름 아닌 俗諦의 단계에서 이루어지는 것이다. 龍樹는 말하기를 俗諦를 며나서는 眞諦를 깨달을 수 없다고 한다. 모든 佛陀의 教說들은 주로 우리의 日常的인 관념들에 근거하여 이루어졌으나 그 궁극적인 목표는 모든 언어를 초월하는 空의 眞理를 나타내기 위함이다. 누구든지 眞諦를 깨닫기 이전까지는 俗諦의 方便을 필요로 하는 것이다. 뿐만 아니라 우리가 이미 고찰한 바와 같이 眞諦인 空이라는 것 자체가 妙有와 假名의 세계를 의미하기 때문에 결국 깨달은 者의 관점에서 볼 것 같으면 俗諦란 眞諦의 자유로운 活用에 지나지 않는 것이다. 俗諦와 眞諦의 구별 자체가 하나의 方便上의 구분은 될지언정 어떤 궁극적인 대립을 의미하는 것은 아니다.

　眞諦인 空의 世界는 모든 差別과 對立이 사라져 버린 不二의 advaya 世界로서 有와 無, 生死와 涅槃, 迷와 悟, 衆生과 佛陀, 그리고 俗諦 와 眞諦의 區別조차 부정되며 空마저도 空인 一切無所得 anupalabdhi 의 世界이다. 그러나 空의 世界는 同時에 모든 差別의 相들이 그대로 살아 있는 多의 世界이기도 하다. 龍樹는 바로 이 多의 世界에 입각하여 俗諦를 建立하고 『中論』의 哲學을 전개하는 것이다.

＊참고문헌

de Jong, J. W., trans., *Cinq Chapitres de la Prasannapadā*. Paris, 1949.

La Vallée-Poussin, L. de, trans., "Mādhyamakāvatāra," *Muséon* 8–12 (1907ff).

Lamotte, E., trans., *Le Traité de la grande vertue de sagesse*. 2 vols. Louvain, 1944, 1949.

May, J., trans., *Prasannapadā Madhyamakavṛtti*. Paris, 1959.

Murti, T. R. V., *Central Philosophy of Buddhism*. London, 1955.

Ramanan, K. V., *Nāgārjuna's Philosophy as presented in the Mahā-prajñāpāramitā-śāstra*. Vermont & Tokyo, 1966.

Robinson, R., *Early Mādhyamika in India and China*. Madison, Wisconsin, 1968.

Schayer, St., trans., *Ausgewählte Kapital aus der Prasannapadā*. Cracovie, 1931.

Sprung, M., trans., *Lucid Exposition of the Middle Way: The Essential Chapters from the Prasannapadā of Candrakīrti*. Boulder, 1979.

————, ed., *The Problem of Two Truths in Buddhism and Vedānta*. Dortrecht, Holland, 1973.

Streng, F., *Emptiness: A Study in Religious Meaning*. Nashville, Tennessee, 1967.

Stcherbatsky, Th., *The Conception of Buddhist Nirvāṇa*. Leningrad, 1927.

Walleser, M., trans., *Die Mittlere Lehre des Nāgārjuna*. Heidelberg, 1911, 1912.

山口　益, 『月稱造梵文中論釋』 I , II ·

————, 『中觀佛敎論攷』

————, 『般若思想史』

————, 『空의 世界』

宮本正尊, 『根本中と空』『中道思想とその發達』

宇井伯壽, 『印度哲學硏究』 第一

제 12 장 後期大乘經典들의 思想

1 歷史的 背景

불교는 바라문교내의 한 分派的인 宗敎운동으로서 시작했다고 볼
수 있다. 그러나 다른 分派들과는 달리 불교는 왕성한 포교활동을
통하여, 그리고 다른 한편으로는 아쇼카와 카니쉬카와 같은 崇佛
君主들의 지원에 힘입어 印度 전역에 융성하게 되었다. 그럼에도
불구하고 불교는 결코 정통 바라문 종교를 제압하지는 못했다. 불
교는 이미 인도인들의 마음과 생활 속에 확고한 위치를 차지하고 있
는 베다의 권위나 제사주의적인 종교행사를 거부함으로써 언제나
이단적인 종교로 간주되어 온 것이다. 불교는 또한 바라문 계급의
종교적 권위와 사회적 특권을 인정하지 않았을 뿐 아니라, 그들이
세워 놓은 四姓制度와 生의 段階 varṇa-āśrama를 중심으로 한 사회윤
리질서, 즉 〈다르마 dharma〉의 체계에도 관심이 없었으며 따라서 일
반 在家者들의 생활윤리는 어디까지나 바라문교의 전통에 의하여
지배된 것이다. 그렇기 때문에 아쇼카 Aśoka왕의 마우리아 Maurya
왕조가 망한 후 슝가 Śuṅga왕조는 불교를 억압하고 바라문교를 부
흥시켰다. 또한 異民族에 의해 세워진 쿠샤나 Kuṣāna왕조 때에도
불교의 세력은 북부인도를 석권했지만 남쪽에는 순수 인도적인 샤
타바하나 Sātavāhana, (Andhra)왕조가 일어나서 바라문교를 국교로
받들고 보호하는 정책을 썼다. 쿠샤나 왕조와 샤타바하나 왕조는

약 3세기부터는 세력을 잃기 시작하였으며 인도는 여러 소국가들이 대립한 가운데 정치적 혼란기로 들어갔다. 그러나 320년경에는 찬드라굽타 Candragupta I세가 굽타 Gupta왕조를 세우고 사무드라굽타왕 Samudragupta(330년경 즉위) 때에는 전인도를 통일함으로써 마우리아 Maurya왕조 이후 약 500년만에 비로소 통일국가를 다시 형성하게 되었다. 그 후 굽타 왕조는 6세기에 흉노족의 침입 등으로 망하기까지 안정된 사회질서 밑에 학문·예술 등 각 방면에서 찬란한 文化를 건설했다. 종교적으로는 바라문敎가 國敎로 인정되어 바라문의 倫理秩序가 全印度社會에 定着하게 되었다. 또한 굽타王朝 때에는 쉬바神과 비슈누神에 대한 大衆的인 信仰도 널리 퍼져서 印度全域에 수많은 雄大한 神殿들이 建築되었다. 바라문들에 의하여 傳授되어 온 산스크리트 Sanskrit 言語와 文化는 全印度에 보급되었으며 古典산스크리트語가 全國的인 公用語로 사용되게 되었다. 印度의 셰익스피어라 불리는 칼리다사 Kalidāsa와 같은 詩人도 굽타왕조의 초기에 활약한 사람이다. 이러한 文化的 환경 속에서 바라문의 正統哲學派들은 각기 잘 다듬어지고 세련된 고전 산스크리트語로서 많은 體系的인 저술들을 산출하게 된 것이다. 실로이 時期는 印度古典文化의 黃金期라 할 수 있다.

굽타王朝는 바라문敎를 國敎로 삼기는 하였으나 佛敎를 압박한 것은 아니다. 오히려 굽타王朝는 宗敎的인 寬容性을 보여 佛敎도 지원해 주었다. 이와 같은 지원에 힘입어 5세기初에는 불교의 옛 고장인 마가다地域에 有名한 나란다 Nālandā라는 大寺院이 세워지고 그 후로부터 수백년 동안 佛敎敎學硏究의 中心地가 된 것이다. 思想面에 있어서도 불교는 자연히 이러한 정치적 문화적 추세에 영향을 받아 바라문의 敎學에 대응하여 많은 體系的인 哲學的 문헌들을 古典산스크리트語로 産出하게 되었다. 이들은 내용에 있어서도 正統바라문 사상의 영향을 받거나 그것에 대하여 변호적인 자세를 취하는 경향을 띠게 되었으며 동시에 바라문의 哲學的 思惟를 크게 자극시키기도 했다.

이 時期에 나타난 大乘經典들의 중요한 것들을 든다면 우선 涅槃을 적극적으로 常·樂·我·淨으로 규정하며 法身常住를 說하는 『大

般涅槃經』, 인간에게는 누구나 다 如來가 될 가능성의 근거로서 如來藏이라는 自性淸淨心이 있다는 사상을 설하는 『勝鬘經 Śrīmālā-sūtra』이나 『如來藏經』, 唯識哲學의 근본경전으로서 阿賴耶識 緣起思想과 萬法唯識을 說하는 『解深密經 Saṁdhinirmocana-sūtra』, 如來藏思想과 阿賴耶識思想과를 융화시켜 如來藏緣起說을 발전시킨 『楞伽經 Laṅkāvatāra-sūtra』등을 들 수 있다. 이들 후기 대승경전들은 모두 龍樹 이후 世親 Vasubandhu에 이르기까지 3~5세기초에 걸쳐서 形成된 것으로서 주로 如來藏 tathāgatagarbha 혹은 佛性論的 思想과 唯識思想 vijñapti-mātratā에 기초하고 있다. 그들은 般若經典이나 中觀哲學의 空思想을 받아들이면서도, 實在에 대한 부정적 접근방식을 지양하여 佛이나 열반을 常住不滅의 實在에 간주하며 인간에 있어서도 佛이 될 수 있는 어떤 영원한 性品이 있음을 강조하여 우파니샤드的인 바라문思想에 接近하고 있는 것이다. 뿐만 아니라 종래의 無我說 anātman을 지키면서도 輪廻의 主體로서 阿賴耶識 ālaya-vijñāna이라는 存在를 設定하여 人格의 연속성을 보장하며 業報를 설명하려고 꾀했다. 이러한 새로운 사상들을 더욱더 철학적으로 발전시키며 理論化한 사람들이 瑜伽行派 Yogācāra의 哲學者들로서, 彌勒尊子 Maitreyanātha, 無著 Asaṅga, 世親 Vasubandhu의 思想은 大乘敎學의 극치를 이룬다. 우선 그들의 哲學을 고찰하기 전에 이 시기에 형성된 주요 경전의 내용을 좀더 자세히 검토해 보자.

2 唯識思想 系統의 經典

1 『解深密經 Samdhinirmocana-sūtra』

이 經은 唯識思想系統의 경전으로 가장 중요한 것이다. 『解深密經』은 매우 체계적이고 이론적인 經典으로서 經이라기보다는 論에 가까운 經典이다. 이 經의 梵語 原本은 남아 있지 않으나 티벳語譯本이 있으며 漢譯本으로서 菩提流支譯(514년)과 玄奘譯(647년)이 남아 있다. 이 經의 〈勝義諦相品〉은 般若經典의 般若思想에 입각하여 勝義諦, 즉 眞諦 paramārtha-satya의 다섯 가지 면을 說하고 있다. 勝義諦는 有爲無爲의 二相이 없으며, 一切의 名言을 떠난 相, 尋思를

150

초월하는 相, 諸法과의 一異性을 초월한 相, 一切에 遍在하는 一味相의 四相을 가지고 있다고 한다. 또 〈一切法相品〉과 〈無自性相品〉도 空思想에 입각하여 諸法의 實相을 三相 trilakṣaṇa과 三無自性의 이론으로 說明하고 있다. 三相이란 妄情에 의한 言說 vyavahāra과 假名 prajñapti 때문에 諸法의 名稱들을 設定하고 執着하는 遍計所執相 parikalpita-lakṣaṇa, 十二支緣起에서 보여 주는 것과 같이 諸法이 緣에 의하여 生起하는 依他起相 paratantra-lakṣaṇa, 그리고 一切法의 平等한 眞如의 모습인 바 圓成實相 pariniṣpanna-lakṣaṇa을 말한다. 三無自性이란 三相에 各各 해당하는 진리로서 遍計所執의 相은 自性 svabhāva이 없다는 相無自性, 依他起相에 의하여 生起하는 것은 自性이 없다는 生無自性, 그리고 諸法이 본래 無自性이라는 勝義無自性을 말한다.

이상과 같은 이론은 모두 空, 즉 一切諸法皆無自性의 진리를 세 가지 측면에서 말한 것뿐이다. 그러나 『解深密經』은 이렇게 空의 진리를 더 자세히 밝혔다고 하여 스스로를 佛陀의 가르침을 充分히 드러낸 了義 nītārtha經으로 간주하고 般若經典이나 小乘經典은 不了義 neyārtha經으로 본다. 따라서 『해심밀경』은 佛陀의 說法(轉法輪)에 三時가 있었음을 말한다. 첫번째 轉法輪은 聲聞乘을 위하여 四諦의 相을 說하였고, 두번째는 大乘에 나아가는 者들을 위하여 一切諸法無自性에 근거하여 隱密의 相을, 그리고 세번째로 一切乘에 나아가는 者를 위하여 같은 一切諸法無自性에 의거하면서도 顯了의 相을 說했다는 것이다. 顯了의 相이란 般若經典과 같이 諸法의 實相을 단지 空으로만 說하지 않고 이 空의 裏面에 숨어 있는 相을 적극적으로 드러냈다는 것을 의미한다. 『解深密經』을 所依經典으로 하는 法相宗에서는 이와 같은 說에 근거하여 小乘과 中觀과 瑜伽를 각각 有와 空과 中을 가르치는 哲學으로 敎相判釋을 하는 것이다.

그러나 唯識經典으로서의 『解深密經』의 意義는 이러한 三相이나 三無自性 등의 이론뿐만 아니라 〈心意識相品〉이나 〈分別瑜伽品〉과 같은 곳에 나타나 있는 識 vijñāna의 이론에서 발견된다. 〈心意識相品〉의 心은 一切種子識으로서 阿賴耶識 ālayavijñāna이라 부른다.

이 識이 갖고 있는 種子의 發育에 의하여 身心環境의 世界가 전개
된다는 것이다. 이 識은 一切의 種子를 執持하고 있고 우리의 감각
기관과 몸 등 一切를 유지하고 있기 때문에 執持識 ādānavijñāna이
라고도 부른다. 이렇게 우리의 日常的인 경험의 세계를 아라야識의
顯現으로서 보는 것을 아라야識緣起說이라 한다. 그러나 『解深密
經』에는 아직도 이 아라야識說이 唯識無境의 사상, 즉 대상세계의
실재성을 부정하는 이론과 분명하게 직결되어 있지는 않고, 業報에
의하여 현상세계를 설명하는 業感緣起論的인 관점에서 다루어지고
있다. 즉 아라야識의 개념은 무엇보다도 小乘佛敎哲學에서부터 계
속적으로 문제되어 온 業의 所在와 輪廻의 主體의 문제에 대한 決
定的인 答으로서 등장하게 된 것이다.

〈心意識〉의 〈意識 mano-vijñāna〉은 정신적인 현상을 대상으로 하
여 分別作用을 하는 識으로서 唯識哲學의 八識說에서 第六識에 해
당한다. 『解深密經』에는 아직도 第七識 즉 末那識 manas의 개념은
발견되지 않는다.

한편 『解深密經』에서 萬法唯識의 思想이 分明히 나와 있는 곳은
〈分別瑜伽品〉으로서, 미륵보살과 불타와의 문답 가운데서 불타는 다
음과 같은 要旨의 說法을 한다. 즉 三摩地 samādhi(三昧)와 毘鉢舍
那 vipaśyanā(觀)를 행할 때 나타나는 影像은 心과 다를 바 없다. 왜
냐하면 그 影像은 단지 識뿐이므로 vijñapti-mātra; ideation-only 識
vijñāna의 所緣 ālambana(대상)은 단지 識에 의하여 나타나는 것뿐이
다. 이와 같이 影像과 心이 다를 바 없다면 결국 心이 心을 보는
것에 지나지 않는 것이다. 마치 거울에 얼굴을 비추고서 얼굴의 影
을 본다고 말하지만 얼굴을 떠나 影이란 것이 따로 있는 것이 아님
과 마찬가지라 한다. 以上과 같은 影像의 唯識에 관한 說法에서 우
리가 알 수 있는 것은 唯識思想은 본래 止觀, 즉 요가 yoga의 修行
과 體驗에 기초하고 있다는 사실이다. 그렇기 때문에 唯識哲學을
瑜伽行 yogācāra의 哲學이라 부르는 것이다.

2 『阿毘達磨經 Abhidharma-sūtra』

이 經은 現存하지는 않지만 唯識系統의 經으로서 중요한 것이었

음을 다른 문헌들을 통해서 알 수 있다. 特히 無著의 『攝大乘論』은 이 經의 『攝大乘品』을 해석한 것이라고 한다. 그러나 이 經이 現存하지 않기 때문에 확실한 것은 알 수 없다. 經의 제목 자체가 말해주듯이 매우 체계적이고 教學的인 경전이었음을 추측할 수 있다. 당시의 시대적인 특징이라 할 수 있다.

3 如來藏思想 系統의 經典

後期大乘經典들 가운데서 唯識思想을 說하는 경전들과 더불어 또 하나의 部類를 형성하고 있는 것은 如來藏 tathāgatagarbha思想을 중심으로 하는 경전들이다. 如來藏思想의 근본은 一切의 衆生들의 마음은 본래 淸淨하여 누구나 다 修行을 하면 成佛할 수 있다는 것으로서, 이러한 思想은 小乘經典들 가운데서도 이미 찾아볼 수 있다. 特히 우리가 이미 고찰한 대로 大衆部는 이것을 하나의 根本的 教說로 내세웠던 것이다. 이러한 思想은 大乘佛教에 의하여 계승되고 발전되어서 『涅槃經』과 같은 大乘經典에서는 〈一切衆生悉有佛性〉이라는 佛性의 思想으로 나타나는 것이다. 如來藏思想은 이와 같은 思想的 흐름의 結晶으로서 如來藏 계통의 경전들은 이 여래장의 개념을 理論化하고 발전시킨 경전들인 것이다. 〈如來藏〉이란 말의 梵語는 〈tathāgatagarbha〉, 즉 〈如來의 胎〉라는 뜻으로서 衆生들은 그 안에 如來를 키우는 胎와 같다는 것이다. 그러나 이러한 본래적인 의미가 나중에는 여러 가지로 확대되어 해석이 되었다. 『佛性論』에 의할 것 같으면 如來藏의 『藏』의 개념에 三種의 뜻이 있다고 한다. 즉 所攝藏과 隱覆藏과 能攝藏의 뜻을 말한다. 所攝藏은 一切衆生이 如來의 智에 의하여 攝藏된다는 뜻이고, 隱覆藏은 가리우고 감추어졌다는 뜻의 〈藏〉으로서 如來가 煩惱 때문에 衆生 속에 가리워져 있다는 것을 말하며, 能攝藏은 衆生이 본래부터 佛位에 도달했을 때에 얻어지는 모든 功德을 攝藏하고 있다는 뜻이다. 우리가 이제 고찰할 如來藏思想 系統의 經典들은 주로 두번째와 세번째의 의미로서 여래장을 說하고 있으며 첫번째의 뜻은 어디까지나 하나의 自由스러운 해석으로 간주되어야 할 것이다.

1 『大方等如來藏經』

如來藏思想系統의 經典 가운데서 제일 먼저 형성된 것은 『大方等
如來藏經』이다. 이 經은 一切衆生은 그 안에 如來를 藏하고 있는
如來藏 tathāgatagarbha이라고 한다. 如來는 智慧와 如來의 눈을 갖
고서 無量의 煩惱에 감싸여 있는 衆生들의 내부에 자기와 똑 같은
지혜와 눈을 가진 如來가 坐禪하고 있는 것을 본다고 말한다. 이와
같은 진리를 듣고서 修行하는 보살은 번뇌로부터 해방되어 如來가
된다고 한다. 衆生 안에 들어 있는 如來를 如來藏經은 〈如來智〉, 〈如
來知見〉, 〈如來法性〉, 〈如來의 種姓〉, 〈法藏〉, 〈智藏〉, 〈如來身〉 等
의 여러 이름으로 부른다. 그리고 이와 같이 如來를 藏하고 있는 衆
生의 모습을 〈시들은 蓮華 중의 佛〉, 〈群蜂 중의 美蜜〉, 〈貧賤한 女
子가 懷妊한 轉輪王〉 等의 9가지 비유로 설명하고 있다. 이 모든
비유는 人間은 누구나 다 如來가 될 가능성을 지닌 존재라는 것을
말하여 주고 있는 것이다.

2 『不增不減經』

이 經의 주요 내용은 衆生界가 곧 法界이며 衆生의 깨달음의 增
減에 관계없이 衆生界와 法界는 增減이 없다는 것이다. 이 衆生界,
즉 중생의 본질은 如來藏이고 如來의 法身이다. 그리고 이 如來藏
이 無量의 번뇌에 감싸여 있는 것을 중생이라 부르며, 世間을 멀리
떠나서 菩提行을 닦을 때에는 보살이라 부르고, 一切의 번뇌를 떠
나 淸淨해질 때에는 如來라 부른다고 한다. 『如來藏經』이 여래장을
衆生과 同一視하는 반면에 『不增不減經』은 여래장을 衆生界, 즉 衆
生의 본질(性 dhātu)과 동일시하고 있다. 따라서 이 때의 〈여래장〉
의 뜻은 如來를 藏한다는 뜻이라기보다는 如來의 精髓, 혹은 法身
의 뜻으로 이해되는 것이다.

3 『勝鬘經』

이 經의 주인공은 승만 Śrīmālā 夫人으로서 『維摩經』과 같이 在家
佛敎의 대표적인 경전이다. 『승만경』은 法身이 번뇌에 의하여 감싸
여 있을 때를 如來藏이라 부른다고 한다. 여래장은 苦를 싫어하고

열반을 구하는 菩提心이라고 한다. 그리고 여래장에 不空如來藏과 空如來藏의 二義의 구별을 하고 있다. 前者는 如來의 智와 不可分的인 여러 德性을 갖춘 여래장을 말하고 後者는 如來의 智와 거리가 먼 번뇌가 본래적으로 없는 여래장을 의미한다.

4 『涅槃經』

이 經의 주제는 佛陀가 入滅할 즈음에 임하여 涅槃에 드는 것처럼 보이는 것은 方便에 불과하며 사실 如來는 常住不變하는 法身이며 열반은 常樂我淨의 四波羅密을 갖추어 있다는 것이다. 一切衆生이 여래장이라는 사상을 『열반경』은 一切衆生이 佛性을 가지고 있다는 것으로 表現하고 있다(一切衆生悉有佛性). 열반을 常, 樂, 淨으로 이해하는 것은 소승불교경전에서도 찾아볼 수 있는 것이지만 我 ātman의 개념을 적용하는 것은 無我 anātman說에 정면으로 대립되는 것으로서 분명히 佛陀의 본래의 가르침에 배치되는 思想이라 할 것이다. 그럼에도 불구하고 『열반경』은 大乘의 法身思想과 佛性論的 思想을 배경으로 하여 대담하게 열반을 〈我〉로 규정하고 있는 것이다. 결국 우파니샤드的인 사상에 매우 가까이 접근하고 있는 것이다.

4 『楞伽經』과 『大乘起信論』

『楞伽經』과 『大乘起信論』은 後期大乘經典들 가운데서도 가장 늦게 형성된 것으로 간주되는 것으로서 思想的으로도 이들은 아라야識緣起說의 唯識思想과 如來藏思想을 融和시키는 특징을 갖고 있다.
『楞伽經』은 443年의 宋譯本이 있으므로 늦어도 4세기 末頃에는 成立되어 있었음을 추측할 수 있다. 『楞伽經』도 역시 아비달마 abhidharma的인 경전으로서 당시에 유행하고 있던 諸種의 大乘思想들을 거의 다 포함하고 있다. 따라서 經의 내용이 번잡하고 때로는 相互矛循的이기도 하다. 『楞伽經』은 스스로의 중요한 내용을 五法, 三自性, 八識, 二無我로 규정하고 있다. 〈五法〉이란 名 nāman, 相 nimitta, 妄想 vikalpa, 聖智 samyag-jñāna, 如如 tathatā를 말하고, 〈三

自性〉이란 妄想自性, 緣起自性, 成自性(分別性, 依他性, 眞實性)을 뜻한다. 五法 中에서 名과 相은 妄想自性에 해당하고, 妄想은 緣起自性, 聖智와 如如는 成自性에 상응한다. 〈八識〉은 아라야識, 意 manas, 意識 mano-vijñāna 및 眼, 耳, 鼻, 舌, 身의 五識을 말하고 〈二無我〉는 人無我와 法無我를 뜻한다.

『楞伽經』의 思想史的 意義는 무엇보다도 아라야識과 如來藏 tathāgatagarbha을 同一視하는 데에서 발견된다. 본래 아라야識은 生死의 世界를 現成하는 妄識이었으나 『楞伽經』은 이것을 如來藏과 同一視하므로 諸法은 곧 여래장의 顯現으로 간주되는 것이라. 즉 아라야識緣起說이 如來藏緣起思想으로 바뀌게 된 것이다. 이 經의 비유적인 설명대로 깊은 바다와 그 위의 물결은 결국 같은 것으로서 生滅의 世界 自體가 곧 眞如의 나타남이라는 사상이다. 그러나 다른 한편으로는 『楞伽經』은 아라야識이 단순히 自性淸淨心인 如來藏이 아니라 眞妄和合의 二重性을 가지고 있음도 누차 說하고 있다.

위와 같은 『楞伽經』의 思想과 軌를 같이하여 如來藏緣起 혹은 眞如緣起를 論하고 있는 것이 『大乘起信論』이다. 『起信論』은 眞如와 生滅을 같은 一心(衆生心)의 兩面으로 본다. 一心法界의 無差別相은 眞如이며 一心法界의 差別相은 生滅의 世界인 것이다. 이 差別相으로서의 一心法界(心生滅)가 곧 如來藏自性淸淨心이며 아라야識이라고 한다. 아라야識은 生滅과 不生滅이 和合하여 非一非異한 양상이며 淨과 染, 覺과 不覺을 포함하는 眞妄和合의 識이라고 『起信論』은 말한다. 아라야識의 不覺에 의하여 染緣起인 隨緣流轉의 生死의 세계가 전개되며, 아라야識의 覺으로 인하여 淨緣起인 反流還滅의 涅槃의 世界가 可能한 것이다.

✽참고문헌

Hakeda, Y.S., trans., *The Awakening of Faith.* New York, 1967.

Lamotte, E., trans., *Sandhinirmocanasūtra, L'Explication des mystères.* Louvain and Paris, 1935.

Ruegg, D.S., *La theorie du tathāgatagarbha et du gotra.* Paris, 1969.

Suzuki, D. T., *Studies in the Laṅkāvatāra Sūtra*. London, 1930.

————, trans., *The Lṅkāvatāra Sūtra*. London, 1932.

Wayman, Alex & Hideko, trans., *The Lion's Roar of Queen Śrīmālā: A Buddhist Scripture on the Tathāgatagarbha Theory*. New York, 1974.

平川, 梳山, 高崎編, 『如來藏思想』, 『講座・大乘佛教』 6.

————, 『唯識思想』, 『講座・大乘佛教』 8.

宇井伯壽, 『大乘佛典の研究』, 『佛教經典史』

————, 『寶性論研究』

————, 譯註 『大乘起信論』

高崎直道, 『如來藏思想の形成』

平川　彰, 『大乘起信論』 『佛典講座』 22.

제 13 장 瑜伽行哲學

1 瑜伽行哲學의 傳統

瑜伽行哲學은 中觀哲學과 더불어 印度의 大乘佛敎哲學의 兩大山脈을 이루는 哲學이다. 瑜伽行哲學은 龍樹에 의하여 확립된 中觀哲學의 眞理에 대한 否定的 接近方式에 만족하지 않고, 空思想을 받아들이면서도 이에 대한 새로운 해석과 이론을 전개한다.

우리가 日常的으로 經驗하는 事物들이 自性이 없이 정녕 空이며 순전히 우리의 마음에 의하여 構想되거나 造作된 것이라면, 결국 이들 事物들은 우리의 識 vijñāna에 의존하고 있는 것이 아닌가? 그렇다면 이 識을 떠나서 그들이 客觀的 實在로 存在하는 것이 아니며, 꿈에서와 같이 그들은 오히려 意識의 投射에 지나지 않는 것이다. 이와 같은 관점아래 瑜伽行哲學은 存在를 認識으로 還元하는 哲學을 전개한 것이다.

瑜伽行哲學의 根本思想은 우리가 前章에서 고찰한 經典들, 特히 『解深密經』에 發見되지만, 그것이 組織的으로 體系化되어 학파를 이루게 된 것은 서력기원 4세기 初의 인물로 추정되는 彌勒 Maitreya (약 270~350년경) 尊子로부터이다.   그는 『瑜伽師地論 Yogācārabhū-mi』,『大乘莊嚴經論 Mahāyānasūtrālaṁkāra』,『中邊分別論 Madhyānta-vibhāga』,『法法性辨別論 Dharmadharmatāvibhaṅga』,『現觀莊嚴論 Abhi-samayālaṁkāra』, 『金剛般若經釋論(七十頌) Kārikā-saptati』 등의 중요

한 論書들을 저술했다. [1] 『瑜伽師地論』은 瑜伽行哲學의 기본서로서
『瑜伽師地論』이라는 이름은 이 책의 처음의 〈本地分〉에서 요가行者
가 수행해야 하는 17개의 명상단계를 설명하는 데서 비롯된 것으로
서 瑜伽行 Yogācāra이라는 말도 여기서 유래한 것이다. [2] 『瑜伽論』
은 唯識思想과 如來藏思想에 입각해 요가의 수행에 철학적인 기초
를 제공해 주고 있다. 여기서 우리가 알 수 있는 것은 唯識說은 요
가의 수행이라는 실천적 기반을 가졌다는 점이다. 〈攝決擇分〉에는
아라야식의 존재의 증명과 그 성격을 규정하며 阿賴耶識 緣起說에
입각한 唯識思想이 취급되고 있다. 『大乘莊嚴經論』, 『中邊分別論』,
『法法性辨別論』은 유식사상을 조직적으로 설명하는 論書들이다.
　彌勒尊子의 뒤를 이어 유식사상을 크게 발전시킨 사람은 無著
Asaṅga(310∼390년)과 그의 동생 世親 Vasubandhu이다. 無著은 처음
에 소승교단에 출가했으나 나중에 미륵존자를 만나서 대승불교로
전향했다고 한다. 그의 저서로서는 『順中論』, 『顯揚聖教論』, 『大乘
阿毘達磨集論』, 『攝大乘論』 등이 있으나 철학적으로 가장 중요한
것은 『攝大乘論』이다. 『攝大乘論 Mahāyāna-saṁgraha』은 『大乘阿毘
達磨集論』이나 彌勒의 『大乘莊嚴經論』에 의거한 論書로서 唯識哲學
에 입각하여 대승불교의 특성을 10개 항목으로 논하는 체계적인 저
술이다. 첫째 항목은 〈所知依分〉으로서 앎의 대상, 즉 諸法이 依持
하는 바로서의 아라야識 ālayavijñāna에 관한 것이고, 둘째는 〈所知
相分〉으로서 諸法의 實相인 三性說 trisvabhāva을 論하고 있다. 즉
遍計所執性 parikalpita-svabhāva, 依他起性 paratantra-svabhāva, 圓成
實性 pariniṣpanna-svabhāva의 三性이다. 세째 항목은 〈入所知相分〉
으로서 唯識 vijñapti-mātratā의 진리에 들어가는 實踐을 다루며, 네
째 〈彼入因果分〉은 들어감의 因과 果로서 보살의 六波羅密多에 관
한 章이다. 다섯째 〈彼修差別分〉은 위의 修行의 等級으로서 보살의
十地 daśabhūmi를 論한다. 여섯째 〈增上戒學分〉은 위의 修行 가운데
서 보살의 戒律에 관하여 논하며 일곱째 〈增上心學分〉은 보살의 禪

---

1) Tibet 傳統에 의하면 Maitreya는 『究竟一乘寶性論 Mahāyāna-uttaratantra-śā-
　stra』도 썼다고 한다.
2) 〈瑜伽師〉란 말은 玄奘이 〈yogācāra〉라는 말을 〈yogācārya〉라고 誤認하여 번역
　한 데서 由來한 것이다.

定을 다룬다. 여덟번째 항목은 〈增上慧學分〉으로서 無分別智 nirvi-kalpa-jñāna의 修行을 취급한다. 아홉째는 〈果斷分〉으로서 이상의 修行의 결과로서 얻게 되는 보살의 無住處涅槃을 논한다. 無住處涅槃이란 小乘의 열반과는 달리 보살들이 얻는 열반으로서, 모든 煩惱 kleśa로부터 자유로운 상태이기는 하나 生死의 世界와 絕斷되지 않고 慈悲 가운데서 모든 衆生을 위하여 활동하고 있는 상태의 열반을 말한다. 마지막으로 『攝大乘論』은 〈彼果智分〉에서 佛의 三身 trikāya을 論하고 있다. 唯識思想을 직접적으로 취급하고 있는 것은 〈所知依分〉과 〈所知相分〉이며 나머지는 修行과 그 결과에 관한 것이다.

2 世親의 唯識哲學

彌勒尊子와 無著의 唯識思想을 더욱 더 발전시키고 완성시킨 사람은 無著의 동생 世親 Vasubandhu이었다. 그의 年代에 관하여는 논란이 많으나 대략 4~5세기의 人物로 추정된다.[3] 世親도 역시 처음에는 소승을 공부하여 『俱舍論』과 같이 小乘敎學의 名著을 냈지만 그의 형 無着의 영향을 받아 대승으로 轉向하였다고 한다. 그는 彌勒과 無著의 대부분의 저서들에 주석을 썼으며 『法華經』, 『無量壽經』, 『十地經』 등의 대승경전의 해석서도 썼다. 한편 독자적인 저술로서 『大乘成業論』, 『佛性論』, 『唯識二十論』, 『唯識三十頌』 등을 저술했으며, 『唯識二十論 Viṁśatikā』과 『唯識三十頌 Triṁśikā』은 그의 유식사상을 단적으로 보여주는 저서로서 唯識哲學 연구에 매우 중요한 저서들이다. 따라서 이 두 論을 중심으로 하여 唯識哲學의 근본을 살펴보기로 한다.

識 vijñāna 혹은 心 citta의 重要性은 처음부터 불교사상에서 인정되어 왔다. 識은 五蘊 가운데 하나이고, 十二支緣起說에서 第三의 요소로서 人間의 輪廻과정 속에서 前生과 後生을 이어 주는 중요한 요소인 것이다. 阿含經典에도 〈心은 法의 根本이다〉라고 말하는가

---

3) 이 문제에 관하여 S. Dutt, *Buddhist Monks and Monasteries of India* (London, 1962) pp. 280~85 참조. 문제의 핵심은 『俱舍論』의 著者 世親이 大乘의 唯識論師 世親과 同一人인가 아니면 同名二人인가이다. 여기서는 前者를 따른다.

하면[4] 또 〈心이 더럽기 때문에 衆生이 더럽고, 心이 깨끗하기 때문에 衆生이 깨끗하다〉라고 말하고 있다[5]. 또한 相應部經典 Saṁyutta Nikāya에도 〈世間은 마음에 의하여 이끌리고 마음에 의하여 惱亂되나니, 마음이 무엇보다도 모든 것을 從屬시킨다〉[6]라는 말을 찾아볼 수가 있다.

우리가 이미 고찰한 대로 經量部의 哲學에서는 一味蘊이라 하여 一種의 미세한 識을 種子識으로 삼아 윤회의 主體로 간주하는 것을 우리는 보았다. 뿐만 아니라 『華嚴經』의 〈十地品〉가운데도 三界唯心의 사상, 즉 이 세계는 오로지 心 citta, vijñāna(識)뿐이라는 사상이 발견되는 것도 언급했다. 唯識哲學은 이러한 깊은 뿌리를 가진 사상으로서 『解深密經』, 彌勒, 無著 등에 의한 이론적 발전을 거쳐서 世親에 와서 일단 그 絶頂을 이루게 된 것이다.

우선 世親의 學說을 논하기 전에 〈唯識〉이라는 말부터 明確히 해 둘 필요가 있다. 〈唯識〉에서 〈識〉이란 梵語로 〈vijñāna〉나 〈vijñapti〉를 번역한 말이다. 〈Vijñāna〉란 말은 주로 의식 혹은 인식의 作用 그 自體를 말하며 그것이 어느 감각기관에 의존하여 생기는가에 따라서 眼識, 耳識, 意識 등이 되는 것이다. 따라서 〈vijñāna〉란 말은 단지 識 自體를 의미하기도 하고 어떤 대상을 내용으로 하는 識을 의미하기도 한다. 〈唯識〉의 〈識〉을 〈vijñāna〉로 이해하면 〈唯識〉이란 말은 〈三界唯心〉이라고 할 때처럼 三界는 오로지 識에 依存하고 있다는 뜻이다. 이런 뜻에서 唯識 vijñna-mātrátā哲學은 唯心 citta-mātratā의 哲學이라 부른다. 물론 唯識哲學에서 말하는 識이란 우파니샤드나 베단타哲學에서 말하는 아트만 ātman과 같은 識 cit를 뜻하는 것이 아니라 항시 변하고 있는 흐름 saṁtāna으로서의 識을 뜻할 뿐이다. 다른 한편으로, 識은 〈vijñapti〉를 번역한 말로서 〈vijñapti〉란 인식되어진 것, 인식의 내용, 혹은 表象 Vorstellung;

---

4) 『大正新修大藏經』Vol. 1, p. 827b, 〈心爲法本〉

5) 『上同』, p. 69c, 〈心惱故衆生惱 心淨故衆生淨〉

6) Mrs. R. Davids, trans., *The Book of the Kindred Sayings* (*Saṁyutta-Nikāya*), Part I, p. 55 : 〈Its thoughts are that whereby the world is led, And by its thoughts it ever plagues itself, And thought it is above all other things That bringeth everything beneath its sway.〉여기서 〈thought〉는 〈citta (心)〉를 번역한 말이다.

representation, ideation을 의미한다. 이 때의 〈唯識 vijñapti-mātratā〉
이란 唯識無境, 즉 우리가 보통 인식의 대상(境)으로 여기고 있는
것은 객관적 실재가 아니라 마음에 나타난 表象뿐이라는 主觀的 觀
念論의 진리를 말하는 것이다. 이것이 〈唯識〉의 보다 일반적인 뜻
이다. 그러나 이상과 같은 〈vijñāna〉와 〈vijñapti〉의 區別은 언제
나 明確한 것은 아니다.

　世親의 『唯識二十論 Vimśatikā』은 주로 해서 唯識無境을 해명하는
논서이다. 만약에 事物들이 우리의 표상이나 관념을 떠나서 따로
존재하는 것이 아니라면, 어떻게 하여 우리는 사물의 時間的 空間
的 區別을 설명할 수 있으며, 어떻게 우리는 同一한 대상을 인식할
수 있으며 또한 대상에 따라서 취하는 성공적인 행위들을 설명하겠
는가라는 질문으로 『唯識二十論』은 시작한다. 世親은 이 문제를 꿈
의 현상에 비교하여 대답한다. 즉 꿈과 같이 깨어나고 보면 허망한
것에서도 우리는 위의 네 가지 현상을 다 경험하기 때문에 그런 현
상들은 결코 外境의 實在性을 보장해 주지 못한다는 것이다. 또한
惡業으로 인하여 지옥에 떨어진 자들은 거기서 지옥의 문지기들을
보는데 문지기들은 지옥의 고통을 체험하지 않는고로 客觀的인 存
在일 리가 없다. 따라서 그들은 지옥에 가는 자들의 나쁜 業의 결
과로서 나타나는 존재들인 것이다. 그런데 業이 남긴 힘 혹은 習氣
vāsanā란 識 안에 존재하는 것인 반면, 사람들은 業의 결과는 識 밖
에 존재한다고 잘못 생각한다는 것이다. 이것은 그럴 수가 없으며
따라서 행위의 習氣나 결과도 모두 識 안에 존재할 수밖에 없는 것
이라고 世親은 주장한다. 佛陀가 마치 認識에 內的 그리고 外的 根
據가 있는 것처럼 얘기한 것은 衆生의 敎化를 위한 것이며 사실은
認識은 識 自體의 種子로부터 발생하는 것으로서 主體(自我)와 客體
는 다 識의 나타남에 지나지 않는다는 것이다.

　『唯識二十論』은 주로 唯識無境에서 〈無境〉의 면에 역점을 두고
있다. 따라서 이 論은 어떻게 客觀的으로 존재하지 않는 대상이 존
재하는 것처럼 보이는가라는 唯識 vijñapti-mātratā의 구체적 메카니
즘은 밝히지 않고 있다. 이 唯識의 理論을 전개한 것이 世親의 『唯
識三十頌 Trimśikā』이다.

이 論의 初頭에서 世親은 唯識說의 핵심을 一頌으로 제시해 주고
있다 :

由假說我法 有種種相轉
彼依識所變 此能變唯三

ātmadharmopacāro hi vividho yaḥ pravartate
vijñānapariṇāme 'sau pariṇāmaḥ sa ca trividhā

　　이것을 번역하면 :〈我와 法과 같은 種種의 假說은 識의 轉變에
依하나니, 이 轉變은 三種이다〉라는 뜻이다. 여기서 我 ātman와 法
dharma은 主體와 客體의 世界를 지칭하는 것으로서 그들은 순전히
假說 upacāra, 즉 方便上 임시로 設定된 개념들로서 無知로 인한
妄分別의 所産 parikalpita이라는 뜻이다. 그리고 이러한 我와 法이
라는 허구적인 존재는 識 vijñāna의 轉變 pariṇāma에 의거하고 있다
고 한다. 여기서 우선 唯識哲學은 種種의 假說을 단지 허구나 空이
라고만 하지 않고 그러한 非存在들이 識이라는 어떤 存在에 의거하
고 있음을 주장하고 있는 것이다. 그리고 이 能變의 識에는 三種이
있다고 한다. 여기서 우리는 唯識의 八識說에 접한다.
　　識의 第一轉變에 의하여 第八識인 阿賴耶識 ālayavijñāna 혹은 異
熟識이 成立한다.〈아라야 ālaya〉라는 말은 藏, 즉 창고라는 말로서
이 識이 그 안에 業에 의하여 熏習된 習氣 vāsanā, impressions들을
種子의 형태로 저장하고 있기 때문에 藏識이라고 부르는 것이다.
혹은 우리의 業의 結果(熟 vipāka)라고 하여 異熟識이라고도 불리
며,7) 나머지 모든 識들의 根本이 되기 때문에 根本識이라고도 한
다. 이로부터 다른 모든 識들이 마치 大海上의 波浪과도 같이 轉變
에 의하여 일어나기 때문이다. 아라야識의 轉變이란 아라야識 안에
저장되어 있는 種子들이 發芽하고 成熟하여 나타나게 되는 諸識의
分別作用을 말하는 것으로서, 이것이 다름아닌 우리의 日常的 經驗
의 세계인 것이다. 이와 같이 아라야識內에 潛在해 있던 種子들이

---

　　7)〈異〉란 말은 우리의 行爲는 善・惡의 구별이 있지만 果報로서의 아라야識 자체는
　　非善・非惡의 無記로서 異類임을 나타내는 말이다.

現勢化하여 나타나는 識들을 轉識 pravṛtti-vijñāna이라 부르며 이와
더불어 現象世界가 나타나는 것을 現行이라 한다. 主體와 客體, 認
識하는 者와 認識되는 것, 身體와 環景, 이 모든 것이 아라야識의
轉變에 의하여 나타나는 현상일 뿐이라는 것이다. 이렇게 顯現된
세계에 근거하여 우리는 業을 짓고 業은 또다시 種子들을 熏習하여
阿賴耶識에 저장되게 된다. 어떤 種子들은 현현되지 않고 종자로서
남아 있으면서 서로 自流相續을 하게 된다. 이상과 같은 관계들을
말하여 唯識學에서는 〈種子生現行, 現行熏種子, 種子生種子〉라 한
다. 阿賴耶識은 흐르는 물과 같이 항시 변천하면서 輪廻의 主體를
이루는 存在이다. 아라야식은 항시 활동을 하고 있으나 아무런 구
체적인 인식작용도 하지 않는다. 아라야식 자체는 煩惱에 덮여 있
지도 않고(無覆) 善과 惡에 대하여 中性的인(無記) 존재이나, 아라
야識 內에 있는 種子들은 善惡의 구별이 있다고 한다.

　아라야識의 活動과 함께 第七識인 末那識 manas도 작동하게 된
다. 이것이 識의 第二轉이다. 末那識은 思量 manana을 위주로 하는
思量識으로서 아라야識을 대상으로 하여 我執을 일으키며 항시 我
見 ātma-dṛṣṭi, 我癡 ātma-moha, 我慢 ātma-māna, 我愛 ātma-sneha의
四煩惱를 동반한다고 한다. 상키야哲學에 있어서 아함카라 ahaṁkāra
에 해당하는 개념인 것이다. 마나識은 아라야識과 같이 자나깨나
언제나 활동하고 있는 識으로서, 나머지 여섯 가지 識들에 統一性
을 부여하고 그들의 활동의 前提가 된다. 다른 여섯 가지 識들은
각각 개별적으로 활동하다가 중지하지만 마나識은 끊임없이 활동
하면서 인간의 정신활동의 연속성을 유지시켜 주는 深層的인 識인
것이다.

　第七識의 활동에 따라서 아라야識의 轉識인 나머지 六識도 作用
을 하게 된다. 이것이 識의 第三轉變인 것이다. 六識은 眼, 耳, 鼻,
舌, 身, 意의 六根에 의존하여 各各의 대상을 了別 viṣaya-vijñapti하
기 때문에 了別境識이라 부른다. 이 가운데서 처음 五識은 오직 각
각의 감각기관에 現存하는 대상들만을 아무런 思唯나 分別도 없이
知覺하는 데 비하여 第六識인 意識 mano-vijñāna은 精神的 현상들
(心所法들)뿐만 아니라 五識을 통하여 주어지는 대상들에 대하여도

分別과 執着을 한다. 그 뿐 아니라 意識은 現存하지 않는 대상에까지도 관여할 수 있다. 즉 과거의 경험을 기억하고 회상하기도 하며 아무런 대상이든 想像을 할 수도 있는 것이다. 唯識學에서는 意識이 五識과 함께 生起할 때를 五俱意識이라 부르며 意識이 그 自體만으로 단독으로 生起하는 경우를 獨頭意識이라 부른다.

이상과 같은 三種의 識轉變에 의하여 萬法이 顯現한다는 것이 唯識 vijñapti-mātratā의 理論이다. 그러나 이 唯識의 진리를 모르고 사람들은 我와 諸法에 대한 妄分別 vikalpa을 하고 執着을 하게 된다는 것이다. 이것을 事物의 遍計所執性 parikalpita-svabhāva, 즉 妄分別된 모습이라 부른다. 오직 識 vijñapti 뿐인 것을 객관적으로 實在하는 것처럼 생각한다는 것이다. 그러나 妄分別하는 識의 作用 자체들도 아라야識의 種子에 의존하는 依他的 存在인 것이다. 이것을 依他起性 paratantra-svabhāva, 즉 他의 因緣에 의존하는 모습이라 부른다. 그러나 바로 諸識의 依他起性을 깨닫는 순간 우리는 識의 本性 그 자체를 보고 있는 것이다. 모든 差別性과 主客의 分別과 對立을 초월한 眞如 tathatā 그 자체를 보는 것이다. 이것을 圓成實性 pariniṣpanna-svabhāva이라 부른다. 依他起性과 圓成實性은 같지도 않고 다르지도 않다고 한다. 依他起性을 바로 깨달으면 圓成實性을 깨닫는 것이 되고 그렇지 않으면 遍計所執性에 빠지기 때문이다. 이 三性 trisvabhāva의 진리를 다른 각도에서 볼 것 같으면 三無自性 trividhā niḥsvabhāvatā이 된다. 三性의 개념이 中觀派의 부정적 空思想을 넘어서서 實在觀을 적극적으로 표현한 것이라면, 三無自性은 空의 다른 표현이 된다. 즉, 分別된 相들은 空하기 때문에 相無自性이요, 緣起에 의하여 生起한 것은 空하기 때문에 生無自性이요, 諸法의 實相이 본래 空이기 때문에 勝義無自性인 것이다.

瑜伽行哲學도 說一切有部와 같이 諸法을 五位로 분류한다. 그러나 有部의 75法 대신 100法을 든다. 물론 瑜伽行哲學은 唯識思想에 입각하고 있기 때문에 諸法을 有部와 같이 實在的으로 보지 않고 識의 構想으로 볼 뿐이다. 그러나 修行의 목적을 위하여 諸法의 구별과 분류는 의미있는 것이다. 100法은 心法의 8개(즉 8識), 心

所法의 51개, 色法의 11개, 心不相應行法의 24개, 無爲法의 6개로
되어 있다.

〈瑜伽行 yogācāra〉이라는 말이 나타내듯이 唯識의 哲學은 단순히
이론적 사변에 의한 것이 아니라 요가의 修行을 통한 경험에 의거
한 것이다. 요가의 단계가 깊어짐에 따라 瑜伽行者는 唯識의 진리
를 깨달아 主體도 客體도 사라져 버린 상태에 도달한다. 모든 執着
과 迷妄으로부터 해방되며 그의 人格의 深層, 즉 아라야識 내에서
一種의 轉換이 일어나게 된다고 한다. 이것을 轉依 āśraya-parāvṛtti
라 부른다. 아라야識에 있는 有漏種子는 無漏의 種子로 바뀌게 되
며 煩惱가 바뀌어 涅槃을 證得하게 된다는 것이다.

＊참고문헌

Jacobi, H., trans., *Triṃśikāvijñapti des Vasubandhu mit Bhāṣya des
    Ācārya Sthiramati*. Stuttgart, 1932.

La Vallée-Poussin, L. de, trans., *Vijñaptimātratāsiddhi, La Siddhi
    de Hiuan-Tsang*. Paris, 1928–1929.

Lamotte, E., trans., *La Somme du grands véhicule d'Asaṅga (Mahā-
    yāna-saṃgraha)*. Louvain, 1939.

Levi, S., trans., *Mahāyāna-sūtrālaṃkāra, exposé de la doctrine du
    Grand Vehicule selon le système Yogācāra*. Paris, 1907–1911.

————, trans., *Materiaux pour l'Étude du Système Vijñaptimātra*.
    Paris, 1932.

Masuda, J., *Der individualistische Idealismus der Yogācāra-Schule;
    Versuch einer genetischen Darstellung*. Heidelberg, 1926.

Schott, M., *Sein als Bewusstsein: ein Beitrag zur Mahāyāna-Philoso-
    phie*. Heidelberg, 1935.

Wolff, E., *Lehre vom Buwusstsein*. Heidelberg, 1930.

水野弘元, 『パリ佛教を中心とした佛教の心識論』

勝又俊教, 『佛教における心識說の研究』

鈴木宗忠, 『唯識哲學概說』

————, 『唯識哲學研究』

宇井伯壽, 『瑜伽論研究』

————, 『攝大乘論硏究』

————, 『大乘莊嚴經論硏究』

————, 『四譯對照唯識二十論硏究』

————, 『安慧・護法唯識三十頌釋論』

山口 益 譯註, 『中邊分別論釋疏』

結城令聞, 『世親唯識の硏究』

제14장 世親 以後의 唯識哲學

1 陳那와 佛敎 認識論

唯識無境을 주장하는 唯識哲學은 자연히 認識의 문제를 佛敎哲學의 근본적인 관심사로 만들었다. 유식철학에서는 결국 存在論이 認識論이요, 認識論이 存在論인 것이다. 認識의 문제에 관한 관심은 世親의 哲學을 계승한 陳那(Dignāga; 5~6세기)에 와서 더욱 두드러지게 나타나 체계적인 佛敎認識論의 成立을 보게 되었다. 陳那의 著書로는 『觀所緣論 Ālambanaparīkṣa』, 『圓集要義論 Prajñāpāramitā-piṇḍārtha-saṁgraha』, 『掌中論 Hastavālaprakaraṇa』, 『集量論 Pramāṇa-samuccaya』이 있다. 『觀所緣論』은 唯識의 立場에 서서 認識의 대상을(所緣) 논하고 있고, 『圓集要義論』은 『小品般若經』의 空思想을 遍計所執性, 依他起性, 圓成實性의 三性에 의하여 해석하는 논서이다. 『掌中論』은 外境이란 識의 所現이며 三界는 假名뿐이라는 것을 論한다. 마치 사람들이 밧줄을 보고서 뱀이라 착각하듯이 外界가 虛妄한 것을 모르고 實有로 妄執하는 것과 같다고 설명하고 있다. 陳那는 『掌中論』과 『集量論』에서 이와 같은 唯識無境의 說을 뒷받침해 주는 特有의 認識論을 전개하고 있다.

陳那 당시에는 이미 印度의 各哲學學派들은 자기들의 形而上學的 견해들을 체계적으로 진술할 뿐만 아니라 그들의 입장을 認識論的 省察에 의하여 더욱 공고히 다지는 작업을 활발히 전개하고 있었다.

이러한 상황 가운데서 存在論을 認識의 문제로 대치한 唯識哲學이
認識論에 至大한 관심을 가진 것은 당연한 일인 것이다. 陳那는 唯
識哲學뿐만 아니라 佛敎의 근본적 세계관인 無我와 無常의 진리를
인식론적으로 옹호함과 동시에 正理學派와 미맘사 Mīmāṁsā 哲學의
이론들을 정면으로 공격했다. 이에 응하여 正理學派의 웃됴타카라
Uddyotakara는 그의 『正理評釋 Nyāya-vārttika』에서 正理哲學의 입장
을 옹호했으며 陳那의 說을 반박했다. 佛敎측에서는 法稱(Dharma
kīrti; 7세기)가 나와서 陳那의 認識論 및 論理學을 더욱더 조직적
으로 발전시킬 뿐 아니라 『集量論』의 주석서인 『量評釋 Pramāṇa-
vārttika』에서 웃됴타카라를 신랄하게 비판했다. 그는 또한 미맘사
學派의 이론도 공격하여 미맘사의 구마릴라 브핫따 Kumārila Bhaṭṭa
는 그의 *Śloka-vārttika*에서 이에 응수했다. 한편 9세기의 바챠스
파티미슈라 Vācaspatimiśra는 그의 『正理評釋解註』에서 陳那와 法稱
의 이론을 비판하며 正理哲學의 입장을 옹호했다. 正理, 미맘사,
베단타 等의 정통학파들의 도전하에 불교인식론을 끝까지 옹호한 자
는 8세기의 샨타락시타 Śāntarakṣita 寂護와 그의 제자 카말라쉴라
Kamalaśīla였다. 前者는 『眞理綱要 Tattvasaṁgraha』를, 그리고 後者
는 이에 대한 주석서를 써서 웃됴타카라와 구마릴라뿐만 아니라
당시의 모든 학파들을 論破하려고 하였다. 결국 그들은 티벳으로
망명할 수밖에 없었으며 그들은 인도불교에 있어서 마지막 巨匠들
이 되었던 것이다. 陳那에 있어서 시작된 佛敎와 正統 바라문哲學
學派들과의 논쟁은 인도철학사에 있어서 가장 흥미있고 중요한 논
쟁 중의 하나였다.[1] 이제 陳那와 法稱의 說을 중심으로 하여 佛敎
認識論의 대강을 살펴보기로 한다.

  본래 불교는 베다의 권위를 인정하지 않기 때문에 佛陀 자신으
로부터 비롯하여 오직 知覺 pratyakṣa과 推論 anumāna만을 인식의
정당한 방법으로 인정해 왔다. 이것은 陳那와 法稱에 와서도 마찬
가지로서 그들의 認識論의 기반을 이루고 있다. 따라서 그들의 佛

---

1) 正理哲學과 陳那에 의하여 대표되는 佛敎哲學과의 論爭에 관하여 B. K. Matilal의
   Epistemology, Logic, and Grammar in Indian Philosophical Analysis
   (The Hague, 1971) 참조.

敎認識論은 지각에 관한 이론과 추론에 관한 이론의 두 부분으로 구성되어 있다. 이 가운데서 推論에 관한 이론은 곧 因明學 hetuvidyā이라 불리는 佛敎論理學인 것이다. 우선 陳那와 法稱에 있어서 知覺에 관한 이론부터 먼저 고찰해 보자.

지각의 문제를 둘러싸고 인도철학에는 두 가지 근본적으로 대립되는 이론이 있다. 하나는 無形相認識論 nirākāra-vāda이요, 다른 하나는 有形相認識論 sākāra-vāda이다. 무형상인식론이란 우리가 外界의 事物을 인식함에 있어서 감각기관에 의하여 지각되는 形相 ākāra은 外部의 대상들 자체에 속한 것이며 지각활동은 그 형상을 반영하는 것뿐이라는 이론이다. 正理學派나 勝論哲學에서는 지각이란 自我 ātman가 내적, 외적 감각기관을 통하여 대상 artha과 접촉하는 것을 의미하며, 說一切有部에서는 감각기관과 대상과의 접촉을 말한다. 이에 반하여 유형상인식론은 지각이란 客觀的 世界를 직접 있는 그대로 인식하는 것이 아니고 다만 知覺像만을 상대로 인식한다는 것이다. 즉 내부세계에서 일어나고 있는 表象들만에 관계한다는 이론이다. 經量部와 唯識哲學은 이러한 이론을 따른다. 그러나 經量部가 외적 대상세계의 존재를 인정하는 반면에 唯識哲學은 그것을 인정하지 않는 것이다. 經量部에 의할 것 같으면 우리의 지각은 대상을 직접적으로 드러내는 것이 아니고 다만 마음속에 주어지는 像들에만 관여하지만, 이 像의 나타남의 근거로서 외부세계를 추리에 의하여 인정할 수 있다고 한다. 陳那를 중심으로 한 불교인식론자들은 한편으로는 唯識無境의 思想을 따르고 있으면서도, 다른 한편으로는 인식이론을 전개함에 있어서는 經量部의 學說을 方便上 받아들이고 있다. 그들은 또한 經量部에서 강조하고 있는 諸法의 순간성에 입각하여 知覺과 推論의 區別을 더욱더 날카롭게 했다.

지각이란 陳那에 의할 것 같으면 事物의 순간순간 不斷히 變하고 있는 그대로의 모습인 自相 svalakṣaṇa을 직관적으로 포착하는 것으로서, 어떤 개념적 판단 vikalpa도 개입되지 않는 인식의 양태이다. 推論은 이와는 달리 추상적인 개념을 매개로 하여 이루어지는 간접

적인 인식양태로서, 사물의 普遍相 sāmanyalakṣaṇa을 내용으로 하여
悟性의 개념적 構成 kalpanā 혹은 판단작용에 근거한 것이라고 한다.
自相이란 直觀像이고 普遍相이란 마음에 의하여 구성되고 分別되는
관념 혹은 개념인 것이다. 직관상이란 순간순간 변하고 있는 사
물의 實在의 모습을 순간적으로 드러내는 것임에 반하여 普遍相이
란 이러한 言表될 수 없는 流動的인 實在를 言語와 悟性의 分別作
用 vikalpa에 의하여 固定시킨 것이다. 우리는 이러한 分別作用에
의하여 순간적인 것들의 연속에 지나지 않는 사물들을 實體化하여
어떤 不變하고 安定된 것으로 착각하며, 그러한 人爲的이고 거짓된
세계에 安住하려고 한다는 것이다. 예를 들면 순간순간 변하고 있
는 불꽃의 양태들을 보면서 〈불꽃〉이라는 하나의 추상화된 개념으
로서 그것을 파악하고 있는 것과 같다는 것이다. 지각이란 바로 이
런 言語나 悟性의 활동에 의한 構成 kalpanā을 떠나서 순수하게 力
動的인 實在에 순간적으로 接하는 인식행위이다. 불교인식론은 따
라서 正理哲學과는 달리 知覺의 두 종류, 즉 無分別的 nirvikalpa 지
각과 分別的 savikalpa 지각의 구별을 받아들이지 않는다. 分別的 지
각이란 이미 言語와 思考作用이 개입된 것으로서 力動的인 實在를
포착하지 못하는 것이다.

陳那는 이상과 같은 認識理論에 의하여 言語의 意味에 관한 독특
한 견해를 폈다. 陳那에 의하면 말이란 우리의 마음에 의하여 構成
된 人爲的인 것으로서 普遍의 世界를 지칭하기 때문에 결코 순간적
特殊들의 연속인 實在의 세계를 지칭할 수가 없다. 實在란 言語의
彼岸에 있는 것이다. 그러나 陳那에 의하면 言語는 간접적인 방식
으로 實在를 드러낸다고 한다. 즉 개념이나 이름은 相對的인 것으
로서, 우리가 어떤 개념을 사용할 때는 그 개념은 그것과는 다른
모든 개념을 排除 apoha함으로써 간접적으로 한 特殊한 事物을 지
칭하게 된다는 것이다. 예를 들어 어떤 事物을 〈소〉라고 할 때는 그
것은 〈말〉 아닌 것, 혹은 소 아닌 어떤 것이 아닌 것임을 의미한다
는 것이다. 이렇게 하여 우리는 普遍的인 개념을 特殊한 事物의 지
칭을 위하여 使用할 수 있다는 것이다. 그리고 이러한 言語의 用法
은 결국 推論에 의거한 것이다.

　陳那는 이렇게 知覺 pratyakṣa과 悟性的 構成 kalpanā과를 일단 確然하게 구별하나, 다른 한편으로는 감각적 所與와 悟性的 構成과의 종합에서부터 오는 知識을 설명하기 위하여 兩者 사이에 어떤 中間的 혹은 媒介的인 존재를 인정해야만 했다. 그리하여 그는 所謂 精神的 知覺 mānasa-pratyakṣa; mental sensation이라는 것을 말한다. 정신적 지각이란 내적 감각기관인 意根 manas에 의한 지각, 즉 意識 mano-vijñāna의 활동으로서, 우리가 외적 감각기관을 통해서 어떤 순간적인 대상을 순간적으로 捕捉한 바로 다음 순간에 주어지는 지각이라 한다. 그러나 이 지각도 역시 어디까지나 직접적인 지식 pratyakṣa의 一種으로 간주하며 개념적인 간접적 지식에 속하는 것이 아니라고 한다.

　陳那와 法稱에 의하면 識轉變에 의하여 일어나는 우리의 모든 認識은 自意識 svasaṁvedana을 수반한다. 모든 意識은 同時에 自意識이며 우리의 앎은 스스로를 비추는 自明性 svayaṁprakāśa을 지니고 있다. 마치 등불이 그 自體를 비추기 위하여 다른 또 하나의 등불이 필요없듯이 지식이란 스스로를 드러내는 성격을 지닌 것이다. 따라서 陳那에 의하면 知覺的인 知識에 있어서도 지각하는 主體 (grāhaka-ākāra; 見分, 能取, 能量)와 지각되는 마음의 對象(grāhya-ākāra; 相分, 所取, 所量)과 더불어 認識의 自己認識이라는 第三의 요소가 認識의 結果(pramāṇa-phala, svasaṁvitti; 量果, 自證分)로서 주어지는 것이다. 이것이 陳那가 주장하는 認識의 三分說로서 識의 轉變에 의하여 일어나는 認識의 構造를 밝히는 이론인 것이다. 인식의 활동에 있어서 하나의 識이 세 가지 양상을 띠게 된다는 이론이다. 이러한 理論에 있어서는 인식의 對象은 인식의 行爲 안에 內在하여 있고, 인식의 行爲는 인식의 結果와 一致하는 것이다. 인식의 결과, 곧 自證分을 떠나서는 어떤 인식도 주어지지 않기 때문이다. 이렇게 되면 결국 存在하는 것은, 인식의 결과 즉 自證分으로서의 인식의 현상뿐이고 별도로 인식의 主體와 客體가 존재하는 것이 아니다. 그리고 이 自證分은 하나의 흐름으로서의 識일 뿐이며 영혼이나 自我 ātman에 속한 속성이나 상태가 아니다. 한 마디로 말해서 이 自證分의 인식론은 唯識思想에 입각해서 存在를 하나의

172

非人格的인 認識現象으로 還元 내지 解體시켜 버리는 哲學이라 할 수 있다.

이상과 같은 陳那의 認識論은 正理나 미맘사 Mīmāṃsā와 같은 實在論的인 哲學의 인식론과 큰 차이를 보이고 있다. 가령 正理哲學의 認識論에 의하면 인식이란 自我 ātman의 행위로서, 認識의 主體 ātman와 對象과 手段(외적, 내적 감각기관)과 結果는 모두 별개의 요소들인 것이다. 그리고 인식의 自意識(自證分)이란 內的 감각기관인 意根 manas이 인식이라는 自我의 상태를 대상으로 하여 인식하는 행위로서 그 自體가 또 하나의 自我의 상태를 이루게 되는 것이다.

陳那는 世親의 唯識思想을 계승하고 발전시킨 많은 唯識學者들 가운데 한 사람으로서, 그의 哲學은 無性(5~6세기), 護法 Dharmapāla (6세기 전반), 戒賢 Śīlabhadra(6~7세기)에 의하여 대대로 계승되었다. 無性은 『攝大乘論釋』을 저술했으며 陳那의 認識의 三分說을 계승했다. 護法은 『唯識二十論』 및 『唯識三十頌』에 註釋을 썼으며, 그는 自證分 이외에도 그것을 의식하는 또 하나의 의식으로서 證自證分을 세워 四分說을 주장했다. 護法의 『唯識三十頌』에 대한 해석은 그의 제자 戒賢을 통하여 唐나라의 玄奘(600~664)에 소개되었다. 玄奘은 이에 근거하여 『成唯識論』을 번역하여 東아시아 불교의 唯識哲學 연구에 至大한 영향을 끼쳤으며 法相宗의 철학적 기초를 제공했다.

한편 陳那의 계통과는 달리 그와 同時代의 唯識學者로서 德慧 Guṇamati가 나와서 世親의 論에 주석을 썼으며 그의 제자 安慧 Sthiramati(6세기)는 『中論』, 『中邊辨別論』, 『俱舍論』, 그리고 『唯識三十頌』에 주석서를 썼다. 安慧는 認識論에 있어서 오로지 自證分 하나만을 인정하고 그것을 依他起性의 法으로 간주했으며 相分과 見分은 遍計所執의 妄法으로서 存在하는 것으로 간주하지 않았다. 이에 반하여 陳那나 護法은 三分 혹은 四分을 모두 依他起性의 法으로 인정한 것이다. 그러나 두 見解 모두 인식이란 心 自體, 즉 아라야識의 轉變에 지나지 않는다는 점에는 唯識哲學者들로서 의견을 같이하고 있는 것이다. 그 밖에도 難陀 Nanda(6세기)라는 唯識學者

는 相分, 見分만을 인정하는 二分說을 주장했다.

2 法稱의 佛教 論理學

지금까지 우리는 知覺 pratyakṣa의 문제를 중심으로 하여 陳那의 인식론을 고찰했다. 佛教論理學은 인식의 다른 하나의 방법인 推論 anumāna에 관한 이론으로서, 因明 hetuvidyā이라 부른다. 因明은 소위 五明이라 부르는 인도의 전통적인 다섯 가지 학문의 하나이다. 五明이란 聲明 śabdavidyā 즉 文法學 내지 訓詁學, 工巧明 śilpa-karma-sthāna-vidyā 즉 기술, 공예, 曆數의 학문, 醫方明 cikitsā-vidyā 즉 의학과 약학, 因明 hetu-vidyā 즉 논리학, 그리고 內明 adhyātma-vidyā 즉 자기의 종교를 연구하는 학문(바라문교에서는 베다에 관한 학문을 말하며 佛教에서는 물론 佛教의 학문)을 말한다. 〈因明〉이란 말의 〈因 hetu〉이란 論證의 형식에서 결론을 이끌어내기 위한 理由를 가리키는 말로서, 그것이 논증의 가장 중요한 부분이므로 논리학을 因을 밝히는(明) 학문이라 하여 〈因明〉이라 부르는 것이다.

佛教論理學의 전통을 살펴볼 것 같으면, 龍樹의 『方便心論』, 『解深密經』의 第八品인 『如來成所作事品』, 『瑜伽師地論』의 〈本地分〉, 無著의 『大乘阿毘達磨集論』의 〈論義品〉, 世親의 『如實論』 等에서 論證法에 대한 논의를 찾아볼 수 있다. 그러나 이와 같은 전통을 이어받음과 동시에 論證法의 새로운 경지를 수립한 者는 陳那였다. 그는 『集量論』과 『因明正理門論』을 저술했으며 因의 三相說, 九句因論 및 三支作法 등의 이론을 통하여 소위 新因明의 전통을 수립했다.[2] 陳那 이전에는 推論의 論法으로 五分作法, 즉 다섯 가지의 命題(宗, 因, 喩, 合, 結)를 사용했으나 陳那는 이중에서 〈合〉과 〈結〉을 불필요한 것으로 제거하고 三支作法을 세운 것이다. 이것을 新因明이라 부르며 그 이전의 것을 古因明이라 부른다. 陳那 이후 그의 門下에서 商羯羅主 Śaṅkarasvāmin는 『因明入正理論』을 썼으며, 또한 7세기에는 法稱 Dharmakīrti(650年頃)이 出現하여 『集量論』의 註釋書 『量評釋 Pramāṇavārttika』과 『正理滴論 Nyāyabindu』이라는 論

---

2) 因의 三相說과 九句因論은 후에 說明될 것임.

174

理學書를 저술하여 陳那의 논리학을 더욱 정교하게 발전시켰다. 이
제 佛敎論理學의 名著로 높이 평가되고 있는 法稱의 『正理滴論』에
의거하여 佛敎論理學의 대강을 살펴보기로 한다.[3]

　　法稱은 正理哲學과 마찬가지로 推論을 자기자신을 위한 爲自比量
svārtha-anumāna과 남을 위한 爲他比量 parārtha-anumāna으로 구별
하고 먼저 爲自比量을 다룬다. 우리가 正理哲學에서 이미 본 대로
推論의 가장 핵심적인 부분은 추리의 근거가 되는 因 hetu, 즉 大名
辭 sādhya와 小名辭 pakśa를 연결시켜 주는 中名辭 혹은 表徵 liṅga
에 있다. 예를 들어,

　　　宗——『산에 불이 있다』(불＝大名辭; 산＝小名辭)
　　　因——『연기가 나는고로』(연기＝中名辭)
　　　喩——『연기가 나는 곳에는 불이 있다』, 아궁이에서처럼

라는 추론이 가능하고 타당한 것이 되려면 추론의 근거가 되는 因,
즉 〈연기〉를 바로 짚어야 하는 것이다. 따라서 法稱은 因이 반드시
갖추어야 할 세 가지 條件을 먼저 提示한다. 이것을 因의 三相이라
한다.[4] 첫째 조건은 因(연기)이 結論의 主語, 즉 小名辭(산)에 반
드시 존재해야 한다는 것이다(遍是宗法性). 거기에〈만〉있어야 할
필요는 없지만 여하튼 거기에 존재해야만 結論이 타당하다는 얘기
다. 둘째 조건은 因은 반드시 結論의 述語, 즉 大名辭(불)와 同類
의 것인 경우에만 존재해야 한다는 것이다(同品定有性). 因이 大名
辭와 함께 언제나 존재해야 할 필요는 없으나, 大名辭에 限해서만
存在해야 한다는 규칙이다. 因의 세번째 조건은 바로 이 점을 더욱
명확히 하는 것으로서 大名辭와 異類的이 되는 것에는 因은 결코
존재해서는 안된다는 법칙이다(異品遍無性). 둘째와 세째 규칙은
因과 大名辭와의 普遍的 周延關係 vyāpti를 알기 위하여 兩者의 一
致關係를 하나는 肯定的 anvaya으로 그리고 다른 하나는 否定的

---

3) Th. Stcherbatsky, trans., *Buddhist Logic* (New York: Dover Publications,
　　Inc., 1962), Vol. Ⅱ에 근거함.
4) 因의 三相에 관한 이론은 陳那와 法稱뿐만 아니라 6세기의 勝論哲學者 프라샤
　　스타파다에서도 발견된다.

vyatireka으로 확인해 보는 것이다.[5] 同一한 조건을 두 가지로 표현한 것으로서 둘 중에 하나만이라도 例外 없이 들어맞으면 된다고 한다. 實用的인 이유로 해서 兩者를 다 언급하는 것이라고 한다.

다음으로 法稱은 이러한 세 가지 조건을 충족시키는 因에 세 가지 種類가 있다고 한다. 즉 否定과 同一性과 因果性이다. 만약에 推理된 述語(大名辭, 불)가 부정적으로 表現되었을 때에는 因도 부정적인 성격을 지닌다. 반면에 결론이 긍정적으로 표현될 경우에는 因은 그 推理된 叙述語와 同一性 아니면 因果性의 관계를 가진다고 한다. 同一性이란 因 자체로부터 叙述語가 論理的으로 推理되어 나올 때, 혹은 因이 단순히 존재하기만 해도 이에 의존하여 결론적인 叙述語가 따라나올 때 svabhāva-anumāna 성립되는 因과 大名辭와의 관계를 말한다. 예를 들면, 〈이것은 나무이다, 왜냐하면 은행나무(혹은 마로니에)이기 때문이다〉라는 것이다. 여기서 〈은행나무〉로부터 〈나무〉라는 서술어는 논리적 필연성을 갖고 나오는 결론인 것이다. 西洋哲學에서 分析判斷 analytical judgment에 해당하는 개념이다. 因果性이란 因과 大名辭가 因果的 관계를 가질 때 성립하는 것이다 kārya-anumāna. 〈산에 불이 있다, 연기가 나므로〉라는 식의 추론이다. 즉 경험에 의존한 綜合判斷 synthetic judgment에 해당하는 개념인 것이다.

法稱에 의할 것 같으면 同一性이나 因果性의 관계가 成立하는 것은 因과 大名辭 사이에 必然的인 本質的 依存關係 svabhāva-pratibandha가 存立하기 때문이라고 한다. 그렇지 않은 경우에는 兩者 사이에 必然的이고 보편적인 不離의 관계 avinā-bhāva가 성립하지 않기 때문이다. 同一性의 경우에는 연역된 사실(大名辭, 〈나무〉)에 그로부터 연역하고자 하는 바의 사실(因, 〈은행나무〉)이 本性上으로 혹은 論理的으로 依存하여 있으며, 因果性의 경우에는 추리근거로서의 因(〈연기〉)이 추리결론으로서의 大名辭(〈불〉)에 自然的으로 의존하고 있는 것이다.

이상과 같이 因의 세 種類 가운데서 同一性과 因果性을 논한 다음

---

5) 陳那는 『因明正理門論』에서 因의 正과 不正을 判別하기 위하여 因과 同品·異品과의 관계를 9 가지의 경우로 분류해서 고찰하는 九句因의 理論을 수립했다.

法稱은 否定의 문제와 관련하여 否定的 判斷의 문제를 다룬다. 즉 부정적 판단의 원리와 11가지 형태들, 그리고 부정적 판단의 성격과 형이상학적 意義 등을 논의한다. 부정적 판단이란 法稱에 의하면 正理나 勝論과 같은 實在論的 哲學과는 달리 단순히 지각될 수 있는 것의 無知覺 anupalabdhi에 근거하는 것이지 〈不存 abhāva〉이라는 범주 padārtha가 별개의 인식대상으로서 있는 것이 아니라고 한다. 또한 미맘사학파에서 주장하는 것처럼 不存을 인식하는 특별한 인식방법으로서 〈不存量〉이라는 것도 設定할 필요가 없다. 지각될 수 있는 것의 無知覺이 그 事物의 不存에 대한 타당한 인식이 된다는 것이다. 그러나 法稱은 말하기를 妥當한 인식의 방법 pramāṇa, 즉 지각이나 추론을 통하여 주어질 수 없는 대상의 存在에 대한 부정적인 판단은 疑心의 原因 saṃśaya-hetu이 되는 것으로서 지식이 될 수 없다고 한다. 따라서 어떤 사물에 대해서 전혀 인식의 방법이 없을 때에는 그 대상의 不存은 지식으로서 성립될 수 없다고 한다. 올바른 인식의 존재는 대상의 존재를 증명하지만 인식의 부족은 그 대상의 부존을 증명하지는 못하기 때문인 것이다.

지금까지 우리는 爲自比量 svārtha-anumāna, 즉 혼자서 스스로를 위하여 추리하며 판단하는 과정에 대한 法稱의 이론을 고찰했다. 다음으로 그는 他人을 위하여 자기의 판단을 공식적으로 제시하는 爲他比量 parārtha-anumāna의 논증과정을 다룬다. 爲他比量이란 因의 三相을 他人에게 전달시키는 데 있다고 法稱은 정의한다. 그 형식은 爲自比量과는 달리 아리스토텔레스 논리학의 三段論法 syllogism과 같다. 즉 喩와 더불어 大前提(〈연기가 나는 곳에는 불이 있다; 아궁이에서처럼〉)를 먼저 세우고 그 다음 구체적인 경우로 들어가서 결론을 내리는 형식을 취한다. 다시 말하면 爲自比量은 歸納的 성격을 띠고 爲他比量은 演繹的 성격을 지녔다고 할 수 있다. 法稱은 爲他比量의 두 형태를 구별하고 있다. 이 둘은 意味上의 차이는 없고 形式上의 차이뿐이라고 한다. 하나는 小名辭(결론의 주어)와 喩(예)가 因을 共通的인 性質로 지님에 따른 兩者의 一致에 근거한 논증의 형식으로서 다음과 같은 형태를 취한다 :

喩──『모든 産物들은6) 無常하다』, 병과 같이
因──『말소리는 그런 産物이다』
結──『말소리도 無常하다』

다른 하나는 不一致의 형식을 취한다 :

喩──『영원한 것들은 産物이 아니다』, 虛空7)처럼
因──『말소리는 産物이다』
結──『말소리는 無常하다』

　法稱은 다음에 이들 두 형태의 爲他比量에 대하여 여러 가지 예
를 들어 자세히 說明하고 있으나 여기서는 생략한다. 爲自比量에서
와 같이 否定과 同一性과 因果性에 근거한 추론의 양태들을 논의하
고 있는 것이다. 法稱은 三段論法에서 結論은 반드시 내릴 필요가
없다고 한다. 결론은 喩와 因과 同時에 주어지는 것이기 때문이다.
　이 밖에도 法稱은 結論的 命題의 定義, 論理的 誤謬의 三種, 즉
成立될 수 없는 asiddha 因, 不確實한 因, 反因, 그리고 論破에 관
하여 論하고 있다. 이상으로 우리는 法稱의 『正理滴論』에 따라서
佛敎論理學(新因明)의 대강을 살펴보았다.

＊참고문헌

Frauwallner, E., "Dignāga, Sein Werk und seine Entwicklung,"
　　Wiener Zeitschrift für die Kunde des Morgenlandes Ⅲ (1959).
Hattori, M., trans., *Dignāga, on Perception*. Harvard Oriental Series,
　　Vol. 47. Cambridge, Mass., 1968.
Ingalls, D. H. H., trans., *Materials for the Study of Navya-Nyāya
　　Logic*. Harvard Oriental Series, Vol. 40. Cambridge, Mass., 1951.
Matilal, B. K., *Epistemology, Logic, and Grammar in Indian Philo-
　　sophical Analysis*. The Hague, Paris, 1971.

---

6) 〈産物 kṛtaka〉이란 佛敎에서 有爲法 saṁskṛta-dharma에 해당하는 개념이다.
7) 虛空 ākāśa은 特別히 小乘佛敎와 瑜伽行哲學에서 無爲法 asaṁskṛta-dharma으
　　로 간주된다.

Mookerji, S., *The Buddhist Philosophy of Universal Flux*. Calcutta, 1935.

Randle, H. N., *Fragments from Diṅnāga*. London, 1926.

————, *Indian Logic in the Early Schools*. London, 1930.

Tucci, G., trans., *Nyāyamukha of Dignāga: the Oldest Buddhist Text on Logic*, Materialen zur Kunde des Buddhismus, Heft 15. Heidelberg, 1930.

————, trans., *Pre-Diṅnāga Buddhist Texts on Logic from Chinese Sources*. Gaekwad's Oriental Series, Vol. 49. Baroda, 1929.

Vidyabhusana, S. C., *A History of Indian Logic*. Calcutta, 1921.

宇井伯壽, 『佛教論理學』

————, 『陳那著作の研究』

————, 『印度哲學研究』第五

제 15 장 쟈이나哲學體系

굽타王朝 시대에 들어와서 꽃이 피게 된 各哲學學派의 왕성한 철학적 활동들은 불교철학뿐만 아니라 쟈이나教에도 큰 영향을 끼치게 되어 이 시기에 우리는 쟈이나철학도 체계적으로 정립되는 것을 본다. 쟈이나 사상가들은 原始쟈이나教의 解脫을 중심으로 한 世界觀과 倫理를 그대로 유지하면서도 他學派의 철학적 이론들을 의식하여 자신의 認識論과 存在論的 思惟를 좀더 조직적으로 전개할 필요를 느끼게 된 것이다. 이러한 知的 趨勢에 응답하여 나온 쟈이나교의 대표적 철학자로서 空衣派의 쿤다쿤다 Kundakunda(4~5세기 경)와 白衣派의 우마스바티 Umāsvāti(5~6세기)를 들 수 있다. 前者는 『五原理正要 Pañcāstikāyasāra』, 『教義正要 Pravacanasāra』와 같은 教義綱要書를 썼으며, 後者는 『眞理證得經 Tattvārthādhigama-sūtra』이라는 아주 조직적인 쟈이나教 綱要書를 저술했다.[1] 우마스바티 이후로도 쟈이나哲學은 많은 사상가들을 배출했지만 큰 哲學的인 變化는 없었고 다분히 印度哲學史에서 하나의 傍系的인 흐름으로 존속해 왔다.

이제 上記 綱要書들을 중심으로 하여 이루어진 쟈이나教의 체계화된 철학을 소개하면 다음과 같다.

---

1) 『眞理證得經』은 兩派에 의하여 모두 쟈이나교의 권위적 綱要書로서 받아들여지고 있다.

1 쟈이나 認識論

쟈이나철학은 지식을 직접적인 aparokṣa 것과 간접적인 parokṣa 것으로 나눈다. 간접적인 지식은 우리가 일상생활에 사용하는 지식으로서, 意見 mati과 聽見 śruti의 두 종류가 있다. 意見이란 知覺的인 知識 pratyakṣa이나 推論 anumāna을 말한다. 지각적 지식은 타학파에서는 보통 직접적인 지식으로 분류되지만, 쟈이나에서는 순수한 감각만으로는 지식이 성립되지 못하고 사유의 행위가 개입하여야만 되기 때문에 지각적 지식은 간접적인 것으로 간주한다. 聽見은 권위있는 者들로부터 들어서 아는 지식을 말한다.

쟈이나철학이 인정하는 직접적인 지식이란 일종의 특수한 지각적 지식으로서, 制限知 avadhi-jñāna, 他心知 manaḥparyāya-jñāna, 完全知 kevala-jñāna의 3종이 있다. 우선 完全知의 개념을 이해하려면 쟈이나교의 영혼관을 잠깐 고찰할 필요가 있다. 쟈이나교에 의하면 영혼 jīva(혹은 命我)은 마치 태양의 빛과 같이 의식이라는 것을 본질적으로 가졌다고 한다. 따라서 아무런 방해가 없는 한 영혼은 대상들을 직접적으로 완전히 드러내는 지식을 소유한다. 그러나 보통 사람들의 영혼은 業이라는 장애물 때문에 그러한 完全知를 누리지 못한다는 것이다. 業의 産物인 바 우리의 몸과 감각기관과 意根 manas은 영혼이 본래부터 가지고 있는 完全知를 제약할 수밖에 없다는 것이다. 만약 우리가 어느 정도 業을 제거한다면 우리는 보통 사람이 감각기관이나 마음을 통하여 얻을 수 없는 미세한 혹은 잘 보이지 않는 사물까지도 볼 수 있는 能力 clairvoyance을 가지게 된다고 한다. 이것을 完全知에 대하여 制限知라 부른다. 아직도 時·空의 제약을 받기 때문이다. 他心知는 문자 그대로 他人의 마음을 직접적으로 아는 지식으로서, 영혼이 미움이나 시기와 같은 번뇌들을 제거했을 때 얻을 수 있는 것이다. 이것 역시 時·空의 제약 아래 이루어진다. 制限知나 他心知는 감각기관이나 意根의 매개를 필요로 하지 않으므로 직접적인 지식에 속하는 것이다.

쟈이나 認識論에서 특기할 만한 것은 그들의 지식에 대한 相對性

이론이다. 쟈이나교는 마하비라 Mahāvīra 당시 때부터 實在에 대한 어떤 독단적 견해를 주장하는 것을 반대하는 寬容의 정신을 지녀왔다. 이 전통이 知識에 대한 相對性의 이론을 통하여 더욱더 분명한 인식론적 입장으로 발전된 것이다. 쟈이나에 의하면 實在나 혹은 하나의 事物조차 무수히 많은 측면을 지니고 있다고 한다. 우리들이 보통으로 가지는 지식은 한 사물의 여러 측면들을 다 인식할 수 없고 오로지 관찰자의 觀點에 따라서 한 面만을 보게 된다는 것이다. 이런 제한된 부분적 지식과 이에 근거한 判斷을 〈나야 naya〉라 부른다. 따라서 이러한 부분적인 판단은 사물의 한 측면과 보는 立場에 따라서만 참이지 絕對的인 진리가 될 수는 없는 것이다. 우리의 많은 논의와 논쟁들은 이 점을 看過하고 部分的인 지식을 無條件的 진리로 간주하는 데서 온다는 것이다. 따라서 쟈이나철학은 주장하기를 불완전한 지식의 소유자인 우리의 모든 판단 naya들은 〈어떻게 보면〉 혹은 〈아마도 syād〉하는 조건적 표현을 수반해야 한다고 한다. 쟈이나의 이러한 이론을 條件主義 syādvāda라 부른다. 쟈이나철학은 이러한 條件的 命題들의 일곱 가지 형태를 구별한다 saptabhaṅgī-naya. 즉 우리는 한 事物에 대하여 말할 때, 다음과 같은 7가지 관점을 갖고서 볼 수 있다는 것이다.

① S는 어떻게 보면 P이다 syād asti.

② S는 어떻게 보면 P가 아니다 syād nāsti (즉 다른 관점으로부터 볼 것 같으면).

③ S는 어떻게 보면 P이기도 하고, 아니기도 하다 syād asti ca nāsti ca.

④ S는 어떻게 보면 말할 수 없다 syād avaktavyam. 왜냐하면 모순되는 것을 同時에 주장할 수는 없기 때문이다.

⑤ S는 어떻게 보면 P이기도 하고, 말하기 어렵기도 하다 syād asti ca avaktavyam ca.

⑥ S는 어떻게 보면 P가 아니나, 말하기 어렵기도 하다 syād nāsti ca avaktavyam ca.

⑦ S는 어떻게 보면 P이기도 하고 아니기도 하나 말하기 어렵기도 하다 syād asti ca nāsti ca avaktavyam ca.

182

이상과 같은 眞理의 相對性을 무시하고 오직 하나의 立場만을 絕對的으로 옳다고 주장하는 것을 쟈이나哲學은 독단주의 ekāntavāda 라 부른다. 그러나 쟈이나의 인식적 상대주의는 회의주의나 不可知論을 의미하는 것은 아니다. 어떤 제한된 조건하에서는 어디까지나 하나의 판단을 확실하게 내릴 수 있는 것이기 때문이다. 다만 그 판단이 다른 각도에서 볼 때는 그릇된 것일 가능성도 갖고 있다는 것을 의식하면서 하면 된다는 것이다.

2 쟈이나 形而上學

쟈이나의 인식적 상대주의는 쟈이나의 實在觀에 근거하고 있다. 쟈이나에 의하면 한 사물은 수없이 많은 性格들 ananta-dharmakam vastu을 지녔다고 한다. 즉 그것이 어떻다는 肯定的인 성격들과 그것이 어떠하지 않다는 否定的인 성격들을 합쳐서 생각하면 하나의 사물이라 할지라도 무수한 측면을 지녔다는 것이다. 따라서 한 개의 사물이라도 완전히 안다는 것은 모든 것을 아는 것이나 다름없다고 한다. 오직 完全知를 소유한 자 kevalin 만이 가능한 것이다. 쟈이나에 의하면 이러한 수많은 성질들 dharma은 그들을 소유하고 있는 것 dharmin에 속하여 있다. 후자를 곧 實體 dravya라 부른다. 실체에 속한 성질 가운데는 없어서는 안될 本質的인 것 guṇa과 偶然的인 것 paryāya의 두 종류가 있다고 한다. 예를 들면 意識은 영혼의 본질적인 성질이며 욕망·쾌락·고통 등은 변하는 우연적인 성질들인 것이다. 實體가 변하는 것은 이들 우연적인 성질들 때문이며, 이 성질들은 실체의 樣態 paryāya, mode를 구성하는 것이다. 이와 같이 볼 때, 쟈이나철학은 實在란 변하지 않는 면과 변하는 양면을 다 지니고 있다고 주장하며, 佛敎는 變하는 것만 강조하고 베단타 Vedānta철학은 不變하는 것만 강조하는 一方的 ekānta 見解들이라고 비판한다.

쟈이나철학은 실체를 延長을 지닌 것 astikāya과 延長을 가지지 않는 것으로 大別한다. 前者는 다시 두 종류로 분류된다. 즉 영혼 혹은 生命 jīva과 영혼이 없는 非生命 ajīva이다. 생명 jīva 혹은 영혼은 또다시 해방된 mukta 영혼과 속박된 baddha영혼으로 구분되며 속박된 영혼은 可動的인 것 trasa과 固定된 것 sthāvara으로 나뉜다. 고정된 영혼은 地·水·火·風·植物 등의 가장 불완전한 몸에 살고 있으며 촉각만을 가졌다고 한다. 반면에 可動的인 영혼은 이보다 더 높은 형태의 몸들을 가졌으며 감각기관도 두 개 이상 다섯 개까지 가졌다. 意識은 영혼의 본질적 성질로서 모든 영혼은 정도의 차이가 있기는 하지만 의식을 가지고 있으며 본질적으로는 같다. 단지 그들이 갖고 있는 業의 障碍에 따라 의식의 정도에 차이가 생길 뿐이다. 영혼의 고유한 상태는 믿음 darśana, 무한한 앎 jñāna, 무한한 행복 sukha, 무한한 힘 vīrya을 가지고 있으며 영혼은 지식과 행위와 경험의 主體이다 jñātṛ, kartṛ, bhoktṛ. 속박된 영혼은 그것이 태어난 육체에 遍在하여 비추고 있으며 그 자체는 형태가 없으나 빛과 같이 그것이 속해 있는 육체의 크기와 같은 형태를 취한다고 한다. 그렇기 때문에 영혼은 연장을 가진 실체의 부류에 속하는 것이다. 영혼은 영원하나 유한한 것이라고 한다.

　비생명체인 실체에는 物質 pudgala, 時間 kāla, 空間 ākāśa, 運動 dharma, 靜止 adharma가 있다. 物質的 실체는 부분들로 구성되어 있어서 나누어질 수도 있고 합쳐질 수도 있다. 더 이상 나눌 수 없는 가장 작은 부분을 原子 aṇu라 부르며 그들의 결합 saṁghāta, skandha에 의하여 물체들이 이루어진다. 쟈이나哲學에서는 우리의 감각기관과 意根 manas과 숨까지도 물질적인 것으로 간주된다. 물질은 원자들과는 달리 觸·味·香·色의 네 성질을 갖고 있으며 聲은 물질의 본래적 성격으로 간주되지 않는다. 空間은 延長을 가진 실체들에게 장소를 제공해 주며 연장의 필연적 조건으로서 그 존재가 추리되어 알 수 있다고 한다. 공간은 연장과 同一한 것이 아니라 연장의 장소인 것이다. 쟈이나철학은 두 가지 종류의 공간을 말한다. 영혼과 다른 실체들이 居하는 世間的 空間 lokākāśa과 이것을 넘어서서 있는 超世間的 空間 alokākāśa이다. 해방된 영혼들은 세간적 공간의 맨 꼭대기에 居한다고 쟈이나教는 생각한다. 쟈이나철학은 또한 時間을 實體로 인정한다. 시간은 연속·변형·운동·새로움·오래됨을 가능하게 하는 필연적 조건으로서, 공간과 같이

184

비록 보이지는 않으나 그 존재는 추리에 의해 알려진다고 한다. 시간은 다른 모든 실체들과는 달리 延長을 가지지 않는다. 왜냐하면 시간은 하나요, 나눌 수 없으며 꼭 같은 시간이 세계의 어디에나 존재하기 때문이다. 運動과 停止라는 實體도 역시 추리에 의하여 그 존재가 알려진다고 한다. 즉 움직임과 멎음이라는 현상을 가능하게 하는 필수조건으로서이다. 쟈이나철학은 주장하기를 물고기가 스스로 운동하기는 하나 물이라는 매개체가 없이는 운동이 불가능한 것처럼 영혼이나 물체들도 움직임의 필수조건으로서 運動이라는 實體를 필요로 한다는 것이다. 운동이 움직이지 않는 것을 움직일 수는 없으나 움직임의 受動的인 필수조건이라는 것이다. 停止도 마찬가지이다. 운동과 정지는 영원하고 형태가 없으며 움직이지 않으며 온 世間的 空間에 遍在해 있다고 한다. 이상과 같은 쟈이나敎의 實體觀 및 形而上學은 勝論哲學과 같은 多元的 實在論의 一種이라고 볼 수 있을 것이다.

쟈이나敎의 倫理와 解脫의 방법에 대하여서는 이미 原始쟈이나교를 다룰 때 언급한 바가 있다. 쟈이나교에서 속박이란 영혼이 업의 물질과 붙어 있는 것을 말하므로 해방이란 우선 업의 물질이 영혼에 流入되어 āśrava 달라붙지 못하도록 遮斷 saṁvara해야 하며 이미 붙어 있는 물질은 消耗 nirjarā되어야 한다. 그런데 영혼에 물질을 달라 붙게 만드는 것은 결국 無知에 근거한 激情들이므로 쟈이나敎의 修行은 實在에 대한 올바른 이해인 正智 samyag-jñāna를 강조한다. 그러기 위하여는 쟈이나교의 가르침에 대한 기초적 이해와 믿음과 신뢰가 있어야 하므로 正信 samyag-darśana이 선행되어야 한다. 正信과 正智 후에는 正行 samyag-carita을 필요로 한다. 우마스바티 Umāsvāti는 그의 『眞理證得經』에서 이 셋을 해탈의 방법으로 강조한다. 正行 가운데 가장 중요한 것은 五大誓 pañca-mahāvrata이다. 또한 이미 영혼에 달라 붙어 있는 業을 일찍 소모시키는 방법으로서 苦行 tapas이 特別히 강조된다. 마치 망고열매가 더위를 더 많이 받으면 더 일찍 익듯이, 우리의 業도 苦行 tapas(〈열〉이라는 뜻)을 통하여 더 빨리 消耗되어 힘을 잃게 된다는 것이다.

解放된 영혼들은 自己의 本性을 되찾아 神들의 세계보다도 더 높

이 있는 宇宙의 꼭대기에 上昇하여 거기서 解脫의 영원한 안식과
행복을 누리게 된다고 한다.

＊참고문헌

Faddegon, B., trans., *Pravacanasāra*. Cambridge, 1935.

Glasenapp, H. v., *Der Jainismus*. Berlin, 1925.

Jaini, J. L., trans., *Umāswāmi's Tattvārthādhigama-sūtra*. Arrah, 1928.

―――――, *Outlines of Jainism*. Cambridge, 1916.

Jacobi, H., trans., "Eine Jaina Dogmatik" (Umāsvāti's *Tattvārtha-adhigama-sūtra*), *Zeitschrift der Deutschen Morgenländischen Gesellschaft*. Vol. 60 (1906).

Kohl, J. F., *Das physikalische und biologische Weltbild der Jaina*. Aliganj, 1956.

Mehta, M. L., *Outlines of Jaina Philosophy*. Bangalore, 1954.

Mookerji, S., *The Jaina Philosophy of Non-absolutism: A Critical Study of Anekāntavāda*. Calcutta, 1944.

제 16 장 미맘사學派의 哲學

1 미맘사哲學의 傳統

인도철학에서 六派哲學은 불교나 쟈이나교와는 달리 베다 Veda
의 권위를 인정하는 正統학파로 간주되어 왔지만 그 중에서도 미맘
사 Mīmāṃsā와 베단타 Vedānta학파는 가장 정통적인 학파라고 할 수
있다. 他 학파들의 베다와의 관계는 사실상에 있어서는 名目的인
것 이상을 넘어서지 않는 경우가 많으나 미맘사와 베단타는 본래부
터 곧바로 베다의 충실한 연구와 해석을 주요 관심사로 하여 발
전된 철학들이기 때문이다. 전에도 언급했듯이 베다는 그 내용상
諸神들에게 바치는 頌歌들을 모아 놓은 本集 Saṃhitā의 부분과 이것
을 설명하고 제식의 규정들을 취급하는 브라흐마나 Brāhmaṇa로 구
분된다. 그러나 브라흐마나의 나중 부분에는 祭祠의 관심을 벗어
나 宇宙와 人間에 대한 철학적 지식의 문제를 다루는 우파니샤드
Upaniṣad가 포함되어 있다. 이 부분을 知識篇 Jñāna-kāṇḍa이라 부
르며 제사의 행위를 주로 하는 부분인 行爲篇 Karma-kāṇḍa과 구별
되어 왔다. 미맘사와 베단타는 각기 이 두 부분을 탐구하고 고찰하
는 것을 목표로 하는 학파로서, 미맘사學派는 먼저 부분, 즉 행위
편을 고찰한다 하여 푸르바미맘사 Pūrva-mīmāṃsā라 부르며, 베단타
學派는 나중 부분을 연구한다 하여 웃타라미맘사 Uttara-mīmāṃsā라
불러왔다. 혹은 그 연구 대상이 각각 행위와 브라흐만에 대한 지

식이기 때문에 카르마미맘사 Karma-mīmāṃsā와 브라흐마미맘사 Brahma-mīmāṃsā라 부르기도 한다.[1] 〈미맘사 mīmāṃsā〉란 말은 〈尋究〉라는 뜻을 지녔다. 통상적으로 미맘사라 하면 푸르바미맘사 Pūrva-mīmāṃsā를 지칭하며 웃타라미맘사는 베단타라 부른다.

祭式에 관한 전통은 원래 本集 Saṃhitā이나 브라흐마나 Brāhmaṇa를 통해서 완전하고 분명하게 전해진 것이 아니라, 口傳에 의하여 보충되어 왔다. 그러나 오랜 시간이 지나는 동안 이 구전이 점점 불확실하게 됨에 따라 베다의 行爲篇으로부터 직접 추리와 논증을 통하여 제식의 올바른 규범을 찾으려는 노력을 하게 되었다. 이 推理의 활동을 냐야 nyāya라 불렀으며 이것이 나중에 가서는 祭式의 문제와는 별도로, 올바른 사고의 규범을 다루는 독립적인 형식논리학파로 발전하게 된 것이다. 한편 제식의 規範과 命令 vidhi들을 체계적으로 연구하고 정돈하는 작업은 계속되어 이것이 미맘사學派를 형성하게 된 것이다. 미맘사學派의 창시자는 기원전 2세기경의 인물로 추정되는 자이미니 Jaimini로 전해지고 있으며, 근본경전은 『미맘사經 Mīmāṃsā-sūtra』으로서 서력기원 1세기 전후에 현재의 형태를 갖추게 된 것으로 간주되고 있다. 『미맘사經』은 다른 학파의 經들과 마찬가지로 간결한 문장들로 되어 있어 그 자체로서는 이해하기 어렵다. 現存하는 주석들 가운데 가장 오래된 것은 5세기 경에 샤바라스바아민 Śabarasvāmin에 의하여 씌어진 것이다. 그 안에서 우리는 브르티카라 Vṛttikāra라는 사람의 『미맘사經』에 대한 해석의 일부분이 인용되고 있는 것을 보며, 거기서 브르티카라는 불교의 철학적 견해를 비판하고 있는 것으로 보아 그가 아마도 미맘사철학에 상당한 깊이를 제공한 자로 간주된다. 샤바라스바아민 이후 프라브하카라 미슈라 Prabhākara Miśra(7세기)와 쿠마릴라 브핫따 Kumārila Bhaṭṭa (8세기)라는 미맘사철학의 거장들이 출현하여 샤바라스바아민의 저서에 주석을 가하고 미맘사철학의 兩大 학파인 구루 Guru派와 브핫따 Bhaṭṭa派를 각각 형성하게 되었다. 미맘사學派에다 哲學的인 이론을 부여한 것은 거의 전적으로 이 둘의 공헌으로 간주되며 그들 이후에는 미맘사哲學은 별로 이론적인 發展을

---

1) 혹은 〈Dharma-mīmāṃsā〉와 〈Jñāna-mīmāṃsā〉라고도 불린다.

보지 못했다. 프라브하카라의 주석은 *Bṛhatī*라 불리며 이 주석에 그의 제자 샬리카나타 미슈라 Śālikanātha Miśra는 *Ṛjuvimalā*라는 復註를 썼다. 그는 또한 프라브하카라의 미맘사解釋에 대한 綱要書인 *Prakaraṇapañcikā*도 썼다. 한편 쿠마릴라는 샤바라스바민의 주석에 三部의 해설서를 저술됐다. 즉 *Ślokavārttika, Tantravārttika*, 그리고 *Tupṭīkā*의 三部이다. 쿠마릴라의 門下에 만다나미슈라 Maṇḍanamiśra가 나와서 *Vidhiviveka, Mīmāṃsānukramaṇī, Tantravārttika*를 저술했다. 그러나 그는 나중에 샹카라 Śaṅkara의 영향으로 베단타哲學으로 轉向했다. 그 외에도 쿠마릴라의 브핫따 派에 많은 학자들이 출현하여 프라브하카라의 구루派를 압도하게 되었다. 쿠마릴라는 본래 佛敎를 공부했으나 나중에 바라문敎로 轉 向했다고 하며, 그의 著書를 통하여 佛敎의 空思想을 신랄하게 공격하고 있다. 쿠마릴라는 샹카라와 더불어 印度에서의 佛敎思想의 쇠퇴에 큰 역할을 한 철학자로 평가되고 있다. 이제 쿠마릴라와 프라브하카라를 중심으로 하여 미맘사哲學의 대강을 살펴보며, 필요에 따라서 兩論師의 차이점도 언급하도록 한다.

2 미맘사 認識論

『미맘사經』은 베다가 命하는 祭式의 행위를 올바로 행하도록 하는 解釋의 원리들을 규정하는 것을 그 주된 내용으로 삼고 있다. 따라서 미맘사哲學은 〈미맘사 mīmāṃsā〉, 즉 尋究의 方法에 대하여 지대한 관심을 갖게 되었으며, 미맘사哲學에서 規定한 論究의 이론은 他學派에서도 받아들여지게 되었다. 미맘사에 의하면 어떤 本文 text의 意味를 확정지으려면 다음 5가지의 절차를 거쳐야 한다:

① 主張의 對象 viṣaya의 확정
② 이에 대한 疑問 saṃśaya의 討論
③ 反論 pūrvapakṣa, 즉 他主張의 검토
④ 定說 uttarapakṣa, siddhānta, 즉 最終結論
⑤ 結論이 本文의 다른 부분에 대하여 갖는 관계 saṃgati

이러한 論理展開의 문제 外에, 미맘사학파의 근본 철학적 관심사는 어디까지나 베다가 명하는 행위의 의무 dharma를 이론적으로 뒷받침해 주는 데 있다. 왜 그 의무를 수행해야 하며, 어떻게 하여 그 수행이 선한 業報를 가져오게 되는가 등의 문제들을 다루는 것이다. 우리는 브라흐마나에서 이미 제사의 주관심이 제사의 대상인 神에서부터 제사의 行爲 자체로 옮겨졌음을 보았거니와 이러한 경향은 그후 더욱더 발전하여 신의 존재여부와 무관하게 제사행위는 자동적으로 그 결과를 가져오게 마련이라는 생각을 낳았다. 이러한 가운데서 미맘사哲學은 행위의 결과를 보증하는 어떤 最高神의 필요성을 느끼지 않으며 그 존재조차 부정하게 된 것이다. 그러므로 오직 베다 자체의 권위에만 의거하여 제사행위의 의무와 그 보이지 않는 결과에 대한 믿음이 받아들여질 수밖에 없는 것이다. 그러면 베다의 권위는 어떻게 성립이 되는 것이며 베다에서 命하는 의무와 그 의무를 행하면 天上의 복을 받게 된다는 것은 어떻게 알 수 있는가 하는 문제가 자연히 생기게 되는 것이다. 여기서 우리는 미맘사의 認識이론에 接하게 된다.

　미맘사는 올바른 지식의 수단으로서 現量 pratyakṣa, 比量 anumāna, 譬喩量 upamāna, 義準量 arthāpatti, 不存量 abhāva 등을 인정한다. 現量, 즉 지각은 우리의 감각기관과 대상과의 접촉에 의하여 직접적인 지식을 얻는 인식방법으로서, 두 단계로 성립된다고 한다. 첫번째 단계로서 감각기관이 물체와 접할 때 自我 ātman에 無分別的 nirvikalpa 知覺이 일어난다고 한다. 즉 사물의 성격에 대한 어떠한 의식이나 판단없이 대상의 존재만이 주어지는 인식단계이다. 그다음에야 비로소 分別的 savikalpa 知覺이 이루어진다고 한다. 즉 대상의 의미를 파악하고 이해하는 지각을 말한다. 그러나 미맘사철학은 말하기를 두번째 단계에서 분명히 알려지게 되는 것은 이미 첫번째 단계에서도 암시적으로 알려져 있다고 한다. 우리의 마음이 단지 과거의 경험에 비추어 현재의 대상을 分別하는 것뿐이지 어떤 새로운 내용이나 속성을 부여하는 것은 아니라고 한다. 陳那의 인식론에서 말하고 있는 分別作用 vikalpa의 歪曲的 役割을 인정하지 않고 있는 것이다. 또 우리가 직접적으로 의식하고 있는 것은 불교에서 주장하는 것처럼 보편적 성격이 전혀 없는 사물의 순간적

特殊相 svalakṣaṇa만 인식하는 것도 아니며, 그렇다고 해서 베단타 철학에서처럼 아무런 특수한 속성도 없는 순수존재만 의식하는 것도 아니라고 하여 미맘사哲學은 중간적 입장을 취하고 있다.

譬喩量이란 현재에 경험한 것과 과거에 경험한 것을 기억에 의하여 비교하여 兩者의 類似性을 아는 지식이다. 比量(推論)에 대한 이해는 正理哲學에서와 마찬가지이다.

이상의 세 가지 인식방법은 모두 경험에 의거한 것으로서 미맘사에서 말하는 보이지 않는 業報에 대한 보증을 해 주는 것은 아니다. 따라서 미맘사철학은 聲量 śabda을 중요한 인식방법의 하나로 의거하고 있다. 聲量에는 人格的인 것 pauruṣeya과 非人格的인 것 apauruṣeya의 두 가지가 있다. 구루 Guru派는 後者만 인정하고 브핫따 Bhāṭṭa派는 兩者를 모두 인정한다. 베다는 미맘사철학에 의하면 비인격적인 성량이다. 베다는 神에 의하여 된 것도 아니고 믿을 만한 사람에 의하여 된 것도 아니기 때문이다. 그렇다면 어떻게 하여 미맘사철학은 베다의 權威를 인정하는가? 미맘사철학은 베다 그 자체가 영원한 권위를 가졌다는 것을 증명하기 위하여 言語에 관하여 많은 독특한 이론들을 전개하게 되었다.

미맘사哲學에 의하면 말이란 단순히 發音과 함께 비로소 생기는 소리로서의 현상이 아니다. 말의 본질은 소리들의 기반을 이루고 있는 글자들에 있다고 한다. 그리고 글자로서의 말은 여러 사람에 의하여 여러 가지로 發音되지만 그 自體는 언제나 同一하며 時空을 超越한 永續的인 존재라는 것이다. 말이란 소리로 표현이 안될 때에도 항시 可能的으로 潛在해 있는 것이다. 따라서 말은 人間이나 神에 의하여 만들어진 것이 아닌 永遠한 存在인 것이다. 미맘사는 이와 같은 言語 一般에 관한 이론을 통하여 결국 베다의 영원성을 보장하려는 것이다.

뿐만 아니라 미맘사에 의하면 言語의 意味도 인간의 계약이나 관습에 의하여 주어지는 것이 아니며, 그렇다고 神의 뜻에 근거한 것도 아니고, 오로지 自然的인 anutpattika 것이라 한다. 言語와 對象과의 관계는 本來的인 것이고 영원한 것이기 때문이다. 미맘사에 의하면 세계나 인간에는 시초가 없었으며, 따라서 어느 한때에 인간의 관습에 의하여 말이 만들어진 것이 아니라 사람들은 처음부터 사물들에 대하여 이미 말들을 사용했다는 것이다. 따라서 말이란 永遠히 존재하는 것이며, 때에 따라 여러 조건하에 表現될 따름이다. 말이 個物을 나타내는가, 아니면 類 jāti를 나타내는가에 대하여서도 미맘사철학은 말은 영원하기 때문에 변하는 個物들을 뜻하기보다는 변하지 않는 類를 뜻한다고 주장한다. 말이 보편성을 지녀야 베다의 여러 命令들이 보편성을 지니게 되기 때문이다.

미맘사學派에 의할 것 같으면, 말의 本質的인 性格은 사물의 표현에 있을 뿐만 아니라 行動을 命令하는 데 있다고 한다. 이것은 물론 미맘사哲學의 祭式行爲에 대한 근본적인 관심을 반영하는 이론이다. 우파니샤드를 除外하고는 베다 全體가 미맘사에 의하면 우리의 宗敎的 義務에 관한 것으로서, 베다의 모든 文章은 이러한 義務에 관계하고 있다는 것이다.

認識의 다섯번째 手段으로서 미맘사哲學은 義準量 arthāpatti이라는 것을 든다. 의준량이란 설명을 요하는 현상을 설명하기 위하여 반드시 요청되는, 그러나 보이지 않는 어떤 것을 필연적인 唯一한 假說로서 세우는 것을 말한다. 이러한 가설은 진리로 받아져야만 한다는 것이다. 예를 들어 미맘사철학은 의준량에 의하여 無前力 apūrva이라는 것의 존재를 안다고 한다. 미맘사철학은 제물을 받고 복을 주는 것은 神이 아니라 제물을 바치는 행위 그 자체이다, 이 행위는 전에 없던 어떤 보이지 않는 힘 śakti, 즉 無前力 apūrva이라는 것을 自我에 산출하며, 이 힘은 필연적으로 그 업에 상응하는 결과를 가져온다고 한다. 베다에 의하면 祭祀의 行爲는 어떤 結果를 가져온다고 하는데, 제사의 행위 자체는 잠깐동안에 끝나 버리는 고로 無前力의 假說을 받아들이지 않으면 행위가 결과를 가져온다는 베다의 眞理는 설명이 안되고 거짓일 수가 있게 된다는 것이다. 다시 말해서 無前力이란 것은 현재의 행위와 그 행위로 인하여 장차 내세에 天上에서 얻게 될 業報와의 연속성을 설명하기 위하여, 행위로 인하여 자동적으로 自我에 생기게 되는 어떤 보이지 않는 힘으로서 가정되게 된 것이다.

마지막으로 미맘사철학의 브핫따 Bhāṭṭa派는 不存量 anupalabdhi이

라는 것을 독립적인 인식의 방법으로 인정한다. 즉 무엇이 존재 안
한다는 것을 아는 것은 하나의 독립된 直接的인 인식의 방법이라는
것이다. 우리는 무엇이 存在하지 않는다는 것을 知覺을 통해서 알
수 없다. 왜냐하면 存在하지 않는 것이 우리의 감각기관을 자극시
킬 수 없기 때문이다. 그렇다고 推論에 의하여 不存을 알 수 있는
것도 아니다. 그러한 추론이 가능하려면 우리는 이미 不知覺과 不
存과의 사이에 周延관계 vyāpti를 알고 있어야 한다. 그러나 이것은
先決問題 未解決의 오류를 범하고 있는 것이다. 따라서 不存은 지
각이나 추론에 의하여 認識될 수 없다. 그렇다고 譬喩量이나 聲量
에 의하여 알 수 있는 것도 아니다. 不存이란 비교해서 아는 것도
아니고 말에 근거해서 아는 것도 아니기 때문이다. 결국 우리는 不
知覺 anupalabdhi 자체를 不存을 아는 독립된 인식의 방법으로서 인
정해야 한다는 것이다. 이것을 不存量이라 부르는 것이다. 그러나
不知覺이라고 해서 무조건 不存을 알려 주는 것은 아니다. 지각될
수 있는 상황인데도 불구하고 지각되지 않는 경우에만 不存量은 成
立되는 것이라고 한다.

  미맘사는 지식의 타당성에 대하여 正理哲學과는 아주 다른 견해
를 갖고 있다. 미맘사에 의할 것 같으면 모든 지식은 그 自體에 스
스로의 妥當性을 지니고 있어서 그 타당성에 대하여 다른 어떤 외
적인 증거를 필요로 하지 않는다는 것이다. 따라서 모든 지식은 그
것에 대한 믿음을 자연적으로 발생시킨다. 물론 나중에 의심을 하
는 경우가 생길 수 있고 그렇게 되면 우리는 추론에 의하여 그 지
식이 틀렸다는 것을 알 수 있다. 그러나 지식의 타당성은 일단은
自明하여 추론을 필요로 하지 않으며, 우리는 우선 그것을 믿고 행
동한다는 것이다. 이러한 원리를 聲量 śabda의 경우에 적용할 것 같
으면 우리는 의심할 이유가 없는 한 베다의 말을 일단 믿고 행동
해야 한다는 것이다. 베다의 권위는 自明하다. 따라서 미맘사學
派는 베다를 의심할 만한 理由들을 논박하기만 하면 되지 베다의
眞理를 적극적으로 증명할 필요는 없다는 것이다. 이러한 미맘사의
학설을 認識의 本有的 妥當性의 理論 svataḥ-prāmāṇya-vāda이라 부
른다. 이에 따라서 미맘사학파는 誤謬에 관한 이론들도 展開했으

나 여기서는 생략한다.

인식의 本有的 타당성의 문제와 관련하여 프라브하카라는 陳那의 認識論과 비슷하게 인식의 三面을 말하고 있다. 즉 知識 jñāna은 언제나 스스로를 드러내는 빛 svayaṁprakāśa을 갖고 있으며 이와 同時에 그것의 主體 jñātṛ와 客體 jñeya를 드러낸다고 한다. 따라서 프라브하카라에 의하면 모든 지식은 自我의 인식 ahaṁvitti, 對象의 인식 viṣayavitti, 그리고 인식의 인식 svasaṁvitti라는 세 가지 인식을 지니고 있다. 여기서 自我 ātman는 모든 인식에 있어서 앎의 主體로서 알려질 뿐이지 결코 앎의 對象으로는 인식되지 않는다고 한다. 그리고 自我는 지식과 같이 스스로를 드러내는 自明性을 지닌 存在가 아니라고 한다. 베단타哲學의 自我觀과 다른 점의 하나다.

한편 쿠마릴라는 知識의 本有的 妥當性을 인정하면서도 프라브하카라와는 달리 지식은 스스로의 인식을 갖고 있지 않다고 본다. 그에 의하면 지식은 스스로를 인식할 수 없다. 마치 손가락의 끝이 스스로를 건드릴 수 없는 것과 마찬가지라는 것이다. 지식이란 自我 ātman(영혼)의 變形 pariṇāma 상태로서 自我가 대상을 아는 행위 kriyā나 작용 vyāpāra이다. 知識은 스스로를 드러낼 수 없으며 오로지 그 대상이 自我에 의하여 알려졌다는 사실 jñātatā로부터 간접적으로 추리되어서 알려질 뿐이다. 어떤 대상이 친숙하게 혹은 이미 아는 것으로 나타나면 우리는 이로부터 미루어서 그 대상에 대한 지식이 있었음을 안다는 것이다.

3 미맘사 形而上學

미맘사의 世界觀에 의할 것 같으면 우선 영원하고 무한한 영혼들이 個人의 수만큼 많이 存在한다. 그리고 物質的인 世界를 구성하고 있는 要素들이 형성되는 데에는 業의 法則이 作用하고 있다. 따라서 世界는, 영혼이 과거의 業의 결과로서 태어나게 되는 生命體들 bhogāyatana과 業報를 感受하는 도구인 감각기관들 bhoga-sādhana과 감수되어야 할 業報로서의 대상들 bhogya-viṣaya로 구성되어 있는 것이다.

미맘사의 형이상학은 대체로 實在論的인 勝論哲學의 강한 영향을 받아 많은 공통점들을 지니고 있다. 그러나 한 가지 중요한 差異는 勝論철학에서는 물질을 구성하고 있는 原子의 결합과 재결합과 파괴, 그리고 원자와 영혼과의 관계를 성립시키는 創造神 Īśvara의 존재를 인정하지만 미맘사는 그런 존재의 필요성을 부정한다. 힌두교에서 일반적으로 받아들이는 세계관인 세계의 週期的인 창조와 파괴의 반복과정도 인정하지 않는다. 세계가 항시 변하고 있다는 사실은 인정하지만 영혼들의 주기적인 展開와 退轉은 부인한다. 모든 생물들은 자연적으로 生成하며 神은 사람들의 功過를 알 수도 없으며 감독할 수도 없다고 한다. 또한 원자들이 神의 意志에 따라서 행동한다고는 생각할 수 없다. 감독이라는 것이 가능한 것은 영혼과 육체와의 관계에서뿐이며, 영혼은 오직 자기의 業의 功過에 따라 육체를 차지하게 될 뿐이라는 것이다.

쿠마릴라는 당시의 여러 가지 創造說들을 신랄하게 공격하고 있다. 그는 물질의 창조 이전에 프라자파티 Prajāpati와 같은 神이 존재했다는 것은 있을 수 없다고 한다. 神이 몸을 소유하지 않았다면 창조의 욕망을 낼 수도 없으며, 몸이 있었다면 그의 창조적 행위 이전에 이미 물질이 존재했다는 것이다. 또한 창조의 動機도 알 수 없다. 神은 어떤 道德的인 目的을 위하여 世界를 창조했을 수는 없다. 왜냐하면 도덕적 공과는 처음부터 존재했던 것이 아니기 때문이다. 또한 세계의 많은 고통과 죄악을 보아 신이 세계를 창조했다는 것은 용서하지 못할 일이라고 한다. 신이 단순히 자기 즐거움을 위하여 세계를 창조했다면 그는 完全한 幸福을 누린다는 것과 모순되며 쓸데없이 그가 바쁜 일에 애쓰기만 하는 셈이 된다. 쿠마릴라는 不二論的 베단타哲學의 입장도 반박하여 말하기를, 만약에 絕對者가 절대적으로 純粹하다면 세계도 순수해야 할 것이며 그런 상태에서는 無知 avidyā도 있을 수 없는 고로 창조도 있을 수 없다. 만약 다른 어떤 것이 無知를 일으킨다면 브라흐만 Brahman만이 唯一한 존재라는 진리는 무너진다. 한편 만약 無知가 自然的인 것이라 할 것 같으면 절대로 제거될 수 없다고 주장한다. 또한 쿠마릴라는 상키야 Sāṃkhya철학의 世界轉變說도 비판한다. 그는 말하기를 세계의

창조가 세계의 구성요소 guṇa의 평형상태가 깨어졌기 때문이라고
한다면 최초에는 果報를 초래하는 인간의 業이란 것이 없었는데 어
떻게 그 평형이 깨어지기 시작했는가라고 反問한다.

미맘사철학은 最高神을 부정한다는 의미에서 無神論을 주장하지
만 業報를 누리게 되는 自我(영혼)의 불멸성은 인정할 수밖에 없
다. 따라서 미맘사철학은 自我의 實體性을 부정하는 佛敎의 견해를
신랄하게 공격한다. 불교에 의하면 自我란 순간순간의 관념들의 연
속적 나열에 지나지 않으며 먼저의 관념은 후의 관념에 영향을 준
다고 한다. 그러나 처음 것과 나중 것의 根底에 어떤 공동의 實體
substratum가 없는 한 관념과 관념 사이의 어떤 連結이나 상호작용
은 불가능하다고 한다. 뿐만 아니라 行爲를 한 사람이 자기가 행한
행동의 結果를 얻는다는 보장이 없기 때문에 행위의 합리적 기반이
무너진다고 비판한다. 또한 관념들이 어떻게 하여 한 육체에서 다
른 육체로 옮겨질 수 있는가가 의심스럽기 때문에 輪廻라는 것도
설명되기 어렵다고 한다. 쿠마릴라는 영혼의 存在를 증명하기 위하
여 다음과 같이 주장한다. 육체의 요소들은 知性이 없기 때문에 그
들의 결합은 결코 지성을 산출하지 못한다. 육체가 하나의 유기체
적인 全體라는 것도 그것이 그것을 다스리는 어떠한 他存在의 目的
을 위하여 존재한다는 것을 입증한다고 한다. 우리가 〈나의 몸〉이
라는 말을 하는 것도 내가 몸이 아니라는 것을 말한다. 또한 記憶
이라는 것이 가능한 것도 어떤 精神的인 實體가 있기 때문이라고
한다.

우리가 이미 본대로 미맘사哲學에 의할 것 같으면 知識은 本有的
妥當性을 갖고 있다. 그리고 프라브하카라는 知識은 스스로를 드러
내는 自明性까지 지니고 있다고 한다. 그러나 미맘사學派에 의하면
自我 자체는 그러한 빛이나 識을 갖고 있지 않다. 따라서 自我의
存在는 自明하지 않으며 그렇다고 해서 正理哲學에서처럼 직접적인
지각의 대상이 될 수도 없다고 한다. 프라브하카라 Prabhākara에 의
하면 自我는 우리의 모든 인식활동에 필연적으로 관여되며 이러한
인식활동들을 통하여서만 드러난다고 한다. 즉 대상을 아는 인식활
동에 있어서 自我는 그 지식의 主體로서 항시 드러난다는 것이다.

196

그래야만 인식이 〈나의 인식〉이 되는 것이다. 이에 반하여 쿠마릴
라는 自我意識이 대상의 의식을 항시 동반하는 것이 아니라고 한
다. 단지 우리가 가끔 自我에 대해서 생각할 때 생기는 自我意識
self-consciousness, ahaṁvitti 가운데의 對象으로서만 우리는 自我를
알 수 있다는 것이다. 그러나 구루 Guru파는 이 견해에 반대한다.
왜냐하면 바로 이 自我意識이라는 것 자체가 不可能하기 때문이다.
自我가 의식의 主體와 客體가 동시에 될 수는 없다는 것이다. 主體
와 客體의 기능은 兩立할 수 없기 karma-kartṛ-virodha 때문이다.

4 解脫論

미맘사學派는 본래 제사의 행위와 이에 따른 業報를 궁극적인 關
心事로 한 哲學이다. 따라서 구원의 개념에 있어서도 본래는 올바
른 祭式의 행위를 함으로써 얻어지는 天上의 福樂을 理想으로 하는
樂觀的인 견해를 가지고 있었다. 그러나 나중에는 他學派의 영향을
받아 自我의 解脫, 즉 육체와 윤회의 속박으로부터 벗어나는 것을
最高의 삶의 理想 niḥśreyasa으로 인정하게 되었다. 해탈이란 自我가
좋고 나쁜 行爲와 육체를 며나 순수하게 존재하는 것을 말한다. 그
러한 自我의 상태에는 아무런 인식이나 경험도 있을 수 없다. 희열
도 느끼지 않는다. 고통과 즐거움을 며나서 自我가 본래적인 svastha
상태에 들어갈 뿐이다. 自我는 識 cit이나 喜悅 ānanda을 그 자체의
본질적인 성격으로 갖고 있지 않기 때문이다.
미맘사學派는 해탈에 이르는 방법으로서 自我를 아는 知識과 義
務的인 行爲를 利害心 없이 순수하게 행하는 것을 강조한다. 『바가
바드 기타』에서 말하는 〈카르마요가 karma-yoga〉의 실천을 重視하
는 것이다. 그럼으로써 미맘사哲學은 베다의 命令 및 제식행위에
대한 義務와 解脫에 대한 要求를 同時에 充足시키는 것이다.

* 참고문헌

Edgerton, F., trans., *The Mīmāṁsā Nyāya Prakaśa of Apadevi: a Treatise on the Mīmāṁsā System by Apadeva*. New Haven, 1929.

Jha, G., *Prabhākara School of Pūrva Mīmāṁsā*. Benares, 1918.

————, *Pūrva Mīmāṁsā in its Sources: with a critical bibliography by Umesha Mishra*. Benares, 1942.

————, trans., *The Pūrva Mīmāṁsā Sūtras of Jaimini*. Allahabad, 1916.

————, trans., *Śabarabhāṣya*. Baroda, 1933.

————, trans., *Śloka-vārttika*. Allahabad.

Keith, A. B., *The Karma Mīmāṁsā*. London, 1921.

Sandal, M. L., trans., *The Mīmāṁsā Sūtras of Jaimini*. Allahabad, 1923-1925.

Shastri, P., *Introduction to the Pūrva-Mīmāṁsā*. Calcutta, 1923.

Thadani, N. V., *The Mīmāṁsā: the Sect of the Sacred Doctrines of the Hindus*. Delhi, 1952.

Strauß, O., "Die älteste Philosophie der Karma Mīmāṁsā," *Sitzungsberichte der Preußischen Akademie der Wissenschaft* (1932).

제 17 장 不二論的 베단타哲學

1 샹카라 이전의 베단타哲學

베단타 Vedānta라는 말은 본래 베다 Veda의 끝 anta 혹은 目的이라는 뜻으로 우파니샤드 Upaniṣad를 가리키는 말이다.[1] 그러나 동시에 베단타는 우주의 궁극적이고 통일적인 원리를 탐구하는 우파니샤드의 철학을 체계적으로 해석하고 발전시킨 哲學體系를 지칭한다. 베단타哲學은 印度의 여러 철학체계들 가운데서 가장 많은 추종자들을 가져 왔고 가장 영향력 있는 철학으로서, 과거 약 1000년을 통하여 다른 모든 학파들을 지적 활동에 있어서 압도하게 된 哲學이다. 베단타철학은 그 根本經典으로서 우파니샤드 자체는 물론이고, 우파니샤드 哲學의 延長이나 다름없이 간주되는 『바가바드 기타』와 또한 우파니샤드의 다양한 철학을 간략하게 체계적으로 闡明하고자 하는 『베단타經 Vedānta-sūtra』 혹은 『브라흐마經 Brahma-sūtra』에 기초하고 있다. 『브라흐마經』은 서력기원전 1세기경의 인물로 추정되는 바다라야나 Bādarāyaṇa가 著者로 전해져 왔으나 그 內容上으로 보아 4~5세기 경에 이르러 현재의 형태로 完成된 것으로 보여진다.[2]

---

1) 〈베단타〉라는 말은 이미 後期 우파니샤드인 *Muṇḍaka Upaniṣad* 3, 2, 6이나 *Śvetāśvatara Upaaniṣd* 6, 22, 그리고 *Bhagavad Gītā* 15, 15에 쓰이고 있다.

2) 『브라흐마經』에는 後期大乘佛敎의 思想이나 無神論的 상키야哲學이 비판되고 있다.

『브라흐마經』에 의하면 오로지 上層階級의 사람만이 절대자인 브라흐만 Brahman을 알 자격이 있다. 브라흐만에 대한 지식은 베다 聖典에 근거하며, 인간의 독립적인 사고나 이론도 베다성전과 더불어 지식의 근거가 될 수 있다. 브라흐만은 最高者, 人格的 存在, 純粹한 精神的 實體, 純粹한 有로서 常住遍在, 無限不滅의 존재이다. 萬有의 生起와 存續과 歸滅을 일으키는 존재로서 萬有의 母胎이다. 브라흐만은 世界의 質料因이기도 하며 世界의 創造主이기도 하다. 브라흐만은 轉變에 의하여 세계를 산출하며, 이렇게 전개돼 나온 현상세계는 세계의 원인으로서의 브라흐만과 다르지 않다. 세계가 브라흐만으로부터 전개돼 나올 때는 空·風·火·水·地의 순서로 전개되어 나오며, 이 다섯 개의 원소가 다시 브라흐만으로 돌아갈 때는, 전개과정의 逆順序를 따라 還滅한다고 한다. 세계의 창조와 존속과 귀멸의 과정은 무한히 반복된다. 個人我 jīva는 브라흐만의 部分이며, 그것과 같지도 않고 다르지도 않으며 無始 이래로 流轉을 계속하고 있다. 業의 應報는 無前力 apūrva에 의한 것이 아니고 神의 裁定에 의하여 받는 것이다. 인생의 궁극 목적은 브라흐만과의 合一을 통한 解脫에 있다. 해탈을 얻는 방법으로서 브라흐만의 瞑想에 의한 知 vidyā를 강조하고 있으며, 브라흐만에 대한 知를 얻은 자는 死後에 神들의 길을 따라서 최후에 브라흐만에 이르러 브라흐만과 합일한다. 이렇게 해탈을 얻은 자는 세계의 창조와 유지의 힘을 제외하고는 절대자와 꼭 같은 완성과 힘을 갖춘다고 한다.

우리는 이미 우파니샤드 철학이 후기에 가서 다분히 상키야 Sāṁkhya적으로 발전되었음을 보았거니와 상키야철학이 본격적으로 二元論的인 世界觀을 전개함에 따라, 우파니샤드의 연구가들 가운데서는 이에 반발하여 우파니샤드의 本來的인 一元論的 사상을 옹호하려는 운동이 있었던 것으로 추정된다. 『브라흐마經』은 이러한 사상적 운동의 결정체로 간주될 수 있다. 사실상 『브라흐마經』에는 상키야철학의 無神論的 二元論을 곳곳에서 批判하고 있는 것이다.

『브라흐마經』은 내용이 지극히 함축적이고 간략해서 그 자체로서는 이해하기 어려운 부분을 많이 가지고 있다. 따라서 후세의 많은 철학자들은 이 경에 註釋書를 썼으며, 이들 주석가들은 각기 서로 다른 哲學的 解釋과 見解들을 보이므로 자연히 베단타哲學 자체내에서도 이 주석들을 중심으로 하여 여러 學派들이 成立되게 되었다.

모든 베단타哲學者들은 世界를 여러 개의 근본적으로 서로 다른 實體들의 관계 속에서 파악하려는 多元論的인 견해를 배척하고 多樣한 現象世界의 배후에 단 하나의 窮極的이고 統一的인 實在가 있다는 一元論的인 世界觀을 따른다. 문제는 어떻게 이 궁극적인 實在와 현상세계, 즉 物質 및 個人의 영혼들과의 관계를 이해하는가에 따라서 베단타哲學者들은 상호간에 차이를 보여주고 있는 것이다. 궁극적인 實在(브라흐만이라고 부르는)와 함께 相異한 實體들의 존재도 인정하며 世界를 이 實體들의 相互作用으로 說明하되 브라흐만은 그들을 초월하고 그들을 支配하고 調整하는 어떤 존재로 간주하는 견해가 있는가 하면, 다른 한편으로는 世界의 모든 存在들은 唯一한 存在인 브라흐만이 多樣性의 세계로 자기를 展開한 結果로 나타나는 顯現樣態로서 이해하는 견해도 있다. 그런가 하면 또 다른 立場에서는 多樣性의 세계는 唯一無二한 實在인 브라흐만을 가리우고 있는 베일과 같은, 그러나 알고 보면 단지 假象에 지나지 않는 것으로 把握하는 思想도 있는 것이다.

現存하는 『브라흐마經』의 주석서 가운데서 가장 오래되고 또 가장 유명한 것은 약 800년경에 씌어진 샹카라 Śaṅkara의 『브라흐마經疏 Brahmasūtra-bhāṣya』로서, 위에서 언급한 세 가지 見解 가운데서 세번째 立場을 옹호하는 해석서이다. 그러나 샹카라의 주석서를 통하여 우리는 그 전에도 『브라흐마經』에 대한 많은 해석과 주해가 가하여져 왔었음을 알 수 있다. 특히 샹카라의 철저한 不二論的 advaita인 철학적 입장과는 상당히 거리가 먼 해석들이 있었음을 알 수 있다. 우리가 이미 본대로 『브라흐마經』自體의 철학적 입장은 샹카라의 不二論的 哲學과는 상당한 差異를 보여주고 있으며, 그의 不二論的인 해석은 무엇보다도 그의 스승 고빈다파다 Govindapāda를 통하여, 혹은 직접으로, 가우다파다 Gauḍapāda라는 哲學者의 사상적 영향을 받은 것으로 여겨지고 있다. 가우다파다는 『만두키야 카리카 Māṇḍūkya-kārikā』라는 『만두키야 우파니샤드 Māṇḍūkya Upa-niṣad』의 철학을 다루는 論書의 저자로서, 그곳에서 그는 우리가 아는 한 처음으로 철저한 不二論的 베단타철학을 전개하고 있는 것이다. 샹카라는 이 『만두키야 카리카』에 대한 주석서를 썼으며 거기서 샹카라는 베다의 不二論的인 철학이 가우다파다에 의하여 비로소 되찾아졌다고 하여 가우다파다에 대한 상당한 존경심을 나타내고 있다.

가우다파다는 大乘佛敎의 空觀思想이나 唯識思想의 강한 영향을 받은 자로서, 그의 저서에서 우리는 이들 불교철학에서 사용하는 술어들이나 비유 등을 많이 발견할 수 있다. 실제로 그는 佛敎의 論師 박카 Bakka라는 사람의 제자였다고 한다. 그는 우파니샤드의 철학이 불타의 가르침과 일치한다고 믿었던 것처럼 보인다. 그는 일체의 生滅하는 현상세계 prapañca는 實在인 神의 불가사의한 힘의 幻術 māyā에 의하여 나타난 것이며 實在의 세계는 어떤 多樣性이나 二元性도 용납하지 않는다고 한다. 眞諦의 궁극적인 입장에서 볼 것 같으면 꿈의 세계와 깨어 있는 세계는 마찬가지이며 외부의 세계나 마음속에 나타나는 세계나 모두 우리의 妄想의 所産으로서 거짓이라고 한다. 마치 어둠 속에서 밧줄을 뱀이라고 착각하는 것과 마찬가지라는 것이다. 實在의 世界에는 主客의 區別이나 相異한 主體들과 客體들도 사라지며, 生滅도 因果도 없으며, 속박된 존재도 없으며 해탈을 원하는 자도 없다. 오직 빛나는 하나의 아트만 Ātman만이 존재할 뿐이다. 가우다파다는 아트만을 무한한 공간에 비유한다. 個人我 jīva는 병 속의 공간과 같이 制限된 것같이 보이나 결국 하나의 아트만만이 存在하는 것이다. 賢明한 者는 요가의 修行을 통하여 이와 같은 認識에 도달한다는 것이다.

가우다파다는 이렇게 萬物을 브라흐만의 假現 vivarta으로 보는 베단타哲學을 전개한 것이다. 〈마야 māyā〉의 개념은 이미 『슈베타슈바타라 우파니샤드』나 『바가바드 기타』에 나타나 있지만, 거기서는 마야란 어디까지나 神이 스스로를 다양성의 세계로 전개하는 創造的 힘을 의미했다. 그러나 그 후 점차 마야는 認識主觀의 無知,

혹은 우리를 속이는 神의 幻術로서 이해하게 되었으며, 이것이 가우
다파다에 와서 決定的으로 假現說 vivartavāda 혹은 마야說 māyāvāda
로 成立되게 된 것이다. 샹카라의 不二論的 advaita 베단타 해석은
바로 이 立場을 代表하는 것이다.

2 샹카라의 不二論的 베단타哲學

가우다파다 Gauḍapāda의 철저한 一元論的인 實在觀을 이어 받아
不二論的 베단타 Advaita Vedānta철학을 大成시킨 사람은 샹카라 Śaṅ-
kara였다. 그는 『브르하드 아라니야카 우파니샤드 Bṛhadāraṇyaka
Upaniṣad』를 비롯한 주요 우파니샤드들에 주석을 가했으며 또한
『바가바드 기타 Bhagavad Gītā』에도 주석서를 썼다. 그러나 그의 철
학적으로 가장 중요한 저서는 『브라흐마經』에 대한 주석서 『브라흐
마經疏 Brahmaaūtra-bhāṣya』로서 여기서 그는 여러가지 他學說들을
비판해 가면서 不二論的인 베단타철학의 입장을 확고히 다진 것이
다. 그는 南인도 출생으로서 인도 각지방으로 遊行하고 다니면서
자기의 학설을 전파하였다. 뿐만 아니라 그는 자기의 철학에 입각
한 종교적 실천을 위하여 佛敎의 寺院들처럼 많은 출가자들의 단체
를 만들어 苦行의 실천과 더불어 브라흐만의 知識을 추구하였다.
샹카라는 佛敎의 思想的 영향하에 베다의 思想을 再解釋함으로써
바라문교의 부흥에 크게 기여함과 동시에 이미 쇠퇴해 가고 있던
佛敎에 큰 타격을 가하게 된 것이다.

샹카라에 의하면 참으로 存在하는 것은 모든 形相 ākāra과 性質
guṇa과 差別性 viśeṣa과 多樣性 nānātva을 초월한 브라흐만 Brahman
이라는 絕對的 存在뿐이다. 그것만이 唯一한 實在이다. 브라흐만은
절대적으로 同質的이며 아무런 성질도 갖고 있지 않는 nirguṇa 순수
한 存在 sat 그 自體이다. 이 브라흐만은 우파니샤드의 眞理대로
人間의 참 自我 Ātman로서(〈tad tvam asi〉, 〈aham brahma asmi〉) 스
스로 빛을 發하는 svayaṁprakāśaka 自明性을 가진 순수한 識 cit이
다. 이 識은 브라흐만의 속성이 아니라 브라흐만 그 自體이다. 識
으로서의 브라흐만 혹은 아트만은 모든 存在의 內的 自我 antarātman

로서 그 存在는 결코 의심하거나 부정할 수 없는 가장 확실한 것이다. 왜냐하면 부정하는 행위 자체가 이 自我를 前提로 하고 있기 때문이다. 同時에 自我는 모든 認識의 主體이기 때문에 결코 對象化하여 알 수 있는 것이 아니다. 自我는 우리의 모든 精神的 作用 내지 認識活動을 통하여 그 背後에서 항시 빛을 비추어 주고 있는 證人 sākśin과 같은 존재로서 그 自體는 결코 인식의 대상이 될 수 없는 존재라고 한다.

샹카라에 있어서 實在의 개념은 否定될래야 否定될 수 없는 abhā-dita, 끝까지 남아 있는 것을 말한다. 〈否定된다〉는 말은 어떤 經驗된 事實이 또 다른 어떤 경험에 의하여 거짓됨이 드러난다는 뜻이다. 예를 들어, 꿈 속의 實在는 꿈에서 깨어난 후에는 實在性을 否定당하게 되는 것이다. 이러한 의미에서 샹카라에 의하면 自我는 도저히 否定될 수 없는 實在라는 것이다. 우리가 이미 考察한 바 있는 自我의 네 가지 狀態에 관한 우파니샤드 哲人들의 思惟가 나타내고자 하는 것도 바로 이 점인 것이다. 즉 깨어 있는 상태에서나 꿈을 꾸고 있는 상태에서나, 깊은 수면에 빠져 있는 상태이거나 禪定의 상태이거나를 막론하고 결코 否定당함이 없이 恒存하고 있는 純粹識으로서의 自我야말로 實在라는 것이다.

샹카라에 의하면 이러한 自我가 곧 다름아닌 브라흐만이요, 브라흐만만이 唯一의 實在라 한다. 그렇다면 우리 눈앞에 보이는 日常的 經驗 vyavahāra의 多樣한 현상세계를 샹카라는 어떻게 설명하는가? 샹카라에 의하면 이 하나의 實在인 브라흐만은 우리의 無知 avidyā나 幻術 māyā의 힘 śakti 때문에 雜多한 이름과 형상 nāmarūpa을 가진 현상세계 prapañca로 나타나 보이게 된다고 한다. 즉 세계는 브라흐만의 假現 vivarta에 지나지 않는다는 것이다. 샹카라의 이러한 입장을 브라흐만假現說 Brahmavivartavāda이라 부른다. 세계를 브라흐만으로부터 展開돼 나온 것으로 보는 브라흐만轉變說 Brahmapariṇāmavāda과 구별되는 理論이다. 兩者 다 브라흐만을 世界의 質料因 upādāna-kāraṇa으로 보는 것은 마찬가지이나, 前者는 세계를 브라흐만의 假現으로 보고 後者는 세계를 브라흐만의 轉變으로 보는 차이가 있는 것이다. 양자 모두 결과가 원인에 이미 존재한다고 믿기 때문에 因中有果論 satkāryavāda으로 간주되나, 브라흐만假現說은 원인만이 실재하고 결과는 원인의 가현이라고 보는 반면에, 브라흐만轉變說은 결과를 원인의 전변으로 보는 것이다.

샹카라에 의하면 無知 avidyā는 存在 sat도 아니고 非存在 asat도 아닌 규정하기 어려운 어떤 것이다 anirvacanīya. 왜냐하면 브라흐만만이 유일한 실재이며 無知도 브라흐만에 근거해야 하는 고로 무지는 存在 sat라고 볼 수 없다. 그러나 동시에 이 현상세계를 나타나게끔 하므로 非存在 asat라고도 할 수 없는 것이다. 無知의 본질은 샹카라에 의하면 우리로 하여금 어떤 사물을 誤認하게끔 하며, 그 위에서 다른 사물을 보게끔 하는 假託 adhyāsa에 있다고 한다. 예를 들어 어두울 때 길에서 밧줄을 보고 뱀으로 착각하는 것과 같다는 것이다. 실제로 존재하는 것은 브라흐만 혹은 아트만뿐인데 사람들이 無知로 인하여 잡다한 현상과 대상의 세계를 그 위에 뒤집어 씌워서 본다는 것이다.

샹카라에 의하면 이 無知의 영향으로 인하여 우리는 본래 아무런 屬性도 없는 브라흐만 nirguṇabrahman을 世界를 창조하고 지배하는 主宰神 Īśvara으로서 인식한다고 한다. 이 神은 세계의 質料因과 能動因이며 聖스러운 베다를 鼓吹해 냈고 세계의 윤리적 질서를 보호하는 者이다. 따라서 샹카라는 브라흐만을, 아무런 속성도 없는 높은 브라흐만 parabrahman과 속성을 가지고 현상세계를 창조하는 힘을 가진 낮은 브라흐만 aparabrahman의 두 가지로 구별한다. 前者는 어떤 형상 ākāra이나 속성 guṇa이나 制限 upādhi도 갖고 있지 않으므로 엄격히 얘기해서 우리의 言語로는 도저히 表現될 수 없는 순수한 存在이다. 우파니샤드에 따라서 오직 〈무엇도 아니고 무엇도 아니다 neti-neti〉라는 否定的 표현 밖에는 할 수 없는 實在인 것이다. 단지 冥想을 통하여 순수 存在 sat와 순수 識 cit으로 체험되는 것일 뿐이다. 반면에 主宰神은 人格的인 神으로서 수많은 훌륭한 속성과 형상을 지니고 있으며, 따라서 同時에 制限된 存在인 것이다. 이 神은 人間과 人格的인 關係에 들어갈 수 있으며 우리의 宗敎的인 敬拜 upāsana의 대상이 되는 존재이다. 샹카라는 이렇게 〈높은 브라흐만〉과 〈낮은 브라흐만〉을 區別하고 있지만 때로는 그의 저서들을 통하여 두 개념을 엄격히 區別함이 없이 混用하기도 한다.

無知 avidyā는 또한 브라흐만, 즉 宇宙의 궁극적 실재인 最高我 paramātman를 수없이 많은 制限된 個人我 jīvātman로 나타나게끔 한다. 個人我란 다시 말해서 最高我가 無知의 영향 아래서 나타나게 되는 수많은 現象的 自我들인 것이다. 마치 해나 달이 하나이지만 많은 물통에 비칠 때 여럿으로 나타나는 것과 같다고 한다. 혹은 限 없는 空間이 좁은 병 안에서 制限된 공간들로 나타나 보이는 것과 도 마찬가지라 한다. 이렇게 絕對我를 제한된 個人我로 나타나게끔 하는 것은 우리의 몸과 감각기관과 意根 manas과 같은 限定的 附加 物 upādhi들의 영향 때문이며, 이 附加物들은 곧 無知의 所産인 것 이다. 따라서 無知를 제거하는 순간 우리는 제한된 현상적 자아가 망상일 뿐이며 실제로는 絕對的 自我 즉 브라흐만 자체임을 깨달아 서 解脫을 얻게 된다는 것이다.

이상과 같은 높은 브라흐만 parabrahman과 낮은 브라흐만 apara-brahman, 最高我와 個人我의 區別은 높은 知識 parāvidyā과 無知로 因한 낮은 知識 aparāvidyā, 혹은 窮極的 眞理 paramārtha와 世俗的 眞理 vyāvahārikārtha의 區別을 초래한다. 龍樹와 같이 샹카라도 철 저한 一元論的인 存在論을 위하여 認識的 二諦說을 주장해야만 한 것이다. 즉 궁극적인 진리에 의할 것 같으면 個人我와 創造神은 어 디까지나 모두 妄想에 지나지 않으나 世俗的인 眞理의 次元에서 볼 것 같으면 個人我와 創造神, 束縛과 解脫, 輪廻 등이 모두 實在하 는 事實이라는 것이다. 샹카라는 이와 같은 知識의 二重性의 이론 에 입각해서 베다와 『기타』와 『브라흐마經』 等을 철저히 一元論 的으로 解釋할 수 있었던 것이다. 분명히 베다는 個人我, 業, 輪 廻, 解脫, 創造, 主宰神 등의 實在性을 인정하는 부분을 많이 갖고 있다. 正統 바라문교도로서의 샹카라는 이들도 다 베다의 聖스러 운 진리이므로 결코 無視할 수는 없었던 것이다. 결국 그는 二諦說 에 입각해서 이 문제를 해결했던 것이다. 즉, 世俗的 眞理는 窮極 的 眞理로 이끌기 위한 手段的 가치를 지닌 것으로서, 베다는 兩 者를 다 가르치고 있다는 것이다. 결국 베다 自體도 多樣性의 세계에 속하는 것으로서 이 세계의 言語를 통하여 우리로 하여금 無知를 제거하고 참다운 인식에 도달하게 하는 것이다.

이상과 같이 모든 현상세계의 差別性과 多樣性을 부정하고 最高我만의 唯一無二한 實在性을 주장하는 샹카라의 哲學을 不二論的 베단타 Advaita Vedānta哲學이라 부른다.

여기서 한 가지 留意할 점은 궁극적 진리의 관점에 따라서 현상세계가 비록 妄想이라 할지라도 世界는 결코 〈공중의 꽃〉이나 〈토끼의 뿔〉과 같은 전혀 근거가 없는 妄想과는 다르다는 것이다. 世界는 어디까지나 브라흐만이라는 實在를 근거로 하여 나타난 假現이지 전혀 事實無根의 환상은 아닌 것이다. 샹카라는 또한 佛教의 唯識哲學의 主觀的 觀念論을 배척한다. 샹카라에 의하면 外界가 비록 假象이기는 하나, 唯識哲學에서 말하는 것과 같이 識 vijñāna의 轉變으로서의 主觀的 假象이 아니라 客觀的으로 존재하는 가상이라는 것이다. 세계는 단순히 觀念上에만 존재하는 것이 아니라 客觀的으로 知覺되는 것이기 때문이라고 한다.

人生의 最高目標는 至高善 niḥśreyasa, summum bonum인 解脫 mokṣa에 있다. 샹카라에 의하면 解脫은 오직 知識 vidyā에 의해서만 가능하다. 善한 행위와 神에 대한 敬拜도 물론 해탈에 도움을 주지만 그들은 궁극적으로 無知 avidyā에 근거한 것으로서 우리를 현상의 세계에 계속 얽매는 것이다. 높은 知識 parāvidyā은 知覺 pratyakṣa이나 推論 anumāna에 의하여 주어지는 것도 아니다. 지식은 오로지 啓示 śruti, 즉 베다의 공부로부터 얻어진다고 한다. 베다 가운데서도 特別히 知識篇 Jñāna-kāṇḍa인 우파니샤드(즉 Vedānta)의 가르침이 중요하다. 샹카라에 의하면 베다는 全體가 다 神에 의하여 만들어진 것으로서 영원한 것이라고 한다. 이것은 물론 世俗的인 眞理의 次元에서 얘기되는 진리이다. 우리는 이러한 이론을 통하여 샹카라哲學의 傳統性과 保守性을 엿볼 수 있는 것이다. 높은 知識 parāvidyā을 얻기 위하여는 베다의 공부와 더불어 善한 行爲와 瞑想 upāsana, 特히 우파니샤드의 말들(〈tad tvam asi〉와 같은)을 경건하게 熟考하고 反復하는 것도 도움이 된다고 한다.

個人我가 곧 最高我라는 것을 아는 知識, 현상세계의 다양성과 윤회의 세계가 환상뿐이라는 知識은 모든 業을 파괴한다고 한다. 지식을 얻은 자에게는 業도 존재하지 않고 業의 결과인 육체도 더 이상 存在하지 않는 것이다. 그에게는 또한 지켜야 할 義務도 존재하지 않는다고 한다. 샹카라에 의하면 知識은 業의 씨를 태워 버린다. 그러나 이미 그 씨가 發芽하기 시작한 業, 즉 現世의 原因이 되고 있는 業은 파괴할 수 없다고 한다. 따라서 完全한 知識을 획득한 者라 할지라도 現在의 몸은 당분간 存續한다고 한다. 마치 陶工의 轆轤가 그릇을 다 만든 후에도 얼마동안 계속해서 돌아가는 것과 마찬가지라 한다. 그러나 깨달은 자는 현재의 몸을 파괴할 수는 없으나 그것에 의하여 더 이상 속임을 당하지는 않는다. 이것이 生解脫 jīvanmukti의 상태이며 死後에야 비로소 육체를 완전히 벗어 버린 脫身解脫 videhamukti을 성취하는 것이다.

한편 낮은 知識의 소유자는 브라흐만을 자기의 自我로 깨닫지 못하고 創造神으로 믿고 崇拜한다. 샹카라에 의하면 이러한 사람의 영혼(個人我)은 死後에 神들의 길 devayāna을 통하여 낮은 브라흐만 aparabrahman과 聯合한다. 이 상태는 아직 解脫은 아니지만 漸次的인 解放 kramamukti을 통하여 完全한 知識과 解脫에 이른다고 한다. 이보다도 더 낮은 단계의 사람은 높은 지식도 낮은 지식도 없는 사람으로서 단지 善行을 행한 사람이며, 이들은 死後에 祖上들의 길 pitṛyāṇa을 따라서 달에 도달하여 거기서 業의 보상을 누리고 난 후 또 다시 地上에 태어난다고 한다. 이 때에 輪廻의 主體가 되는 것은 個人我이며, 이 個人我는 無知의 所産인 여러 附加物 upādhi들을 同伴하고 死後에 存續한다고 한다. 우리의 거친 肉體 gross body는 死後에 물질적 要素들로 되돌아가지만 個人我는 다른 附加物들과 함께 존속하는 것이다. 이러한 附加物들에는 意根 manas과 감각기관들 indriya, 목숨 mukhya-prāṇa, 細身 sukṣmaśarīra이 있다. 여기서 감각기관이란 것은 육체적인 기관 karaṇa을 말하는 것이 아니라 그들의 能力 혹은 씨를 말하며, 細身은 육체가 파멸한 후에도 남게 되는 〈육체의 씨를 形成하는 微細한 要素들 deha-bījāni bhūta-sukṣmāṇi〉을 의미한다. 이러한 附加物들은 우리가 解脫을 얻

기 前까지는 영원히 個人我들에 附着되어 따라다닌다는 것이다. 이
밖에도 個人我는 未來의 生을 결정할 業의 所依 karma-āśraya를 變
하는 附加物로 지니고 있다고 한다.

3 샹카라 이후의 不二論的 베단타哲學

샹카라의 不二論的 哲學은 印度哲學史에 있어서 오늘날까지 막대
한 영향력을 발휘해 왔으며 그는 印度의 가장 위대한 思想家로서
推仰받아 왔다. 따라서 그의 哲學은 수많은 그의 제자들과 추종자
들에 의하여 활발한 論議의 대상이 되어 왔으며 그의 著述들에도
다시 많은 주석서들이 씌어지게 되었다.

샹카라의 제자인 파드마파다 Padmapāda (9세기)는 『브라흐마經』의
처음 四節에 대한 샹카라의 주석의 復註인 『판차파디카 Pañcapādika』
라는 중요한 저술을 했으며 이 주석은 프라카샤아트만 Prakāśātman
(1100년경)의 『판차파디카註解 Pañcapādika-vivaraṇa』라는 또 하나의 復
註를 낳았다. 한편 샹카라의 제자 수레슈바라 Sureśvara는 샹카라哲
學을 體系的으로 다루는 『나이스카르미야싯디 Naiṣkarmya-siddhi』와
샹카라의 『브르하드아라냐카 우파니샤드』의 주석에 대한 復註를 썼
다. 샹카라의 또 하나의 제자인 아난다기리 Ānandagiri도 『브라흐마
經疏』에 대하여 『냐야니르나야 Nyāyanirṇaya』라는 復註를 저술했다.
한편 9세기의 바차스파티미슈라 Vācaspatimiśra도 『브하마티 Bhā-
matī』라는 有名한 주석을 써서 샹카라哲學을 독자적으로 해석했다.
또한 싸르바주냐아트만(Sarvajñātman, 900 A.D.경)은 샹카라의 經疏
에서 요점을 추려서 『쌈크셰파샤리라카 Saṁkṣepa-śārīraka』라는 綱要
書를 저술했다.

이들 샹카라의 추종자들에 있어서 논의된 중요한 문제 중의 하나
는 無知 avidyā, 또는 幻術 māyā의 존재론적인 가치에 대한 문제였
다. 이들은 대체로 무지나 환술을 상키야철학의 프라크르티 prakṛti
와 같이 다양성의 세계를 산출시키는 어떤 創造的인 原理로 보았
다. 샹카라에 있어서 無知가 단순히 그로 인해 현상세계가 나타나
게 되는 妄想的인 힘이었다는 것에 비추어 볼 때 샹카라의 추종자들

은 無知를 좀더 實體化해서 보는 경향을 가졌음을 알 수 있다. 그
들은 또한 無知는 모든 현상세계를 나타나게끔 하므로 非存在 asat
라고도 할 수 없고 그렇다고 存在 sat라고도 할 수 없다고 한다. 왜
냐하면 知 jñāna에 의하여 無知는 사라지게 되며 결국 브라흐만만이
唯一한 實在이기 때문이다. 따라서 이들 不二論的 철학자들은 모두
無知를 규정할 수 없는 어떤 것 anirvacanīya이라고 한다. 문제는 이
無知가 누구에게, 혹은 어디에 속한 것인가라는 것이다. 우리는
여기서 이 문제를 둘러싼 여러 철학자들의 입장을 자세히 언급할
수는 없다. 단지 그 要旨만을 말할 것 같으면 답은 두 가지 선택을
가지고 있다. 하나는 無知는 브라흐만에 근거 āśraya를 두고 브라흐
만을 대상 viṣaya으로 하는 어떤 힘 śakti이라는 견해이고, 다른 하
나는 無知는 個人我 jīva에 근거하며 브라흐만은 無知의 對象은 되지
만 所依는 될 수 없다는 견해이다. 만다나미슈라 Maṇḍanamiśra[3]와
바차스파티미슈라 Vācaspatimiśra와 같은 베단타哲學者는 後者를 택
하고 있으며 바차스파티의 註釋書의 이름에 따라 〈브하미티 Bhāmatī〉
學派라 부른다. 반면에 수레슈바라 Sureśvara, 파드마파다 Padmapāda,
프라카샤아트만 Prakāśātman, 사르바쥬나아트만 Sarvajñātman 등의
學者는 前者의 見解를 취하고 있으며 이들을 프라카샤아트만의 註釋
書의 이름에 따라 〈비바라나 Vivaraṇa〉 學派라 부른다. 브라흐만에
근거를 둔다고 하는 이론의 장점은 世界의 原因을 브라흐만 自體에
서 찾는다는 것이나, 문제는 어떻게 無知가 純粹識인 브라흐만에
근거할 수 있으며 어떻게 브라흐만 自體가 世界의 多樣性에 책임을
질 수 있겠는가이다. 반면에 無知의 所依가 個人我 jīva이며 브라흐
만과는 無關하다고 할 것 같으면, 문제는 無知가 브라흐만을 떠나서
하나의 독립적인 힘으로 간주되는 것이며 논리적으로도 순환논법을
범한다는 것이다. 즉 個人我가 이미 無知의 産物인데 어떻게 무지
가 개인아에 속하겠느냐는 것이다. 이 모든 문제는 결국 현상세계
를 브라흐만의 가현으로 보는 브라흐마假現說 Brahmavivartavāda이

3) 만다나는『브라흐마싯디 Brahmasiddhi』의 저자로서, 전통적으로 그는 수레슈바
라와 同一한 人物로 간주되어 왔으나 최근에는 다른 人物로 간주되고 있다. S.
Dasgupta의 *A Hisory of Indian Philosophy*, Vol. Ⅱ (Cambridge, 1932),
pp. 82-87 참조.

가지고 있는 근본적인 난점을 말해 주는 것이다.

샹카라의 不二論的 哲學은 또한 슈리하르샤(Śrīharṣa, A.D. 1150년경)와 그의 제자 칫츠카(Citsukha, A.D 1220년경)에 의하여 새롭게 계승 발전되었다. 前者의 가장 중요한 철학적 저서는 『論破의 美味 Khaṇḍana-khaṇḍa-khādya』이고, 후자는 슈리하르샤의 저서에다가 주석을 썼을 뿐만 아니라 『眞理의 燈 Tattva-pradīpika』이라는 독자적인 저서도 썼다. 이들은 특별히 不二論的 입장에 서서 경험의 세계에서 주어지는 여러 범주들을 實在論的으로 해석한 正理哲學을 공격했다. 슈리하르샤는 龍樹의 방법과 비슷하게 자신의 철학적 입장을 적극적으로 주장하기보다는 상대방의 모든 사유의 범주들을 矛盾的인 것으로 떨어뜨리는 破壞的 辯證法에 주력하였다. 결국 唯一한 實在인 브라흐만은 모든 현상세계의 사유의 범주와 言語를 초월한 실재라는 것이다. 현상세계 또한 무지의 所産이므로 存在 sat라고도 할 수 없고, 그렇지만 어디까지나 브라흐만을 근거로 하여 āśraya 분명히 나타나 보이는 세계이므로 非存在 asat라고도 규정할 수 없는, 規定不可能한 anirvacanīya 어떤 것이다. 따라서 슈리하르샤에 의하면 이러한 모순적이고 불가사의한 세계에 대하여 어떤 범주를 채용하여 分析을 하고 限界를 짓고 하는 행위는 궁극적으로 무의미하며 자기 모순에 빠지는 행위라는 것이다. 슈리하르샤는 이 점에서 正理철학이 提示하는 여러 범주들의 定義와 說明이 공허하고 타당치 못함을 밝히고, 결국 그 범주들은 정의할 수 없고 따라서 실재하는 것이 아니라는 것이며, 이것은 현상세계 자체도 궁극적으로 규정할 수 없는 거짓 존재임을 말한다는 것이다. 슈리하르샤는 자신의 論議까지도 포함해서 모든 철학적 논의가 결국 俗諦에 準한 것임을 말하며, 궁극적인 실재는 직접적으로 깨달아야 하고, 眞諦와 俗諦의 구별마저 현상세계에서만 타당한 것이라고 얘기한다. 슈리하르샤가 正理철학의 범주들을 비판함에 있어 주로 우다야나 Udayana에 의한 定義들을 대상으로 하여 이 정의들이 타당치 못함을 증명하려고 한 반면에, 그의 제자 칫추카는 좀더 나아가 범주들의 정의뿐만 아니라 범주들의 개념들 자체를 論破하려고 하였다. 그는 이러한 파괴적인 논파뿐만 아니라 그의 『眞理의

燈 Tattva-pradīpika』에서 不二論的 베단타의 여러 중요한 개념들에
대하여 자신의 해석을 가하고 있다. 그가 中觀哲學의 二諦說을 미
맘사학파의 쿠마릴라 브핫따 Kumārila Bhaṭṭa의 비판으로부터 옹호
하고 있음은 주목할 만한 점이다. 그는 말하기를 二諦의 구분은 어
디까지나 現象世界에서 활동하는 지성에 의해 하는 것이므로 궁극
적으로는 非實在的이고 眞理는 하나뿐이다라고 한다. 그러나 우리
가 無知 속에 있는 한 우리는 이 구별을 할 수 밖에 없으며 俗諦를
의심할 수 없다는 것이다. 이러한 견해는 현상세계가 토끼의 뿔이
나 공중의 꽃과 같이 전혀 근거 없는 非存在가 아니라, 비록 假象이
기는 하나 브라흐만이라는 실재에 근거하여 나타나는 것이라는 不
二論的 베단타哲學의 實在觀에 입각한 것이다.

＊참고문헌
Alston, A. J., trans., *The Naiskarmasiddhi of Srī Sureśvara*. London,
   1959.
Bhattacharya, A., *Studies in Post-Śaṅkara Dialectics*. Calcutta, 1936.
Bhattacharyya, K., *An Introduction to Advaita Philosophy*. Calcutta,
   1924.
Bhattacharyya, V., trans., *The Āgamaśāstra of Gauḍapāda*. Calcutta,
   1943.
Chatterjee, M. M., trans., *Viveka-cūḍāmaṇi, or Crest-Jewel of Wisdom
   of Śrī Śaṅkarācārya*. Adyar, Madras, 1932.
Date, V. H., trans., *Vedānta Explained: Sankara's Commentary on the
   Brahma-sūtras*. 2 vols. Bombay, 1954.
Datta, D. M., *The Six Ways of Knowing: A Critical Study of the
   Vedānta Theory of Knowledge*. Calcutta, 1960.
Deussen, P., *The System of the Vedanta, According to Bādarāyaṇa's
   Brahmasūtras and Śaṅkara's Commentary*. Chicago, 1912.
Deutsch, E., *Advaita Vedānta: A Philosophical Reconstruction*. Hono-
   lulu, 1969.
Deutsch, E. and Van Buitenen, J. A. B., eds., *A Sourcebook of Advaita*

Vedānta. Honolulu, 1972.

Devaraja, N. K., *An Introduction to Śaṅkara's Theory of Knowledge*. Delhi, 1962.

Dvidevi, M. N., trans., *The Mandukyopanishad with Gaudapada's Kārikas*. Bombay, 1894.

Glasenapp, H. v., *Der Stufenweg zum Göttichen*. Baden-Baden, 1948.

Guénon, R., *Man and His Becoming according to the Vedānta*. London, 1945.

Hacker, P., "Eigentümlichkeiten der Lehre und Terminologie Śaṅkara's," *Zeitschrift der deutschen Morgenländischen Gesellschaft*, 100 (1950).

————, *Untersuchungen über Texte des frühen Advaitavāda. 1. Die Schüler Śaṅkaras*. Mainz, 1950.

————, *Vivarta: Studien zur Geschichte der illusionistischer Kosmologie und Erkenntnistheorie der Inder*. Wiesbaden, 1953.

————, *Kleine Schriften* (B. Indische Philosophie, insbes. Advaita-Vedānta). Wiesbaden, 1978.

————, trans., *Upadeśasāhaśrī*. Bonn, 1949.

Hiriyanna, M., trans., *Vedantasāra (by Sadānanda)* : *a work on Vedānta Philosophy*. Poona, 1929.

Jagadananda, Swami, trans., *A Thousand Teachings of Śrī Śaṅkarachārya* (Śaṅkaraś Upadeśasāhaśrī). Madras, 1949.

Jha, G., trans., *Khandana-khanda-khadya*. *Indian Thought*, Vol. 1–7 (1907–1915).

————, trans., *The Chāndogyopaniṣad* (with Śaṅkaraś Commentary). Poona, 1942.

Lacombe, O., *L'Absolu selon le Védānta*. Paris, 1937.

Levy, J., *The Nature of Man According to the Vedānta*. London, 1956.

Madhavananda, Swami., trans., *Bṛhadāraṇyaka Upaniṣad*. Text with Translation of Śaṅkara's Commentary. Calcutta, 1934.

Mahadevan, T. M. P., *Gauḍapāda: A Study in Early Advaita*. Madras, 1954.

————, *The Philosophy of Advaita, with Special Reference to Bhā-ratītīrtha-vidyārāṇya.* London, 1938.

————, trans., *The Sambandha-Vārtika of Sureśvara.* Madras, 1958.

Mukharji, N. S., *A Study of Śaṅkara.* Calcutta, 1942.

Murty, K. S., *Revelation and Reason in Advaita Vedānta.* New York, 1961.

Nikhilananda, Swami., trans., *The Māṇḍukyopaniṣad with Gauḍapāda's Kārikās and Śaṅkara's Commentary.* Mysore, 1955.

————, trans., *Self-Knowledge: an English Translation of Śaṅkarā-chārya's Ātmabodha.* Madras, 1947.

Otto, R., *Mysticism East and West.* Trans. by. B. L. Bracey and R. C. Payne. London, 1932.

Potter, K. H., ed., *Advaita Vedānta, Encyclopedia of Indian Philoso-phies,* Vol. Ⅲ. Delhi, 1981.

Sastri, K., *An Introduction to Advaita Philosophy.* Calcutta, 1926.

Sastri, S. S. S., and Raja, C. Kunhan, trans., *The Bhāmatī of Vācas-pati: on Śaṅkara's Brahmasūtrabhāṣya (Catussūtrī).* Madras, 1933.

Sastri, S. S. S. and S. Sen, trans., *Vivaraṇaprameyasaṅgraha of Vidyāraṇya.* Madras, 1941.

Sastry, A. M., trans., *The Bhagavad-Gita: with the Commentary of Sri Sankaracharya.* Madras, 1961.

Sengupta, B. K., *A Critique on the Vivaraṇa School.* Calcutta, 1959.

Staal, J. F., *Advaita and Neoplatonism: A Critical Study in Compara-tive Philosophy.* Madras, 1961.

Thibaut, G., trans., *The Vedānta-sūtras with the Commentary of Śaṅkarācārya. The Sacred Books of the East,* Vol. XXXIV, XXXVIII. Oxford, 1890, 1896.

Venkararamiah, D., trans., *The Pañcapādikā of Padmapāda.* Baroda, 1948.

Urquhart, W. S., *The Vedanta and Modern Thought.* London, 1928.

中村元，『ヴェーダーンタ哲学の発展』

金倉圓照，『吠檀多哲学の研究』

————，『シャンカラの哲学ブラフマ・スートラ釈論の全訳』

제Ⅲ부　敎派的　哲學

제18장 限定不二論的 베단타哲學

1 限定不二論의 宗敎的 背景

샹카라의 不二論的 베단타 Advaita Vedānta 哲學은 베다의 知識篇
즉, 우파니샤드 Upaniṣad의 철학을 일관성 있는 체계로 해석한 것
으로 그 후 인도철학의 가장 정통적인 主流를 형성하게 되었다. 그
러나 샹카라의 철학은 종교적인 면에서 몇 가지 문제점을 지니고 있
었다. 첫째는 人格的 神에 대한 信愛 bhakti는 샹카라의 철학에 의
할 것 같으면 窮極的 眞理에 근거한 것이 아니고 어디까지나 俗諦
에 입각한 것이라는 점이다. 따라서 神에 대한 종교적 신앙을 구원
의 최고의 길로 간주하는 많은 힌두교 신자들에게는 샹카라의 철
학은 매우 불만스러운 것이었다. 그의 不二論的 철학의 원리에 의
할 것 같으면 인격적인 신과 개인적인 영혼이라는 것은 無知 avidyā
나 幻術 māyā에 의한 브라흐만의 환상적 나타남에 지나지 않으며,
영혼의 고통과 속박과 윤회라는 것도 결국 幻術이며 해탈 또한 마
찬가지인 것이다. 샹카라의 知識 jñāna의 길이란 결국 이 모든 종교
적 노력과 추구를 궁극적으로 無意味하게 만드는 결과를 초래한다
는 비판을 면하기 어려운 것이다.
　우리는 이미 후기 우파니샤드와 『바가바드 기타』의 哲學思想에서
쉬바 Śiva神과 비슈누 Viṣṇu神에 대한 신앙이 나타나 있는 것을 보
았거니와 이 두 神을 중심으로 한 대중적 신앙운동은 그 후 점점

"

더 확대되어 中世印度의 종교생활을 지배하게 되었다. 서력기원
후 약 200년경에 대체로 완성되었다고 보여지는 『마하바라타
Mahābhārata』와 『라마야나 Rāmāyaṇa』와 같은 叙事詩에도 이러한
신앙운동은 반영되어 있으며, 무엇보다도 푸라나 Purāṇa라고 불리
는 새로운 문헌들 속에서 본격적인 표현을 보게 되었다. 본래 푸라
나 Purāṇa란 叙事詩들처럼, 베다를 연구하는 학파들 밖에서 韻文
의 형식으로 전해져 오던 문헌으로서, 세계의 주기적인 創造와 解
體, 神들과 聖人들의 계보, 세계의 주기적 기간들과 그동안의 지배
자들, 왕들의 계보 등 〈古事〉(〈purāṇa〉라는 말의 뜻)를 다루고 있는
문헌이었다. 그러나 쉬바神과 비슈누神의 숭배자들은 이 문헌들에
다가 각각 그들의 신앙적 내용을 부가하여 약 1000년경까지 많은
敎派的인 푸라나들을 산출하였다. 그리고 이들 푸라나들은 실제상
에 있어서 베다보다도 더 直接的으로 대부분의 힌두교도들의 宗敎
的 生活을 지배하게 된 것이다. 종래의 정통 바라문주의의 보수적
윤리에 의하여 베다의 學習으로부터 除外되어 왔던 많은 낮은 사회
계급의 사람들과 여자들에게도 푸라나는 큰 호소력을 지닌 大衆的
文獻으로 등장하게 된 것이다. 특히 비슈누신의 숭배는 비슈누神의
化身 avatāra으로 간주되는 牧童 gopāla 크리슈나 Kṛṣṇa의 이야기를
담고 그에 대한 사랑과 믿음 bhakti을 북돋우는 『비슈누 푸라나
Viṣṇu-purāṇa』와 『바가바타 푸라나 Bhāgavata-purāṇa』 등을 통하여
더욱더 大衆化되게 되었다. 뿐만 아니라 굽타 왕조의 지배자들은
비슈누와 그의 化身들에 대한 신앙을 공식적으로 지원하여 많은
石造神殿과 神像들을 만들어서 비슈누신앙을 보급하는 데 큰 공헌
을 했다. 비슈누와 쉬바의 숭배자들은 번거로운 베다적인 제사
yajña 대신에 家庭이나 神殿에서 간단하게 그들의 神像을 모시고 神
을 공경하고 예배하는 大衆的인 푸자pūjā 儀式을 발전시켰다.

여기서 우리는 敎派的 푸라나의 代表的인 것으로서 『비슈누 푸라
나』의 내용을 잠시 살펴볼 필요가 있다. 왜냐하면 이 푸라나에 나
타나 있는 世界觀은 후세에 라마누자 Rāmānuja를 비롯한 많은 비슈
누派의 베단타思想家들의 哲學에 宗敎的 基盤을 제공하고 있기 때
문이다.

『비슈누 푸라나』는 叙事詩 『마하바라타』에 언급되고 있는 판차라
트라 Pañcarātra라고 불리는 비슈누信仰의 一派에 의하여 산출된 문
헌으로서 이 판차라트라派는 『마하바라타』의 『解脱法品』 중의 那
羅延天章 Nārāyaṇīya이라는 비슈누派의 문헌도 산출했다고 여겨
진다.

『비슈누 푸라나』에서 哲學的으로 중요한 의의를 지닌 것은 世界
의 創造와 週期的 變化에 관한 説話와 牧童 gopāla 크리슈나의 이야
기이다. 『비슈누 푸라나』에 의할 것 같으면 비슈누神은 브라흐만으
로서 자기 자신 안에 온 우주를 포함하고 있다. 그는 精神 puruṣa
과 物質 prakṛti과 이 兩者를 結合시키고 分離시키는 時間 kāla의 형
태로 存在하며 이 三者를 갖고서 創造의 행위를 하나의 遊戯 līlā로
서 영위한다. 창조의 과정은 대체로 상키야哲學에서 論하는 物質의
展開과정을 따르나 단지 이 物質의 原初的인 均衡状態를 깨뜨리는
것은 世界의 定해진 週期에 따라서 神이 精神과 物質을 자극함에
의해서라고 한다. 物質로부터 一次的인 세계의 進化가 이루어지면
物質로부터 展開된 諸要素들은 결합하여 하나의 거대한 卵과 같은
덩어리를 형성하여 물 위에 떠 있게 된다. 이 때에 비슈누는 創造神
브라흐마 Brahmā의 형태로 이 宇宙的 卵 속으로 들어가서 하늘과 땅
과 공중권을 창조하며 諸神과 生命들을 居하게 한다. 다음에 그는
世界의 維持者인 비슈누神으로서 세계를 유지하다가 때가 오면 세
계의 破壊者 루드라 Rudra로서 세계를 불로써 파괴하고 비를 내려
온 우주를 하나의 大洋으로 만든다. 그리고 비슈누는 이 大洋 위에
있는 쉐사 Śeṣa라고 부르는 큰 뱀 위에서 밤의 睡眠과 休息의 상태
로 들어간다.

브라흐마 神의 세계창조로부터 파괴에 이르는 기간을 一劫 kalpa이
라 부르며 브라흐마神의 하루의 낮에 불과하다고 한다. 이 一劫동안
에 세계는 大유가 mahāyuga라 불리는 週期들을 경과하며 各 大유
가는 또한 4개의 小유가로 되어 있다. 大유가의 길이는 人間에게
는 4,320,000년이며 神들에게는 12,000년에 해당한다. 4개의 小유
가는 크리타 유가 Kṛta Yuga 4,800년(神들의), 트레타 Treta 유가
3,600년, 드바파라 Dvāpara 유가 2,400년, 그리고 칼리 Kali 유가

1,200년으로 되어 있으며, 이 小유가들이 경과하는 동안 人間社會에 온갖 不法 adharma은 점점 더 증가하며 인간의 壽命은 점점 더 단축된다고 한다. 이러한 四期의 小유가들로 된 大유가가 1,000번 반복되는 것이 一劫이며 이것이 브라흐마神의 한 낮에 해당한다는 것이다. 하루의 낮이 지나면 이 낮과 같은 길이의 브라흐마神의 밤이 오며 이 때에는 비슈누神은 잠들어 있는 것이다. 이러한 우주의 밤이 끝나면 비슈누는 깨어나서 브라흐마神으로서 세계를 다시 창조하고 브라흐마神의 낮이 시작되는 것이다. 이상과 같은 브라흐마神의 낮과 밤은 360일 100년간이나 계속되어 반복되며 이 기간이 끝나면 時間과 物質과 精神은 無限한 비슈누神 안으로 흡수되어 비슈누神만이 홀로 남게 되며, 그가 다시 遊戲를 시작하면 全過程이 다시 되풀이되는 것이다.

『비슈누 푸라나』에 있어서 후세의 哲學的 靈感을 불러 일으킨 또 하나의 說話는 비슈누神의 化身 avatāra으로 간주되는 크리슈나의 어린 시절과 牧童으로서의 이야기들이다. 특별히 브린다바나 Vṛndāvana 라는 숲에서 전개되는 牧童 크리슈나와 牧童들의 아내들 gopīs과의 열렬한 戀愛의 이야기는 人間의 靈魂과 神과의 사랑을 나타내는 상징으로서 비슈누派의 哲學思想에 重大한 영향을 끼치게 되었다.

비슈누와 쉬바의 신앙운동은 서력기원 약 6세기경에 이르러 南印度의 타밀 Tamil지방에서 출현한 여러 詩人聖者들에 의하여 새로운 경지로 들어가게 되었다. 이들은 종래의 베다 Veda, 서사시(叙事詩), 푸라나 등의 언어인 산스크리트語 대신 그들의 지방어인 타밀語로 시와 노래를 지어 비슈누신과 쉬바신에 대한 열렬한 사랑과 헌신을 노래했다. 그럼으로써 그들은 종전보다도 훨씬 더 감정적이고 개인적인 신앙을 거침없이 표현하게 된 것이다. 그들의 宗敎的 갈망은 어떤 非人格的인 절대적 존재로서의 브라흐만과의 合一이라기보다는 그들이 섬기는 人格的인 神과의 강렬한 사랑의 교제를 체험하는 것이었다. 이들 타밀地方의 詩人聖者들이 지은 많은 宗敎的 詩와 노래들은 자연히 聖典으로 수집되게 되었으며 이들 聖典들은 비슈누派와 쉬바派의 敎理形成에 중요한 역할을 하게 되었다.

쉬바派에서는 10세기경에 나야나르 Nāyanār라고 불리는 歷代의 詩人聖子들의 讚歌를 모아서 12 〈聖典 Tirunmuṛai〉을 편찬하였으며, 이것은 샤이바 싯단타 Śaiva-siddhānta派의 중요한 聖典을 이루었다. 샤이바 싯단타는 13세기에 일어난 쉬바派의 하나로서 神과 人間의 差異, 人間의 罪와 神의 恩寵을 강조하며, 쉬바信仰에 하나의 神學的, 哲學的 기반을 제공했다. 한편 비슈누派는 11세기에 알바르 Ālvār라 불리는 그들의 詩人聖子들의 노래를 수집하여 4000 〈聖詩 Divyaprabandham〉를 편찬했다. 이 聖詩의 편찬은 나타무니 (Nāthamuni, 824—924)에 의하여 비롯되었다고 하며 그와 그의 후계 자들은 이 聖詩들을 비슈누神殿에서 정기적으로 노래하며 그들의 신앙을 표현했다. 알바르들의 詩는 특히 牧童 크리슈나 Krishna Gopāla 와 牧童들의 아내 gopī들과의 강렬한 사랑의 기쁨과 고통을 人間과 神과의 理想的인 관계를 상징하는 것으로서 찬미했다. 나타무니와 그의 후계자들은 슈리 바이쉬나바 Śrī-vaiṣṇava라는 유력한 교파를 형성했다.

슈리 바이쉬나바派는 샤이바 싯단타派와는 달리 베다傳統의 연구 를 통하여 자기들의 신앙과 종교적 思想을 뒷받침하려고 노력하는 한편 산스크리트語로 哲學的 저술들을 산출하여 타밀지방을 넘어 서서 인도 전역에 사상적인 영향을 끼치게 되었다. 이러한 슈리 바이쉬나바派의 종교적 思想을 철학적으로 가장 잘 대표하는 사람은 라마누자(Rāmānuja, 약 1055~1139)였다. 그는 南인도 타밀地方에서 태어난 슈리 바이쉬나바派의 司祭로서, 비슈누신에 대한 신앙의 正 統性과 신앙을 통한 구원의 길을 옹호하기 위하여 『브라흐마 經』 과 『바가바드 기타』의 주석서를 써서 샹카라의 不二論的 철학을 신 랄하게 공격하고 독자적인 베단타철학의 전통을 세우게 되었다. 그 후로부터 샹카라의 不二論的 베단타철학은 많은 이와 비슷한 노력 들에 의하여 도전을 받게 되었다.

라마누자의 思想의 根源은 어디까지나 그가 속해 있던 슈리 바이 쉬나바派의 신앙적 전통에 있으며 그의 哲學의 骨格은 그가 존경하 던 슈리 바이쉬나바派의 學者 야무나 Yāmuna (918~1034)에서 이미 찾아볼 수 있다. 야무나는 나타무니 Nāthamuni의 孫子이며 후계자로서 『바가바드 기타』의 解釋書인 『기타義綱要 Gītārthasaṁgraha』를 썼으며 라마누자의 『기타』 해석에 절대적인 영향을 주었다. 야무나 는 또한 『싯디트라야 Siddhitraya』라는 그의 著書에서 상키야와 냐 야哲學을 빌어서 個人我와 현상세계가 最高神 Īśvara과는 別個의 實 在들임을 論하고 있다. 라마누자는 바로 이러한 야무나의 思想을 이어받아 發展시키고 完成시킨 哲學者다. 그는 또한 『브라흐마經』 의 주석서인 『聖疏 Śrī-bhāṣya』에서 자기가 보다야나 Bodhāyana라는 사람의 『브라흐마經』의 해석을 따르고 있음을 말하고 있다.

2 라마누자의 形而上學

라마누자의 形而上學的 立場은 단적으로 말해서 샹카라의 不二論 的 哲學과 상키야 Sāṁkhya의 二元論的 哲學의 절충적 혹은 중간적 인 哲學으로 볼 수 있다. 그는 샹카라哲學의 근본적 입장인 브라흐 만의 唯一한 實在性을 말하면서도 그 안에 상키야철학의 二元論的 世界觀 즉, 푸루샤 puruṣa와 프라크르티 prakṛti의 두 원리를 포섭하 려고 한다. 라마누자에 의하면 브라흐만이 유일한 실재이다. 그러 나 이 브라흐만은 샹카라의 不二論的 베단타에서처럼 아무런 屬性 도 없는 순수한 非人格的 존재가 아니라, 屬性 saguṇa과 差別性을 지닌 saviśeṣa 人格的인 神이다. 따라서 라마누자철학을 限定不二論 Viśiṣṭādvaita이라고 부른다. 다시 말해서 브라흐만은 多樣性과 屬性 을 지닌 一者이다. 그의 속성 혹은 樣態 prakāra에는 두 가지가 있 다. 즉 물질 acit과[1] 영혼 cit이다. 물질과 영혼은 브라흐만을 떠나 서 독립적인 존재로 존재하지 못하며, 언제나 브라흐만에 의존하고 브라흐만은 그들의 實體 prakārin이다. 영혼과 물질은 비록 브라흐 만의 屬性이기는 하지만 샹카라哲學에서처럼 幻術 māyā이 아니라 實在하는 存在들로 간주된다. 라마누자에 있어서 〈마야〉란 無知 avidyā를 의미하지 않고 神의 창조적 힘을 말한다. 따라서 라마누

---

1) 〈acit〉란 非精神的인 것이라는 말로서, 엄격히 말하면 物質 prakṛti 뿐만 아니라 時間도 이 범주 안에 속한다. 라마누자에 의하면 시간은 勝論哲學에서처럼 하나 의 獨立된 實體가 아니며 그렇다고 상키야哲學에서처럼 物質의 作用도 아니다. 時間은 神 안에 내재하는 實在로서 神은 시간의 도움으로 창조활동을 한다고 한다.

자는 샹카라의 二諦說이나, 이에 근거한 〈높은 브라흐만 para-brahman〉과 〈낮은 브라흐만 aparabrahman〉의 구별을 받아들이지 않는다.

라마누자는 브라흐만과 世界, 즉 영혼들과 물질과의 關係를 영혼과 육체와의 관계에 準하여 說明한다. 영혼과 육체는 서로 다르나 육체는 영혼 없이 存在할 수 없으며 영혼은 육체를 지배하는 것이다. 이와 마찬가지로 神은 個人의 영혼들과 물질세계의 內制者 antaryāmin이며 이들은 神에 依存하고 있다는 것이다. 혹은 라마누자는 神과 世界와의 관계를 全體와 部分의 관계로서 설명하기도 한다. 물질과 영혼들은 神의 部分들과 같다는 것이다.

샹카라와 라마누자는 모두 세계가 브라흐만에 依存하고 있음을 인정하지만, 샹카라에 의할 것 같으면 세계는 브라흐만의 假現인 반면에 라마누자에 있어서는 세계는 이미 브라흐만 안에 內在하여 있다가 그로부터 轉變하여 나온 實在인 것이다. 라마누자에 의하면 브라흐만에는 두 가지 상태가 있다. 하나는 세계가 아직 브라흐만으로부터 전개되어 나오지 않은 상태이거나 혹은 세계가 해체되어 pralaya 브라흐만에 吸收되어 있는 상태로서, 이것을 브라흐만의 原因的 狀態 kāraṇa-avasthā라 한다. 다른 하나는 세계가 브라흐만으로부터 전개되어 sṛṣṭi 나왔을 때의 상태로서, 이것을 브라흐만의 結果的 狀態 kārya-avasthā라고 부른다.

브라흐만은 그 안에 부분과 差別性을 지녔으며 세계의 내적 지배자이며 세계의 質料因도 되고 能動因도 되지만, 브라흐만 자체는 변화하거나 움직이지 않는다. 그의 속성과 양태 prakāra들만이 變化할 뿐이다. 神은 世界를 超越하는 存在이다. 그는 무수히 많은 完全한 性品들을 지니고 바이쿤타 Vaikuṇṭha라는 天界에서 다른 神들과 聖子들과 解放된 영혼들과 함께 居하고 있다. 그는 世界라는 육체를 지녔지만 그의 육체는 그를 속박하지 않는다. 왜냐하면 속박이란 業의 結果인 반면에 神은 바로 業의 主宰者이기 때문이다.

世界가 解體될 때에는 物質 prakṛti은 미세하고 無區分的 avibhakta인 潛在的 狀態로 있으나 神은 이러한 物質로부터 영혼들의 業에 따라서 그들의 몸과 감각기관들과 대상들의 세계를 展開시킨다고 한다. 神의 全能한 意志에 따라서 미세한 상태의 물질은 우선 火·水·地의 미세한 要素들로 바뀌고 이들이 섞여서 우리가 경험하는 多樣한 現象世界를 이루는 것이다. 火·水·地의 三要素는 사트바 sattva와 라자스 rajas와 타마스 tamas라는 物質 prakṛti의 三性質을 각각 나타낸다고 한다. 상키야哲學과는 달리 라마누자는 사트바, 라자스, 타마스를 物質의 三要素가 아니라 三性質(屬性)으로 본다. 라마누자에 의하면 라자스와 타마스의 성질을 전혀 갖고 있지 않고 순수하게 사트바만의 성질로 된 特殊한 物質도 存在한다. 이 물질은 따라서 非精神界 acit 보다는 精神界 cit에 屬하는 것으로서, 神이나 解放된 者들의 몸과 그들이 거하는 곳에 있는 事物들은 이러한 特殊한 물질로 되어 있다고 한다.

영혼 jīva들은 비록 브라흐만의 樣態요 그의 몸의 一部이기는 하지만, 그들 나름대로 영원히 實在하는 존재라고 한다. 그러나 그들은 어디까지나 神의 樣態인 고로 有限한 존재인 것이다. 영혼은 原子 aṇu의 크기만한 個別的 單子들로서, 그들은 本質에 있어서는 同一하다고 한다. 세계의 창조의 상태에서는 영혼들은 각각 그 業에 따라서 육체를 입고 있으나 세계의 해체상태에서나 혹은 解放된 영혼은 육체로부터 벗어나 존재한다. 영혼은 육체나 감각기관이나 意根 manas이나 호흡들과는 다르다. 영혼은 윤회의 세계에서 無知와 業으로 인하여 자신을 이들과 혼동하고 있을 뿐이다. 이러한 혼동에서 생기는 自我意識으로서의 我慢 ahaṁkāra은 영혼이 본래 가지고 있는 自意識과는 다르다고 한다.

영혼은 앎과 행위와 경험의 主體이다(jñātṛ, kartṛ, bhoktṛ). 영혼은 그 자체에 있어서 빛을 가진 svayaṁprakāśaka 自意識的인 존재이다. 영혼은 자기 자신을 알기도 하고 대상을 알기도 하며 자기 자신을 드러내나, 對象을 드러내지는 못한다고 한다. 대상은 오직 知識(앎)을 통하여 영혼에 드러나는 것이다. 반면에 知識은 그 자체와 대상을 드러내기는 하지만 그들을 알지는 못한다. 아는 것은 영혼이 하는 일이기 때문이다. 라마누자는 미맘사의 프라브하카라 Prabhākara와 같이 知識이란 스스로를 드러내는 自明한 것이라고 한다. 그러나 프라브하카라와는 달리 지식은 영혼의 本質的인 성질이

224

지 偶然的인 성질은 아니라고 한다. 知識은 깊은 수면의 상태나 해방된 상태에서도 언제나 영혼에 존속한다는 것이다. 지식이 영혼의 본질적인 성질이기는 하나, 그렇다고 해서 라마누자는 샹카라처럼 영혼 그 자체가 知識 혹은 純粹識 cit이라고 하지는 않는다. 라마누자에 의하면 순수식이라는 것은 있을 수 없다. 識이란 어디까지나 주체에 속하며 대상을 가지고 있다. 따라서 識은 언제나 限界되어져 있고 特殊한 속성들을 지니고 있는 것이다. 우리는 〈나는 의식하고 있다〉라고 말하지 아무도 〈나는 識이다〉라고 말하는 사람은 없다는 것이다. 그리고 영혼이 영원한 것처럼 지식도 영원하며 본래는 遍在的 vibhu이고 無限하고 全知的이라고 한다. 그러나 우리의 業의 제한과 방해를 받아 우리의 지식은 한계를 갖게 된다는 것이다.

지식과 마찬가지로 영혼은 본질적으로 희열 ānanda을 갖고 있다고 한다. 따라서 현상세계에서의 불완전함과 고통들은 영혼의 본질을 건드리는 것은 아니다. 해방된 영혼은 무한한 지식과 영원한 행복을 누리는 것이다.

3 解脫論

라마누자에 의하면 영혼의 해방은 無知와 業의 제거를 통해서 이루어진다고 한다. 그러기 위해서 라마누자는 샹카라와는 달리, 行爲 karma와 知識 jñāna을 둘 다 필요한 것으로 간주한다. 따라서 그는 베다의 연구에 있어서도 行爲篇 Karma-kāṇḍa과 知識篇 Jñāna-kāṇḍa, 그리고 푸르바 미맘사 Pūrva-mīmāṃsā와 웃타라 미맘사 Uttara-mī-māṃsā를 둘 다 강조한다. 즉 푸르바 미맘사의 연구는 베단타철학의 연구를 위한 준비로서 간주되며 행위는 순수한 마음으로 神을 기쁘게 하기 위해 행하면 영혼의 淨化에 도움이 된다고 한다. 이 점에 있어서 행위에 대하여 지식의 절대적 우위를 강조하는 샹카라와 차이를 보여 주고 있는 것이다.

라마누자에 의하면 해탈이란 궁극적으로 영혼은 물질과 다르다는 認識에 의하여서 가능한 것이라고 한다. 그러나 라마누자가 말하는

認識이란 단순한 베단타철학에 대한 知的 理解가 아니라 요가的 瞑想을 통하여 얻어진 지식으로서, 이러한 지식은 영혼을 物質의 束縛과 輪廻의 세계로부터 해방시킨다고 한다. 그러나 이렇게 物質로부터 해방된 영혼은 육체를 떠나 순수하게 존속하기는 하나 아직도 神과 함께 居하는 幸福에 참여하지는 못한다고 한다. 이러한 最高의 구원은 오직 神에 대한 사랑의 瞑想을 실천하는 信愛의 요가 bhakti-yoga를 통하여서만 가능한 것이다. 信愛란 神에 대한 끊임없는 記憶 dhruva-smṛti과 瞑想 upāsana, dhyānà을 의미하며, 이러한 信愛를 행하는 者는 神에 대한 직접적인 直觀的 知識을 얻으며 자기는 神의 殘餘物 śeṣa에 지나지 않는 존재로서 그에게 全的으로 依存하고 있다는 것을 깨닫게 된다고 한다.

信愛의 요가는 베다에 대한 瞑想을 필요로 하므로 슈드라階級의 사람들은 이 길을 따를 수 없다. 따라서 라마누자는 이러한 사람들을 위하여 別途의 구원의 길을 提示하고 있다. 즉 누구든지 神을 믿는 마음으로 그를 向하여 자기 자신을 抛棄 prapatti하고 歸依하며 그에게 모든 것을 맡기는 者는 神의 恩寵 prasāda에 의하여 구원을 얻을 수 있다는 것이다.

라마누자는 生解脫 jīvanmukti의 개념을 인정하지 않는다. 영혼이 業의 결과인 육체와의 교섭을 떠난 상태, 즉 死後라야만 비로소 解脫이 가능한 것이다. 라마누자에게 있어서는 個人的 靈魂과 束縛과 輪廻가 단지 無知로 인해 나타나는 幻術 māyā일 수는 없다. 따라서 解脫의 상태란 영혼이 브라흐만과 완전히 하나가 된다든가 혹은 그 속에 흡수되어 個別性을 상실하는 것이 아니다. 神과 個人靈魂과의 差異는 언제나 남아 있으며, 영혼은 육체의 속박을 벗어나 그 固有의 完全性을 회복하고, 순수한 사트바 sattva的인 몸을 갖고서 無限한 幸福 속에서 神과 사랑의 交際를 享有한다는 것이다.

라마누자의 死後 그의 추종자들은 벤카타나타 Venkaṭanātha (혹은 Vedānta-deśika, 14세기)를 중심으로 하는 북쪽의 바다갈라이 Vaḍagalai 派와, 로카차리야(Lokācārya, 13세기 말)를 중심으로 하는 남쪽의 텐갈라이 Teṅgalai派로 分立되게 되었다. 이 양파는 神의 恩寵과 人間

226

의 努力에 관하여 상이한 견해를 지녔다. 바다갈라이派에 의하면
신의 은총을 받기 위하여서는 우리는 스스로를 淨化하려는 노력이
필요하다는 것이다. 마치 어린 원숭이가 어머니의 목에 매달리려는
것과 같이 우리는 모든 것을 포기하고 신의 은총을 받기 위하여 신
에게 매달리려는 개인적인 노력을 해야된다는 것이다. 반면에 텐갈
라이派는 그러한 신의 은총을 받기 위하여 人間의 개인적인 노력이
필요없다는 것이다. 마치 고양이가 입으로 자기의 새끼를 물어올려
서 안전한 곳으로 운반하듯이 신은 그의 은총을 罪人들에게도 선사
하며 그들을 윤회의 세계로부터 구원한다는 것이다. 라마누자의 철
학은 많은 후계자들에 의하여 계승되었으나, 전체적으로 보아 샹카
라나 또 하나의 위대한 베단타철학자인 마드바 Madhva의 문하생들
과 같이 철학적 능력이 예리하고 뛰어난 사상가들을 배출하지는 못
했다.

＊참고문헌

Bhatt, S. R., *Studies in Rāmānuja Vedānta*. New Delhi, 1975.

Carman, J., *The Theology of Rāmānuja: An Essay in Interreligious
　Understanding*. New Haven, 1974.

Dimmit, C. and J. A. B. van Buitenen, trans., *Classical Hindu
　Mythology: A Reader in the Sanskrit Purāṇas*. Philadelphia, 1978.

Ghate, V. S., *The Vedanta: A Study of the Brahma-Sutras with the
　Bhasyas of Sankara, Ramanuja, Nimbarka, Madhva and Vallabha*.
　Poona, 1926.

Kumarappa, B., *The Hindu Conception of the Deity as culminating
　in Rāmānuja*. London, 1934.

Lacombe, O., *L'Absolu selon le Vedānta: Les notions de Brahma et
　d'Atman dans les systèmes de Çankara et Rāmānuja*. Paris, 1937.

──────, trans., *Grands Thèses de Rāmānuja*. Paris, 1938.

──────, trans., *La Doctrine Morale et Metaphysique de Rāmānuja*.
　Paris, 1938.

Lott, E., *God and the Universe in the Vedānta Theology of Rāmā-
　nuja: a study in his use of the Self-Body Analogy*. Madras, 1976.

————, *Vedantic Approaches to God*. London, 1980.

Narasimha–Ayyangar, M. B., trans., *Vedānta–Sāra of Bhagavad–Rāmānuja*. Madras, 1953.

Otto, R., trans., *Siddhānta des Rāmānuja*. Jena, 1917, Tübingen, 1923.

————, *Vishnu–Nārāyaṇa*. Jena, 1917.

Raghavachar, S. S., *Śrī Rāmānuja on the Upanishads*. Madras, 1972.

Rangacharya, M. and M. B. Varadaraja Aiyangar, trans., *Vedānta Sūtras with Śrī Bhāṣya of Rāmānujāchārya*. 3 vols. Madras, 1965.

Srinivasachari, P. N., *The Philosophy of Bhedābheda*. Madras, 1934.

————, *The Philosophy of Viśiṣṭādvaita*. Madras, 1943.

————, *Rāmānuja's Idea of the Finite Self*. Calcutta, 1928.

Sampatkumaran, M. R., trans., *The Gītā–Bhāṣya of Rāmānuja*. Madras, 1969.

Thibaut, G., trans., *The Vedānta–sūtras with the Commentary of Rāmānuja*. Part Ⅲ. *The Sacred Books of the East*, Vol. XLVIII. Oxford, 1904.

Varadachari, K. C., *Sri Ramanuja's Theory of Knowledge*. Tirupati, 1943.

Van Buitenen, J. A. B., trans., *Rāmānuja on the Bhagavadgītā*. The Hague, 1953.

————, trans., *Rāmānuja's Vedārtha–Saṃgraha*. Poona, 1965.

Wilson, H. N., trans., *The Viṣṇu Purāṇa*. New York, 1969. Reprint of the 1840 edition.

Zimmer, H., *Myths and Symbols in Indian Art and Civilization*. New York, 1946.

제19장 비슈누派의 베단타哲學

1 라마누자 이후의 印度哲學의 傾向

베단타哲學이 일단 라마누자에 의하여 샹카라의 不二論과는 달리 신앙적으로 해석될 수 있음이 보여짐에 따라, 그의 철학은 베단타 思想史에 지대한 영향을 끼치게 되었다. 라마누자의 뒤를 이어 나타난 여러 비슈누派와 쉬바派의 철학자들은 모두 물질세계와 영혼을 주저없이 실재하는 것으로 보고, 이들과 最高神으로서의 브라흐만과의 관계를 각기 자기나름대로 설명하려고 하였다. 라마누자만 하여도 영혼과 물질의 실재를 인정하면서도 아직도 不二論的 advaita 입장, 즉 브라흐만만이 유일한 實在라는 사상을 견지하고 있는 반면에, 그들은 더욱더 영혼과 물질이 브라흐만과는 별개의 실재임을 적극적으로 주장하게 되었다. 또한 구원의 방법으로서도 라마누자는 知識과 信愛와를 결부시켜 해석하는 반면에, 이들 信仰的 베단타 철학자들은 信愛만이 유일한 길임과 신의 은총을 강조하여 中世 인도의 종교적 경향을 여실히 반영하고 있는 것이다. 사실 라마누자를 전환점으로 하여 이들 信仰的 敎派的 사상가들에 의하여 전개된 神學的 救援論으로서의 철학들은 印度哲學의 하나의 큰 흐름을 형성하게 되었다. 샹카라의 不二論的 철학은 어떤 特定한 神을 섬기는 宗派적 입장을 초월한 것이었으나, 라마누자 이후의 베단타철학자들은 모두 특정한 宗派的 입장에 서서 베단타 사상을 각각 자기 나름대로 해석하고 있는 것이다. 반면에 이와 같은 이유로 해서 샹카라의 哲學은 어떤 特定한 神만을 섬기지 않고 諸神을 義務로서 관습적으로 섬기는 많은 正統 바라문들에 의하여 지지를 받아오게 된 것이다.

2 마드바의 二元的 베단타哲學

마드바(Madhva, 1199~1278)는 西南印度의 우디피 Udipi라는 곳에서 태어나서 일찍부터 베다를 공부하고 苦行者 saṁnyāsin가 되었다. 그는 본래 샹카라哲學의 추종자였으나 그의 스승이며 샹카라哲學의 信奉者인 아츄타프렉샤 Acyutaprekṣa와의 論爭을 통하여 샹카라의 哲學을 버리고 二元的인 베단타哲學을 展開하게 되었다고 한다. 그는 비슈누神과 그의 化身 크리슈나를 至高의 神으로 섬기는 者로서 여러 地方을 다니면서 많은 사람들을 改宗시켰으며 자기의 고향인 우디피에다 크리슈나神을 위한 神殿을 만들고 그의 활동의 本據地로 삼았다.

마드바는 많은 著書들을 남겼다. 그는 『브라흐마經』, 우파니샤드, 『바가바드 기타』, 『마하바라타』, 『바가바타 푸라나』 등에 解釋書를 썼으며, 자기의 베단타哲學을 옹호하는 『隨解說 Anuvyākhyāna』을 비롯하여 多數의 짧은 哲學的 論文들도 저술했다.

마드바의 사상을 계승한 그의 제자들 가운데서 가장 유명한 사람은 자야티르타(Jayatīrtha, 14세기)로서, 그는 마드바의 『브라흐마經疏』의 復註인 『眞理解明 Tattvaprakāśikā』과 『隨解說』의 주석서인 『正理甘露 Nyāyasudhā』를 썼다. 자야티르타의 저서들은 또한 뱌사티르타 Vyāsatīrtha와 라가벤드라 야티 Rāghavendra Yati 등과 같은 후계자들에 의하여 대대로 주석되었다. 마드바와 그의 추종자들은 특별히 샹카라의 不二論的 베단타哲學을 신랄하게 비판하여 많은 論爭을 벌였다.

마드바는 認識의 方法 pramāṇa으로서 知覺 pratyakṣa과 推論 anumāna과 聖典 āgama을 인정한다. 實在의 올바른 인식을 위하여는 증언에 의지하여야 하며, 聖典에는 오류의 가능성이 있는 人間的인 것 pauruṣeya과 절대적 확실성을 가진 超人間的인 것 apauruṣeya의 二種이 있다고 한다. 베다는 후자의 것으로서 어떤 인간적 저자를 갖고 있지 않는 것이다. 인식은 반드시 主體와 客體로서 구성되며 양자의 관계는 直接的이다. 인식에는 파악되는 대상에 대한 직접적인 明證性이 있다고 한다. 이 명증성은 직관의 主體(sākṣin, ⟨證人⟩)로서의 自我가 갖는 명증성인 것이다. 마드바에 의하면 우리의 지식은 별다른 障碍와 결함이 없는 한 自意識的인 직관적 주체에 의하여 그 타당성 혹은 자명성을 부여받고 있다고 한다. 이것이 마드바의 지식의 本有的 妥當性 svataḥ-prāmāṇya에 대한 견해이다. 뿐만 아니라 설령 우리의 認識에 결함이 있어서 그릇된 인식이 발생한다 하여도 그 인식도 어떤 客觀的 對象의 근거 위에서만 가능하다고 한다. 그릇된 인식이란 대상을 있는 그대로와 다르게 인식하는 것 anyathā vijñānanam eva bhrāntiḥ이다. 이렇게 볼 때 현상세계는 순전히 妄想일 수가 없으며 妄想이란 實在하는 어떤 것이 다른 어떤 것으로 나타나 보일 뿐이지 전혀 아무런 대상도 存在하지 않는 것은 아니다. 우리의 모든 지식이 그릇된 것이라면 옳은 관념과 틀린 관념의 차이는 설명될 수 없으며, 事物의 客觀的 差別이 없다면 우리가 가지고 있는 觀念들의 差別도 있을 수 없다는 것이다.

마드바에 의하면 實在 padārtha에 두 종류가 있다. 하나는 獨立的 svatantra 實在요, 다른 하나는 依他的 paratantra 實在이다. 神만이 독립적 실재이며 의타적 실재는 有 bhāva와 無 abhāva로 구분된다. 有에는 意識的인 cetana 영혼들과 無意識的인 acetana 물질이나 시간과 같은 존재들이 있다. 無意識的인 존재에는 베다처럼 영원한 것도 있고 시간, 공간, 물질 prakṛti처럼 영원하기도 하고 영원하지 않기도 한 존재도 있으며, 물질의 展開物들과 같은 영원하지 않은 것이 있다.

마드바는 샹카라의 不二論的 哲學을 佛敎의 空思想에 영향을 받은 거짓된 이론으로 신랄히 공격하며, 差別의 세계를 적극적으로 인정하는 세계관을 세웠다. 그는 라마누자와 같이 神과 靈魂과 物質을 각각 영원한 실재로 간주하고 이 三者간에 五種의 差別 pañca-bheda이 있음을 주장했다. 즉 영혼과 신, 영혼과 영혼, 영혼과 물질, 신과 물질, 그리고 물질로 된 事物들 사이의 差別이다.

神 Viṣṇu은 무한히 많은 성질들을 지니고 있으며, 삿트 sat(存在)와 칫트 cit(識)와 아난다 ānanda(喜悅)를 그의 본질로 삼는다. 그는 世界의 創造者요 維持者요, 破壞者이다. 그는 自身을 여러 形態 vyūha와 化身 avatāra으로 나타내며 聖스러운 神像들에 現存하고 있다. 神은 세계의 超越者이기도 하며 세계와 영혼들의 內的 支配者로서 內在하는 자이다. 물질과 영혼은 全的으로 神의 意志에 依存하고 있다. 마드바는 神의 意志와 活動을 강조한 나머지 영혼들이 비록 제한된 자유와 의지를 지니고 있기는 하나 그들의 구원이 神의 決定에 달렸다는 一種의 豫定說과 같은 것을 주장한다. 그의 哲學은 存在論的으로는 多元論的이지만 萬有가 신의 의지와 힘에 종속되고 지배를 받는다는 점에서 機能的 一元論을 주장하고 있는 것이다. 마드바는 라마누자와 같이 神과 世界(즉 물질과 영혼들)와의 관계를 영혼과 몸의 관계로 보거나, 세계를 신의 屬性이나 樣態로 보지 않는다. 영혼들과 물질들은 비록 신에 의존하지만, 신과는 別個의 실체로서 존재한다. 따라서 신은 세계의 能動因이기는 하나 質料因은 아니다. 여기서 마드바는 決定的으로 『우파니 샤드』나 『바가바드 기타』의 萬有內神論 pan-en-theism的인 世界觀으로부터 벗어나고 있는 것이다. 이와 같은 마드바의 哲學的 立場을 二元的 베단타 Dvaita Vedānta라 부르며, 샹카라의 不二論이나 라마누자의 限定不二論과 구별한다.

영혼 jīva들은 영원하고 무수히 많으며, 크기에 있어서 原子的이라고 한다. 마드바에 의하면 쟈이나敎에서처럼 땅 위의 모든 存在들은 生命 jīva이 있는 有機體들이다. 영혼은 識을 갖고 있음으로 해서 그것이 屬해 있는 物體에 遍在해 있다. 이런 면에서 모든 事物에 遍在해 있는 神과는 다른 것이다. 영혼은 本性上 識과 喜悅을 가지고 있다. 그러나 業의 결과인 物質的인 몸과 감각기관과의 연결 때문에 苦痛과 不完全함을 경험하는 것이다. 神이 비록 영혼들을 내적으로 지배하지만, 그들은 각기 行爲와 知識과 經驗의 主體이다. 마드바는 영혼의 認識器官을 證人 sākṣin이라 부른다. 이것을 통하여 영혼은 스스로를 의식하며 이것이 영혼의 個別性의 기반이 되는 것이다. 마드바에 의하면 영혼들은 質的으로도 相異하다고 한다. 각각의 영혼들은 그 자체의 특수성을 지녔다는 것이다. 따라서 解放된 상태에서도 그들의 識과 喜悅에는 정도의 차이가 존재한다고 한다.

영혼에는 永遠히 自由로운 영혼 nitya-mukta과 解放된 영혼 mukta과 束縛된 영혼 baddha의 三種이 있다. 비슈누神의 創造的 힘의 人格化이며 그의 아내로 간주되는 락스미 Lakṣmī는 다른 神들과는 달리 본래부터 영원히 自由로운 존재라고 한다. 束縛된 영혼들 가운데는 구원받을 수 있는 영혼과 그렇지 못한 영혼의 구분이 있으며, 後者는 영원히 輪廻의 世界에서 방황하는 存在들이다. 마드바에 의하면 아무리 순수한 영혼들이라 할지라도 神의 完全한 喜悅은 못 느끼고 단지 부분적으로만 느낄 뿐이며, 신과 영혼의 차이는 엄연히 존재한다고 한다. 영혼은 결코 브라흐만과 같이 Brahma-prakāra될 수는 없다.

物質 prakṛti은 神에 의하여 形態를 가진 現象世界로 展開되며 世界의 解體時에는 事物들은 다시 原初的인 物質로 되돌아간다. 展開 以前의 미세한 상태의 物質은 同質的인 것으로 보이나 사실은 相異한 원리들로 구성되어 있다고 한다. 마드바는 無明 avidyā을 物質의 한 형태로 간주하며, 無明에는 영혼의 영적 능력을 隱蔽하는 jīvācchādika 것과 神을 영혼으로부터 隱蔽하는 paramācchādika 것의 二種이 있다고 한다.

마드바에 의하면 倫理的인 義務의 執着없는 순수한 실천은 영혼의 구원에 도움은 되지만, 구원은 무엇보다도 神을 아는 知識에 의하여만 가능한다고 한다. 이러한 知識을 위해서는 베다의 공부가 필요하다. 그러나 여자와 슈드라階級은 베다 대신 푸라나 Purāṇa나 傳承 smṛti들을 통해서 그러한 지식을 얻을 수 있다. 神을 아는 지식이란 우리가 그에게 절대적으로 依存하고 있다는 감정과 그에 대한 사랑을 가져온다. 이것이 곧 信愛 bhakti이며 信愛는 神에 대한 깊은 瞑想 nididhyāsana으로 나타난다. 우리는 이러한 瞑想과 神의 恩寵 prasāda을 통하여 그에 대한 直接知 aparokṣajñāna를 얻는다고 한다. 이 直接知는 바로 現世에 있어서도 우리를 세계의 속박으

로부터 자유케 한다. 해방된 영혼들은 死後에 비슈누神의 樂園에서
순수 사트바적인 몸을 입고서 각종의 유희와 찬미 속에서 무한한
행복을 누린다고 한다.

3 님바르카의 二而不二論

님바르카 Nimbārka는 텔루구語 Telugu를 사용하는 南印度 출신의
바라문이었다. 그는 크리슈나神의 열렬한 숭배자로서 크리슈나派의
聖域인 브린다바나 Vṛndāvana 즉 北印度의 마투라 Mathurā 지방에
서 일생을 보냈다. 그의 年代는 확실치 않으나 12~13세기경의 人
物로 추정된다.

님바르카도 역시 『브라흐마經』의 주석서인 『베단타 파리자타 사
우라바 Vedānta-pārijāta-saurabha』를 썼으며 또한 자기의 哲學的 立
場을 간략하게 주장하는 『十頌 Dasaślokī』을 지었다. 그의 哲學은 스
리니바사(Śrīnivāsa, 14세기), 케샤바카슈미린(Keśavakāśmīrein, 16세
기) 등에 의하여 계승되었다. 케샤바는 『기타』의 주석인 『眞理解明
Tattvaprakāśikā』에서 님바르카의 사상을 옹호했다.

님바르카는 라마누자의 哲學에 많은 영향을 입고 있으며 브하르
트르프라판차(Bhartṛprapañca, 8세기), 브하스카라(Bhāskara, 10세기),
야다바 (Yādava, 12세기)와 같은 베단타哲學者에 의하여 대표되었던
差別不差別論 bhedābheda의 전통을 이어받고 있다. 즉 神은 세계의
能動因이며 質料因으로서 신과 세계와의 관계는 같기도 하고 다르기
도 하다는 견해이다. 그는 라마누자와는 달리 물질과 영혼들이 神의
屬性이거나 혹은 神의 몸을 이룬다는 說을 인정하지 않는다. 속성이
란 어떤 존재를 다른 것으로부터 區別해 주는데, 神 외에 그로부터
구별되어질 다른 어떤 것도 존재하지 않는 고로 속성이란 無意味하
다고 한다. 또한 만약 물질과 영혼들이 神의 몸을 이룬다고 하면,
神은 세계의 온갖 不幸과 不完全함에 종속될 것이기 때문에 세계를
神의 몸으로 볼 수 없다고 한다. 님바르카에게는 영혼과 물질은 신
에 依存하고 있으며, 이 依存性 paratantrasattā-bhāva은 그들과 神과
의 差別을 의미한다. 그러나 동시에 물질과 영혼은 獨立性을 갖고

234

있지 않으므로 svatantrasattā-abhāva, 이 독립성의 결여는 그들이 神과 同一함을 의미한다고 한다. 따라서 님바르카는 二而不二論 Dvaitād-vaita-vāda을 주장한다. 마치 태양과 태양빛, 불과 불꽃, 大洋과 파도의 관계처럼 神과 世界는 같기도 하고 다르기도 하다는 것이다.

세계는 神의 본성 안에 이미 미세하게 존재하고 있던 것의 轉變 pariṇāma이지 假現 vivarta이나 幻術이 아니다. 神은 자기 안에 識 cit과 無意識 acit, 즉 영혼과 물질이라는 힘 śakti을 지니고 있으며 이 힘이 창조 때에 展開되어 나오는 것이다. 神은 世界의 質料因인 것이다. 그는 또한 창조때에 영혼들을 각기 그들의 業에 따라서 알맞는 業報를 받도록 하는 세계의 能動因이기도 하다. 님바르카에게 있어서는 神은 곧 크리슈나神을 말하며 크리슈나는 神의 化身이 아니라 그의 본질이라고 한다. 님바르카는 또한 크리슈나의 愛人 라다 Rādhā를 神의 創造的 힘을 나타내는 原理로 삼았다.

無意識物 acit에는 三種이 있다. 즉 時間과 物質(prakṛti, 혹은 mā-yā)과 物質로부터 나오지 않는 순수한 사트바 sattva이며, 이 後者로서 神의 肢體나 居處는 되어 있다고 한다.

영혼 jīva은 無知의 결과인 業에 의하여 가리워진다. 영혼의 해방을 위해서는 知識과 神을 向한 自己拋棄 prapatti와 信愛 bhakti, 그리고 그의 恩寵이 필요하다.

4 발라바의 純淨不二論

발라바(Vallabha, 1479~1531)는 텔루구地方 출신 바라문의 아들로서 베나레스에서 태어났다. 그는 님바르카와 마찬가지로 마투라 부근에서 활약했으며 크리슈나教의 一派를 創始했다. 『브라흐마經』의 주석 『아누브하시야 Anubhāṣya』와 『바가바타 푸라나』의 주석인 『바가바타티카 수보디니 Bhāgavata-ṭīkā-subodhinī』를 썼으며, 『眞理燈火解釋 Tattvadīpanibandha』이라는 著書, 그 외에도 수많은 작은 저술들을 했다. 그의 哲學은 그의 아들 비탈라나타 Viṭṭhalanātha와 그밖에 기리다라 고스바민 Giridhara Gosvāmin, 발라크리쉬나 밧타 Bāla-kṛṣṇa Bhaṭṭa, 푸루숏타마 Puruṣottama 등에 의하여 발전되었다.

그의 철학적 입장은 브라흐만이 세계를 전개할 때에 幻術 māyā과 같은 불순한 원리에 의하는 것이 아니라 하여 純淨不二論 Śuddhādvaita이라 부른다. 또한 최고의 해탈의 상태는 信愛 bhakti를 통한 신의 은총의 길에 의하여 가능하다고 하기 때문에 恩寵의 道 Puṣṭimārga라고도 부른다.

발라바에게는 브라흐만은 곧 크리슈나神으로서, 그의 본질은 存在 sat와·識 cit과 喜悅 ānanda이다. 세계는 불에서 불꽃이 나오듯, 혹은 등불로부터 빛이 발하듯 神으로부터 나온다고 한다. 영혼들과 물질은 神의 힘 śakti의 顯現으로서 全體 aṁśin와 部分 aṁśa의 관계처럼 神과 그들은 同一하다고 한다. 브라흐만은 그의 의지에 의하여 물질과 영혼들을 현현시키되 그들은 그의 세 가지 성품을 각각 다른 비율로 나타낸다고 한다. 즉 브라흐만의 存在 sat로부터는 物質의 世界가 나오고, 그의 識 cit으로부터는 原子와 같은 영혼들, 그리고 그의 喜悅로부터는 영혼을 지배하는 內的 支配者 antaryāmin가 나온다고 한다. 따라서 물질세계에는 브라흐만의 識과 喜悅은 숨겨져 있고, 영혼에는 그의 喜悅만이 숨겨져 있는 것이다.

神은 세계의 能動因이고 質料因이며 그 속에 보편적으로 내재하여 있는 內在因 samavāyi-kāraṇa이다. 혹은 神은 온 우주의 최고의 내적 지배자 antaryāmin라고 한다. 神은 世界의 實體이며 原因이다. 실체는 정말로 속성으로 나타나며 원인은 정말로 결과로 나타나나 兩者는 同一 tādātmya하다고 한다. 또한 內在 samavāya라는 것도 발라바에게는 勝論哲學에서처럼 關係를 의미하는 것이 아니라 同一性을 뜻한다고 한다.

발라바에 의하면 幻術 māyā이나 無知 avidyā는 神이 자기 자신을 다양한 세계로 나타내는 힘 śakti이며, 이렇게 나타난 세계는 결코 거짓이나 환상이 아니라 참 顯現이라고 한다. 발라바는 세계를 브라흐만의 假現 vivarta으로도 轉變 pariṇāma으로도 보지 않는다. 세계는 神의 참 현현인 고로 가현이 아니고, 신의 현현은 神에 어떤 변화도 초래하지 않으므로 전변일 수도 없다고 한다. 세계는 神의 자연스러운 發生으로서 이것을 발라바는 不變轉變 avikṛta-pariṇāma 이라 한다.

발라바는 特異하게도 世界 jagat와 生死 saṃsāra를 구별한다. 세계는 신의 實在的 顯現이므로 언제나 存續하나, 生死는 우리가 영혼의 참 본성, 즉 그것이 곧 브라흐만 자체(喜悅만 감추어진)라는 것을 모르고 영혼을 육체와 同一視하는 無知 때문에 단지 상상적으로 존재하는 것이라 한다. 따라서 無知가 사라지면 生死의 實在나 苦痛도 사라지는 것이다. 世界(물질과 영혼들)는 브라흐만의 顯現으로서 實在하는 것이지만 우리가 그것을 無知 가운데서 잘못 볼 것 같으면, 다시 말해 브라흐만과 다른 多樣性의 세계로 볼 때는, 實在하지 않는 허구인 것이다. 라마누자와 같이 세계의 實在性을 인정하면서도, 샹카라와 같이 生死의 세계를 無知의 産物로 보는 것이다.

無知에 의하여 묶여진 영혼은 神의 恩寵 puṣṭi 없이는 구원을 얻을 수 없다고 한다. 지식만으로는 낮은 구원만 얻을 수 있을 뿐이며 最高의 구원은 知識보다도 信愛에 의하여 가능하다고 한다. 信愛는 모든 罪를 滅하여 주는 神의 은총에 의하여 그에게 모든 것을 맡기는 者에게 주어진다고 한다. 발라바는 따라서 구원을 위하여 육체에 대한 苦行이나 世上으로부터의 도피를 필요한 것으로 생각하지 않는다. 神의 은총에 의하여 最高의 구원을 얻은 者는 解脫이라기보다는 크리슈나神과 함께 하늘의 낙원 브린다바나 Vṛndāvana에서 그를 섬기며 영원히 그의 遊戲에 同參한다고 한다.

5 차이타니야 系統의 베단타哲學

발라바와 同時代에 東印度의 벵갈 地方에 차이타니야 Caitanya (1485~1533)라는 聖子가 나타나 열렬한 크리슈나神의 信仰運動을 展開했다. 그의 추종자들은 그를 크리슈나의 化身으로 추앙한다. 차이타니야는 어떤 著述도 남기지 않았으나 그의 思想은 루파 Rūpa와 사나타나 Sanātana, 그리고 그의 조카인 지바 Jiva에 의하여 계승되고 발전되었다. 지바는 특히 차이타니야派의 가장 좋은 敎理書로 간주되는 『六編 Ṣaṭsaṃdarbha』을 저술했다. 18세기 초에 와서는 발라데바 비댜브후사나 Baladeva Vidyābhūṣana라는 哲學者가 나와서 이 敎派를 위한 『브라흐마經』의 주석서 『고빈다疏 Govinda-bhāṣya』

를 써서 哲學的인 깊이를 제공했다.

이 學派에서는 브라흐만은 곧 세계의 主인 크리슈나神이다. 神은 여러 가지 힘 śakti을 통하여 作用하며 자기 자신을 物質과 靈魂들로 나타낸다. 神의 힘 가운데는 우선 그의 內的, 本質的 힘 antaraṅga svarūpa-śakti 혹은 그의 識力 cit-śakti이 있다. 이 힘은 그의 세 가지 성질, 즉 存在 sat, 識 cit, 喜悅 ānanda에 따라서 세 가지 힘으로서 作用한다. 자신과 그가 원하는 모든 것을 存在하게 하는 힘 saṁdhinī-śakti, 자신과 他存在들로 하여금 認識을 갖게 하는 힘 saṁvit-śakti, 그리고 자신과 他存在들로 하여금 喜悅을 느끼게 하는 힘 hlādinī-śakti이다.

神은 다음으로 內的·外的인 中間的인 힘 tatastha-śakti으로서 靈魂力 jīva-śakti을 갖고 있다. 그는 이 힘에 의하여 자신을 個別的 靈魂 jīva들로 나타낸다고 한다. 이렇게 나타난 영혼들은 자신의 神的인 본성을 忘却하고 外界에다 자신을 잃어버리지만 때로는 神을 추구하기도 한다.

神은 또한 그의 外的인 힘 bahiraṅga-śakti 혹은 幻術力 māyā-śakti에 의하여 자신을 物質的 prakṛti인 세계로 나타낸다고 한다. 이 점에 있어서 神은 世界의 能動因이며 동시에 質料因이다. 뿐만 아니라 이 힘에 의하여 神은 자신을 時間, 業, 그리고 知와 無知 등을 일으키는 모든 것으로 나타낸다고 한다. 世界는 이러한 能力을 지닌 神의 영원한 遊戱 līlā인 것이다.

이상과 같이 물질세계와 개인영혼은 神의 힘의 顯現으로서 다 實在하는 것이나 동시에 神을 떠나서 독립적으로 존재할 수는 없는 것이다. 따라서 神과 그들과의 관계는 같기도 하고 다르기도 한 神秘한 關係를 이룬다는 것이다. 이와 같은 챠이타니야 계통의 哲學的 立場을 不可思議 差別無差別論 Acintya-bhedābheda-vāda이라 부른다.

個別的 靈魂들과 神과의 관계는 태양빛과 태양 혹은 불꽃과 불과의 관계로서 이해되며 개인영혼들은 神에게 절대적으로 의존하고 있다. 解脫이란 이 점을 깨닫고 神을 믿고 의지하는 信愛 bhakti에 의하여 주어진다. 信愛는 인간이 神과 合一되어 神으로 充滿하게

되는 恍惚境을 가져오는 사랑 preman의 극치로 이끈다. 차이타니야
派에 있어서는 이러한 사랑의 극치는 『바가바타 푸라나 Bhāgavata-
purāṇa』등에 그려져 있는 牧童 gopāla 크리슈나에 대한 목동들의 아
내들 gopī, 特히 라다 Rādhā의 열렬한 사랑에 있어서 理想的으로 나
타나 있다. 라다는 동시에 크리슈나의 創造力 śakti을 나타내는 原
理로서 이해되며 크리슈나와 같기도 하고 다르기도 한 不可思議差
別無差別의 관계를 이루고 있는 것이다.

＊참고문헌

Bhandārkar, R.C., *Vaisnavism, Shaivism, and Minor Religious Sects.*
Strassburg, 1913.

Bose, R., trans., *Vedānta–Pārijātā–Saurabha of Nimbārka and Ve-
dānta–Kaustubha of Śrīnivāsa: Commentaries on the Brahma–sūtras.*
3 vols. Calcutta, 1940–1943.

Ghate, V.S., *The Vedanta: A Study of the Brahma–Sutras with the
Bhasyas of Sankara, Ramanuja, Nimbarka, Madhva and Vallabha.*
Poona, 1926.

Glasenapp, H. v., *Madhvas Philosophie des Vishnu Glaubens, mit einer
Einleitung über Madhva und seine Schule.* Bonn, 1923.

─────, "Die Lehre Vallabhācāryas," *Zeitschrift für Indologie und
Iranistik 9* (1934).

Gonda, J., *Visnuism and Śivaism: A Comparison.* London, 1970.

Kapoor, O.B.L., *The Philosophy and Religion of Śrī Caitanya.* Delhi,
1971.

Kennedy, M.T., *The Caitanya Movement.* Oxford, 1925.

Lott, E., *Vedantic Approaches to God.* London, 1980.

Marfatia, M.I., *The Philosophy of Vallabhācārya.* Delhi, 1967.

Maitra, S.K., *Madhva Logic.* Calcutta, 1936.

Mishra, U., *Vedānta School of Nimbārka* (1940).

Raghavendrachar, H.N., *Dvaita Philosophy and its Place in the Ve-
danta.* Mysore, 1941.

Rao, P.N., *Epistemology of Dvaita Vedānta.* Wheaton, 1972.

Rao, S. S., trans., *The Bhagavad-Gītā with Śri-Madhvācārya's Bhā-ṣyas*. Madras, 1906.

————, trans., *The Vedānta-Sūtras with the Commentary of Śri-Madhvāchārya*. Madras, 1904,

Sarma, N., *The Reign of Realism in Indian Philosophy: Exposition of Ten works by Madhva*. Madras, 1937.

Sharma, B. N. K., *The Philosophy of Sri Madhvācārya*. Bombay, 1962.

————, *A History of Dvaita School of Vedānta and its Literature*. 2 vols. Bombay, 1960–1961.

————, *The Brahma-Sūtras and their Principal Commentaries*. 3 vols. Bombay, 1971–1977.

Siauve, S. *La Doctrine de Madhva: Dvaita Vedānta*. Pondicherry, 1968.

Vaidya, C. M., *Shri Vallabhacarya and His Teachings*. Kapadwanj, 1959.

제20장 쉬바派의 哲學

1 쉬바派 哲學의 宗敎的 背景

우리는 前章에서 라마누자의 이후에 전개된 비슈누派 계통의 베단타哲學을 살펴보았으며 이미 그 宗敎的 배경도 서술한 일이 있다. 비록 쉬바派의 思想家들은 우파니샤드나 『브라흐마經』 등의 해석을 통한 베단타哲學을 발전시키지는 못했지만 그들도 자연히 베단타思想의 영향을 받아 자기들의 信仰的 立場을 哲學的으로 정리하게 되었다.

우리는 이미 6세기경에 南印度의 타밀地方에서 詩人聖子들을 중심으로 하여 전개된 쉬파派의 신앙운동에 대하여 언급한 바 있지만 쉬바神을 숭배하는 者들이 베다的인 전통 밖에서 하나의 別途의 敎派를 이룬 것은 이보다도 더 이전의 일이다. 우리는 『마하바라타』나 푸라나 등에서 이미 파슈파타 Pāśupatas라고 불리는 쉬파派의 一派가 존재했음을 알 수 있다. 〈파슈파타〉라는 말은 문자 그대로는 〈家畜의 主를 따르는 者들〉이라는 뜻으로, 〈家畜의 主〉란 쉬바神의 여러 이름 중의 하나였다. 이 敎派는 人間을 家畜 paśu에, 그리고 神을 그 主人 pati으로 비유하며, 인간을 無知한 執着의 끈(索繩, pāśa)에 의하여 世界에 묶여 있는 존재로 이해한다. 인생의 목적은 神에 의하여 이 끈으로부터 解放되어 解脫을 얻는 것이라 한다.

『바유 푸라나 Vāyu-purāṇa』나 『아타르바쉬라스 우파니샤드 Athar-
vaśiras Upaniṣad』라는 쉬파派에 의하여 만들어진 후기 우파니샤드에
의할 것 같으면 파슈파타들은 몸에다 재를 뿌리고 심한 苦行을 하며
파슈파타 요가 Pāśupata-yoga라는 瞑想을 했다고 할다. 또한 파슈파
타들 가운데는 쉬바神의 化身으로 간주되는 라쿠리 Lakulī라고 불리
는 3세기 경의 인물의 가르침과 수행을 따르는 分派도 있었다. 이
들은 라쿨리샤 파슈파타 Lakulīśa Pāśupatas라고 불리었다.

파슈파타派와 그 밖의 쉬바派들은 자기들의 종교적 教理와 修行
등을 規定하는 28개의 아가마 Āgamas라는 문헌들을 산출했으며, 이
아가마들은 비슈누派의 삼히타 Saṃhitās와 神의 創造的 能力 śakti를
별도의 女神으로 숭배하는 샥타 Śaktas派의 탄트라 Tantra와 더불어
中世 印度의 教派的 哲學들의 종교적 배경을 형성하는 문헌들이 되
었다. 아가마들은 보통 知識部, 瑜伽部, 祭事部, 行作部의 四部로
구성되어 있으나 반드시 지켜지는 구분은 아니다. 그 중에서 물론
哲學的으로 가장 중요한 것은 知識部의 내용이다. 그러나 이 내용
도 결코 어떤 統一된 體系를 갖추고 있는 것은 아니다. 特히 문제
의 핵심이 되고 있는 바 神과 人間의 個別的 靈魂과 世界와의 關係
가 다양하게 이해되고 있는 것이다. 쉬바派의 學派들은 비슈누派의
베단타哲學에서와 마찬가지로 결국 이 문제에 관해서 각기 異見을
보이고 있는 것이다. 이제 쉬바派의 哲學體系들을 考察해 보기로
한다.

14세기의 베단타哲學者 마다바 Mādhava의『全哲學綱要 Sarvadar-
śana-saṃgraha』는 당시의 哲學體系를 모두 16개로 다루고 있는 가운
데서, 쉬파派의 철학체계로서 4개를 다루고 있다. 즉 나쿨리샤 파
슈파타 Nakulīśa Pāśupata 체계, 샤이바체계 Śaiva-darśana, 프라티아
비즈나 Pratyabhijñā 혹은 再認識 체계, 그리고 라세슈바라 Raseśvara
혹은 水銀派 체계이다. 이 중에서 나쿨리샤 파슈파타派는 이미 언급
한대로 파슈파타派의 一分派로서 苦行과 요가의 실천을 주로 하는 教
派였으며 哲學的으로는 그리 활발했던 것 같지는 않다. 이 學派의 學
說을 闡明하는 저서로서는 10세기 말의 브하사르바즈나 Bhāsarvajña
의『가나 카리카 Gaṇa-kārikā』라는 것이 전해지고 있다. 브하사르

바즈나는 正理哲學의 저술들도 했으므로 이 敎派와 正理哲學 사이에 밀접한 관계가 있었던 것으로 추측된다. 6~7세기의 正理哲學者 웃됴다카라 Uddyotakara도 역시 파슈파타派의 지도자로 전해지고 있으며 勝論哲學의 프라샤스타파다 Praśastapāda도 쉬바神의 숭배자였다. 아마도 쉬바派의 學者들이 자기들의 신앙에 哲學的인 근거를 마련함에 있어서 勝論과 正理哲學의 이론을 採用하였던 것을 짐작할 수 있다.

水銀派는 一種의 鍊金術 alchemy 學派로서 最高神과의 合一 parameśvara-tādātmya을 추구함에 있어서 水銀으로 만든 鍊金術液 elixir을 마심으로써 순수한 神的 肉體 divya-tanu를 얻어서 요가를 통한 解脫에 도움이 된다고 믿는다. 이 學派 역시 哲學的인 思想에 있어서는 활발한 이론을 전개한 것 같지는 않다.

마다바가 언급하고 있는 나머지 두 學派, 즉 샤이바體系와 再認識體系는 반면에 상당한 體系的 理論을 지닌 學派로서 좀더 상세히 고찰할 필요가 있다.

2 샤이바 싯단타의 哲學

샤이바體系 Śaiva-darśana는 주로 아가마 Āgamas의 哲學을 지칭하는 것으로서 南印度의 타밀語를 말하는 쉬바派인 샤이바 싯단타 Śaiva-siddhānta派에 의하여 敎理的 體系를 이룩했다. 이 敎派의 歷史的 背景은 우리가 이미 고찰한 바가 있다. 〈샤이바 싯단타〉라는 말은 〈쉬바派의 完成된 敎理體系〉라는 뜻이며 이 派에다가 처음으로 敎理的 體系를 제공해준 사람은 13세기의 마이칸다 Meykaṇḍa라는 슈드라階級 출신의 哲學者였다. 타밀語로 된 그의 『쉬바智의 覺惺 Śivajñāna-bodha』은 12節 kārikās로 된 간략한 作品으로서 『라우라바 아가마 Raurava-āgama』의 一部分에 근거하고 있다. 그의 思想은 아룰난디(Arulnandi, 13세기), 우마파티(Umāpati, 14세기)등에 의하여 발전됐다. 前者는 『쉬바즈나나 싯디 Śivajñāna-siddhi』, 後者는 『쉬바 프라카샤 Śiva-prakāśa』라는 著書를 썼다.

샤이바 싯단타는 3개의 영원한 實體로서 그들의 종교적 세계관을 설명한다. 즉 主人 pati과 家畜 paśu과 索繩 pāśa으로 상징되는 神과 個人靈魂과 個人靈魂을 속박하는 非精神物 acit이다. 神은 여덟 가지의 속성들을 지니고 있다고 한다. 즉 自存, 淸淨, 智慧, 무한한 知性, 모든 속박들로부터의 自由, 무한한 恩寵, 權能, 그리고 무한한 喜悅이다. 그는 全知全能하고 無所不在하며 세계를 창조하고, 보호하고 파괴하는, 그리고 영혼들을 혼미하게 하며, 해방시키기도 하는 5가지의 활동을 한다고 한다. 그는 세계의 能動因으로서 그의 힘 śakti을 手段因 instrumental cause으로 하여 위의 다섯 가지 활동을 한다. 이 힘은 신의 본질적인 면으로서, 의식이 있고 불변하며 영원한 에너지이다. 또한 신은 세계의 質料因이 되는 마야 māyā라 부르는 물질적인 힘도 가지고 있다. 그러나 마야는 그의 힘 śakti과는 달리 그의 본질을 구성하는 것은 아니라고 한다.

개인의 영혼들은 가축이라 부른다. 왜냐하면 그들은 가축과 같이 無知 avidyā의 끈에 의하여 이 세계에 묶여 있기 때문이다. 영혼들은 창조되지 않은 영원한 존재들이다. 영혼은 순수識 cinmātra으로서 비록 細身이나 麤身과 연합해 있지만 그들과는 다른 존재이다. 영혼은 욕망과 생각과 행위의 기능을 가지며 遍在的이다. 영혼의 數는 늘지도 않고 줄지도 않는다고 한다.

영혼을 속박하는 索繩과 같은 非精神物 혹은 不淨物 mala에는 三種이 있다고 한다. 즉 無知 avidyā와 業 karma과 마야 māyā이다. 無知는 시작이 없고 모든 사람들에 공통된 것이다. 無知는 純粹識으로서의 遍在的인 영혼을 지식과 힘에 있어서 有限하고 육체에 제한되어 있는 것으로 잘못 생각하게 만든다. 따라서 無知는 아나바말라 āṇava-mala, 즉 미세한 不淨物이라고 부른다. 영혼의 거짓된 微細性 aṇutva 혹은 原子性의 원인이 되기 때문이다. 이러한 無知가 다름아닌 속박된 영혼 paśu의 속박성 paśutva을 이룬다고 한다. 영혼을 속박하는 두번째 不淨物인 業 karma은 영혼의 행위에 의하여 산출된다. 업은 미세하므로 보이지 않고 adṛṣṭa 영혼과 육체를 결합시키는 원인이 된다. 그러나 業 自體가 자동적으로 결과를 초래하는 것이 아니라 神의 의지에 따라서 業報가 이루어진다고 한다. 세번째로, 마야 māyā라는 不淨物은 세계의 質料因으로서 그것으로부터

244

물질세계가 전개되어 나온다. 이상과 같은 세 가지 不淨物 가운데서 어느 것에 의하여 묶였는가에 따라서 영혼들은 세 部類로 나뉜다고 말한다. 어떤 영혼은 미세한 부정물 āṇava-mala만에 의하여, 어떤 것은 미세한 부정물과 업의 부정물 kārmaṇa-mala에 의하여, 또 어떤 영혼은 세 가지 不淨物 모두에 의하여 속박되어 있다고 한다. 샤이바 싯단타에 의하면 세 가지 속박의 원리들 自體는 상키야哲學의 프라크르티 prakṛti처럼 영원한 것이라고 한다. 그러나 영혼과의 관계는 잠정적이기에 영혼은 그들로부터 해방될 수 있는 것이다.

영혼이 解放을 얻기 위하여는 이 세 가지 不淨物 mala을 제거해야 하며, 그러기 위하여는 神의 恩寵이 절대적으로 필요하다고 한다. 신은 모든 영혼이 그를 알기를 원하기 때문에, 그의 은총은 모든 사람들에게 주어질 수 있으며, 우리가 단지 그것을 사용하기만 하면 된다는 것이다. 해방된 영혼들은 쉬바神과 하나가 되어 그의 영광과 위대함을 함께 한다. 영혼의 個體性은 남아 있지만, 희열 때문에 그것을 의식하지 못한다고 한다. 마치 소금이 물에 녹으면 물과 같이 遍在하는 것처럼, 영혼들도 神과 같이 편재한다고 한다. 전에 언급한 세계의 창조활동 등과 같은 神의 다섯 가지 기능은 쉬바神만의 것이지만, 영혼들은 神의 위치에 도달한 것이다. 영혼의 본래적 성품 svarūpa-lakṣaṇa이란 자신을 대상과 동일시하는 것이기 때문에, 속박된 영혼은 자신을 물질과 동일시하며, 해방된 영혼은 자신을 神과 동일시하는 것이라고 한다.

샤이바 싯단타의 哲學은 주로 타밀 詩人聖者들의 신앙적 전통과 아가마 Āgama의 사상에 근거하여 형성된 철학이다. 그러나 쉬바派의 사상가들 가운데서도 이러한 敎派的인 전통을 정통 베다의 전통에 연결시키고자 하는 노력이 나타나게 되었다. 그 대표적인 哲學者로서 슈리칸타 Śrīkāṇṭha를 들 수 있다. 그의 연대는 정확히 알려지지 않았으나 14세기의 人物로 추정된다. 그는 쉬바信仰의 立場에 서서 『브라흐마經』의 주석서인 『샤이바疏 Śaiva-bhāṣya』를 썼으며 그의 주석은 16세기의 아파야 딕쉬타 Appaya Dīkṣita에 의하여 또다시 주석되었다. 이들의 베단타 해석은 대체로 샤이바 싯단타의

사상에 기초하고 있으며 라마누자의 限定不二論 Viśiṣṭādvaita과 매우
흡사하다.

3 再認識派의 哲學

샤이바 싯단타派가 南印度에 근거를 둔 쉬파派임에 반하여 再認
識派는 북쪽 카쉬미르地方에서 전개된 쉬바派의 哲學이었다. 14세
기 초엽부터 카쉬미르地方이 이슬람敎로 改宗되게 됨에 따라서 再
認識派도 일찌기 그 세력을 상실하게 되었다. 再認識 Pratyabhijñā派
의 이름은 個人靈魂이 자신을 쉬바神으로 다시 認識함으로써 구원
을 얻게 된다는 敎理에서 생긴 이름이다.

　再認識派의 창시자는 9세기경의 인물로 추정되는 바스굽타 Vasu-
gupta로서, 傳統에 의하면 그는 쉬바神에 의하여 꿈에 계시를 받아
히말라야山의 마하데바峰에 있는 돌 위에 새겨진 『쉬바經 Śiva-sūtra』
을 발견하여 이 敎派의 敎說의 根本으로 삼았다고 한다. 그는 『스
판다 카리카 Spanda-kārikā』라는 저서를 썼다. 이 學派는 다른 이름
으로는 〈스판다論 Spanda-śāstra〉이라고도 불린다. 神의 振動 spanda
에 의하여 多樣한 현상세계가 나타난다는 이론에 근거한 이름인 것
이다. 혹은 쉬바神과 그의 힘 śakti과 영혼의 세 원리를 취한다 하여
三體論 Trika이라고도 불린다. 바스굽타 이후 소마난다(Somānanda,
9세기)의 『쉬바知見 Śiva-dṛṣṭi』, 웃트팔라(Utpala, 10세기)의 『再認識
經 Pratyabhijñā-sūtra』, 아비나바굽타(Abhinavagupta, 11세기)의 『最
上義精要 Paramārtha-sāra』, 크셰마라자(Kṣemarāja, 11세기)의 『쉬바
經省察 Śivasūtra-vimarśinī』 등에 의하여 再認識論의 哲學은 완성되
게 되었다.

　샤이바 싯단타와는 달리 再認識派는 강한 一元論的인 哲學을 전
개했다. 그러나 不二論的 베단타와는 달리 이 學派는 多樣性의 世
界를 단지 우리의 主觀的 無知의 所産으로 보지 않고 神의 思惟의
客觀化된 實在로 본다. 반복되는 세계의 주기적 변화는 神의 意識
일 따름이라는 것이다. 神은 人間과 마찬가지로 깨어남, 깨어 있음,
잠들음, 잠의 네 상태를 順次的으로 경험하고 있으며 이것이 다름

아닌 우주의 生成, 持續, 消滅, 休息으로 나타난다는 것이다. 따라서 神은 世界의 能動因이며 質料因인 것이다. 그의 창조적 활동은 畫幅이나 물감 등을 사용하지 않고 단지 머릿속에서 그림을 그리는 畫家의 창작적 활동과 비슷하다고 한다.

神은 그의 本質的인 여러 힘들 śakti을 통하여 活動한다. 識力 cit-śakti, 喜悅力 ānanda-śakti, 意志力 icchā-śakti, 知力 jñāna-śakti, 行爲力 kriyā-śakti과 같은 힘들이다. 그는 또한 마야 māyā라는 힘으로써 無限한 精神인 自身을 有限하고 原子的인 個別的 精神 puruṣa으로 나타나게끔 한다. 이상과 같은 힘들에 의하여 個人靈魂들과 多樣한 現象世界, 主觀과 客觀의 세계가 나타나나 사실은 神만이 唯一한 實在이며 多樣性은 神의 思惟로서 神을 떠나 別途로 存在하는 것이 아니다. 마치 事物들이 거울에 나타나는 것처럼 神은 세계를 自身 안에 나타나도록 한다는 것이다.

再認識哲學은 多樣한 世界의 顯現을 설명하기 위하여 상키야哲學의 25原理에다 11原理를 추가하여 모두 36原理 tattva를 수립한다. 萬物의 根源인 最高神 쉬바를 第一原理로 하여 36번째의 原理인 地까지의 展開를 論하는 것이다.

解脫은 個人靈魂으로 하여금 자신을 獨立的이고 個體的인 것으로 誤認시키고 神과의 同一性을 은폐하는 無知를 제거해야만 가능하다. 無知의 除去를 위해서는 궁극적으로 神의 恩寵으로써 그의 特殊한 힘 śakti이 信者에게 下降 śaktinipāta하여 그를 사로잡아야만 한다고 한다. 이러한 힘에 의하여 영혼은 神과 본질적으로 하나됨을 再認識하며 모든 除限性과 差別性은 사라지는 것이다. 再認識을 획득한 사람은 生存時에 이미 神과 同等해지는 Śivatulya 해탈을 얻으며 死後에는 個人性을 영원히 초월하게 된다고 한다.

*참고문헌

Baer, E., trans., *Geheimnis des Wiedererkenntnis*. Zürich, 1926.

Bhatt, N. R. *Rauravāgama*, Vol. 1, Introduction: Les āgama çivaites par J. Filliozat. Pondichérry, 1961.

Chatterji, J. C., *Kashmir Shaivism*. Srinagar, 1914.

Mahadevan, T. M. P., *The Idea of God in Saiva-Siddhānta* (1955).

Matthews, G., *Sivajnanabodham of Meykanda* (1948).

Pandey, K. C., *Abhinavagupta, an Historical and Philosophical Study*. Benares, 1935.

Paranjoti, V., *Saiva Siddhānta*. London, 1954.

Pillai, G. S., *Introduction and History of Shaiva Siddhānta*. Annamalai, 1948.

Ponniah, V., *The Saiva Siddhanta Theory of Knowledge*. Annamalainagar, 1952.

Sastri, S. S. S., trans., *The Śivādvaita of Śrīkaṇṭha*. Madras, 1930.

Schomerus, H. W., *Der Shaiva-Siddhānta*. Leipzig, 1912.

제Ⅳ부 現代의 印度思想

제21장 現代印度思想의 歷史的 背景

1 이슬람과 힌두교

굽타왕조에서 찬란한 꽃을 피웠던 인도의 고전문화는 굽타왕조가 정치적으로 몰락한 후에도 여전히 계속적으로 발전하였다. 외적으로는 인도의 문화가 중국과 티벳, 그리고 동남아시아 각 지역으로 수출되었으며, 내적으로는 인도의 사회제도와 종교적 전통들이 더 공고하게 자리잡게 되었다. 그러나 정치적으로는 굽타왕조의 몰락으로 인하여 인도는 남과 북에 많은 地域的인 王國들이 分立하게 되었으며, 수백년 동안 끊임없는 대립과 정치적 혼란의 시기로 들어가게 되었다.

이러한 상태에서 다시 한 번 印度에 정치적인 통일과 질서를 가져 온 것은 인도의 원주민들이 아니라 回敎徒들이었다. 서력기원 632년에 모하멧 Muhammad이 죽은 후 곧 시작된 이슬람교의 정치적, 종교적 팽창은 삽시간에 中東지방을 점령하였을 뿐만 아니라, 그 세력은 동쪽으로 팽창하여 中國 국경에까지 이르게 되었다. 약 10세기 末부터는 터키族의 회교도들은 아프카니스탄으로부터 인도를 공략하여 들어오기 시작했으며, 13세기부터는 北印度의 대부분이 회교도들의 지배를 받기 시작하였고, 14세기에는 데칸지방에 回敎王國이 세워졌다. 16세기에는 아크바르(Akbar, 1556~1605)의 征服에 의하여 남쪽 끝을 제외한 인도의 대부분은 회교제국인 무굴 Mughul

帝國의 支配하에 들어갔으며, 무굴제국의 정치적인 힘은 아우랑젭 (Aurangzeb, 1658~1707)의 때에 이르러 극치에 달했다. 그러나 아우 랑젭이 죽은 후 무굴제국은 급격히 쇠퇴하기 시작했으며, 이 때와 더불어 서구라파 諸國의 세력이 인도를 지배하기 시작하게 되었다. 18세기 중엽에는 영국은 이미 印度의 지배적인 세력으로 발판을 굳혔으며, 19세기 초에는 全印度를 統治하게 된 것이다. 결국 인도는 13세기부터 1947년에 정치적 독립을 되찾을 때까지 약 700여년간 외세의 지배를 받았던 것이다.

이슬람은 그 성격상 강한 非妥協的인 宗敎였으므로 힌두교와의 同化를 보이지 않았으며, 많은 힌두교도들이 이슬람에 改宗하기는 하였으나 힌두교 그 자체는 이슬람의 오랜 정치적 지배에도 불구하고 비교적 큰 변화를 겪지 않고 지속되었다. 우선 數的으로 보아서 회교신자는 劣勢였고 힌두교의 社會的 基盤을 이루고 있는 캐스트 caste 制度는 여전히 흔들림이 없이 유지되었던 것이다. 심지어는 이슬람에 改宗된 사람들까지도 이 제도를 여전히 준수했던 것이다. 뿐만 아니라 수많은 詩人聖者들에 의하여 主導된 信仰 bhakti 運動 은 中世印度의 全域을 휩쓸면서 힌두교도들의 마음을 사로잡았고 정신적 위로와 안정을 제공해 주었다.

그러나 다른 한편으로는 어떤 힌두思想家들은 이슬람의 순수하고 엄격한 唯一神신앙의 영향을 받아 多神敎的 힌두교의 改革과 더불어 이슬람과의 융화를 꾀하는 종교적 운동을 전개하게 되었다. 이러한 운동을 대표하는 자로서 카비르(Kabīr, 1380~1460)와 나낙 (Nānak, 1469~1538)을 들 수 있다.

카비르는 베나레스출신으로서 힌두교의 오랜 신앙적 전통을 이어받았다. 그는 비슈누의 化身 avatāra 라마 Rāma만을 神으로 섬기는 苦行者들의 敎團을 창시한 라마난다 Rāmānanda의 제자였다. 그러나 카비르는 힌두교의 不二論的 哲學과 이슬람의 唯一神사상과의 결합을 꾀하였으며 스스로를 라마神과 알라 Allah의 자식이라 불렀다. 그는 이슬람이나 힌두교의 독단과 배타주의를 배격하고 神은 오직 한 분뿐이며 그의 많은 이름들은 단지 이름에 지나지 않음을 주장했다. 그에게는 神像崇拜나 神殿이나 이슬람의 모스크 mosque나 모두 神을 어떤 場所에 제한시키려는 그릇된 것으로서 神은 돌이나 건물에 관계없이 그를 예배하는 자에게는 누구에게나 스스로를 알린다고 한다. 카비르는 이슬람이나 힌두교의 儀式主義를 배척하고 聖스러운 자면 누구든지 가까이 했다.

카비르의 思想은 나낙 Nānak에 의하여 더욱더 발전되었다. 나낙은 힌두교와 이슬람으로부터 訣別하고 힌두교신자와 회교신자를 망라하여 하나의 神을 섬기도록 하는 씨크스 Sikhs(〈弟子들〉이라는 뜻)라 불리는 새로운 종교 교단을 창설했다. 씨크敎의 思想은 주로 힌두교의 전통을 따르면서도 이슬람의 엄격한 唯一神仰을 강조하며 神像숭배를 배척했다. 나낙의 死後 씨크敎徒들은 讚頌들을 수집하여 그란트 Granth(〈책〉이라는 뜻)라는 聖典을 만들어 그들의 禮拜의 중심을 삼았다.

한편 무굴帝國의 수립 이후 이슬람敎內에서도 그 강한 非妥協性에도 불구하고 힌두교와의 融化를 꾀하는 자유로운 사상이 출현하게 되었다. 特히 주목할 만한 것은 무굴王朝의 第四代王 샤 자한 Shāh Jahān의 長男 다라 쉬코(Dārā Shikōh, 1615~1659)였다. 그는 아크바르 이래 대대로 내려오는 무굴王들의 종교적 寬容性을 이어받아 이슬람과 힌두교의 融合에 적극적인 관심을 보였다. 그는 이슬람敎의 神秘主義인 수피즘 Sufism의 영향 아래 힌두교의 神秘主義, 特히 우파니샤드의 思想에 心醉하여 兩者의 同一性을 주장하기까지 이르렀다. 그는 우파니샤드를 순수한 唯一神思想을 가르치는 神의 가장 분명한 啓示로 간주하였으며, 당시의 우파니샤드 文獻 52點을 수집하여 梵語로부터 페르시아語로 번역을 할 정도로 우파니샤드를 높이 평가했다.[1] 그러나 다라 쉬코의 이와 같은 融合的인 태도는 保守的인 이슬람 지도자들의 反撥을 사서 결국 그는 背敎者로 처형되었다. 그의 뒤를 이은 그의 동생 아우랑젭(Aurangzeb, 1658~1707)은 保守的인 순니 Sunni派의 回敎徒로서 그는 아크바르 이래 무굴王室의 다분히 折衷主義的 傾向에 終止符를 찍었다.

---

1) 이 번역은 안끄틸 듸 페론(Anquetil du Perron, 1731~1805)이라는 불란서인에 의해 羅典語로 번역되어 〈Oupnek'hat〉라는 이름으로 출판되었으며 쇼펜하우어의 사상에 지대한 영향을 끼치게 되었다.

2　英國의 統治와 힌두교의 改革運動

이슬람의 지배와는 대조적으로 英國의 인도지배는 힌두社會와 文化에 커다란 영향을 주게 되었다. 우선 정치적으로는 영국의 統治는 오랫동안 이슬람의 지배를 받아왔던 힌두교도들에게 어느 정도의 해방감을 가져왔다. 뿐만 아니라 영국인들의 영향은 이슬람의 경우와는 달리 대체적으로 世俗的이었기 때문에, 이슬람의 경우보다는 비교적 받아들이기 쉬운 편이었다. 예를 들면 영국인들에 의하여 도입된 英語를 통한 近代式 敎育은 비록 대다수의 힌두교도들에게 혜택을 주지는 못했지만, 그 교육을 받은 소수의 印度 知性人들에 의하여는 적극적으로 받아들여졌던 것이다. 영국식 교육은 처음에 오히려 이슬람교 신자들 가운데서 더 강한 반발을 샀던 것이다. 그리하여 영국의 인도지배는 비록 이슬람의 지배보다 시간적으로는 훨씬 더 짧았지만, 인도사회와 문화에 대하여 보다 더 根本的인 變化를 초래하게 되었다. 영국인들에 의하여 세워진 法秩序 및 그들이 도입한 근대적인 合理的 敎育은 종래의 바라문들의 주도하에 이루어진 傳統的 사회질서와 관습에 상충되는 점이 많았으며, 印度人들에게 새로운 사회적 원리와 價値觀을 제시했던 것이다. 바라문의 사회적 特權이라든가 노예계급과 천민outcaste, untouchables들에 대한 差別, 여자아이들의 早婚制度, 과부들의 再婚禁止, 사티제도 satī(남편의 죽음과 더불어 부인을 火葬하는 것)들의 비합리성은 영국인들에 의하여만 지적된 것이 아니라, 새로운 교육을 받은 소수의 힌두 지성인들 자신에 의하여도 自覺되게 되었으며, 이들은 社會的 不條理를 개선하려는 改革運動들을 전개하게 된 것이다. 또한 영국의 정치적, 경제적 지배와 더불어 들어온 基督敎의 宣敎師들은 그들의 눈에 보이는 이해하기 어려운 힌두교의 여러 종교적 현상들을 비판적인 눈으로 보았다. 힌두교의 多神敎적 신앙과 神像 숭배와 같은 것은 항시 그들의 비난의 대상이 되었으며, 이러한 비난은 새로운 교육을 받은 일부 인도의 지성인들에 의해서도 받아들여졌던 것이다. 이제 힌두교 내에서 일어난 몇 가지 現代의 대표적 개혁

254

운동과 思想的 覺惺을 간략하게 살펴본다.

1 브라흐모 사마쥬 Brāhmo Samāj

이 운동은 1828년에 람모한 로이 (Rāmmohan Roy, 1774~1833)에 의하여 시작되었다. 람모한 로이는 英國式 敎育을 받은 최초의 힌두 개혁자로 간주되며, 그는 힌두교의 사회적 전통의 개혁뿐만 아니라 서구식 교육의 확립을 위하여 힘썼다. 그와 그의 추종자들에 의하면 多神敎的 신앙이나 神像 숭배와 같은 當時 힌두교의 모습들은 힌두교의 본래적인 가르침으로부터 타락한 것이다. 그의 해석에 의하면 우파니샤드는 唯一神的인 思想을 가르치며, 그는 이것에 의하여 당시의 힌두교를 개혁할 것을 주장했다. 그는 1815년에서 1819년 사이에 벵갈어와 영어로 우파니샤드를 번역했다. 람모한 로이에 의하여 시작한 〈브라흐모 사마쥬〉의 운동은 그 후 데벤드라나트타골(Devendranāth Tagore, 1817~1905)과 케샵 챤드라 센(Keshab Chandra Sen, 1838~1884) 등에 의하여 계승 발전되었다. 有名한 노벨文學賞 受賞者인 라빈드라나트 타골(Rabīndranāth Tagore, 1861~1941)은 데벤드라나트 타골의 아들이었다.

2 아리야 사마쥬 Ārya Samāj

〈아리야 사마쥬〉운동도 역시 힌두교의 종교적, 사회적 개혁에 힘썼으나, 한편으로는 브라흐모 사마쥬가 너무 西洋의 가치와 문화를 숭상한다고 비판하면서 종교 및 사회개혁의 원리를 베다의 권위에서 찾으려는 좀더 보수주의적인 운동을 전개했다. 이 운동은 다야난다(Dayānanda, 1824~1883)에 의하여 창시되었다. 그에 의하면 베다는 어디까지나 唯一神思想을 가르치며, 신상숭배와 캐스트간의 차별을 가르치지는 않는다. 힌두교의 개혁은 어디까지나 베다의 원리에 서서 해야지, 서구라파의 학문이나 가치를 尺度로 삼아서는 안된다고 주장한다. 이 운동은 힌두교의 전통에 대한 새로운 프라이드를 심어 주었으며, 〈브라흐모 사마쥬〉보다 좀더 大衆的인 改革運動을 전개하였다. 그러나 兩者 모두 그 운동에 참여한 자의 범위 이상을 넘어서서 힌두사회 전체에 대한 영향력을 발휘하지는 못하였다.

3 라마크리슈나 宣敎會 Rāmakrishna Mission

라마크리슈나(Rāmakrishna, 1836~1886)는 벵갈지방에서 출생했다.
그는 벵갈지방의 16세기의 聖者 챠이타니야 Caitanya와 같이 그 지
방의 비슈누-크리슈나 Viṣṇu-Kṛṣṇa 신앙의 전통을 이어받은 聖者였
다. 그는 수많은 宗敎的 體驗을 통하여 여러 종교가 궁극적으로 하
나임을 깨달았으며, 또한 샹카라의 不二論的 베단타철학을 통하여
이에 대한 이론적인 뒷받침도 얻었다. 그는 기독교와 이슬람까지도
공부하였으며, 심지어는 모하멧과 예수의 환상까지도 보았다고 한
다. 그의 사상은 케샵 챤드라 센 Keshab Chandra Sen과 비베카난다
(Vivekānanda, 1863~1902)와 같은 유능한 제자들에 의하여 널리 전
파되게 되었다. 特히 비베카난다는 1893년에 시카고에서 열린 〈국
제 종교회의 Parliament of Religions〉에서 베단타철학에 입각한 힌
두교의 抱容的 宗敎觀을 소개했으며, 1896년에는 〈뉴욕 베단타협회
The Vedānta Society of New York〉를 창설했고, 인도에 돌아와서는
〈라마크리슈나 선교회 Rāmakrishna Mission〉를 창설했다. 〈라마크리
슈나 선교회〉는 인도와 세계 곳곳에다 支部를 발족시켜서, 베단타
철학을 중심으로 한 힌두교의 세계관을 서양에 소개하는 데 큰 공헌
을 했다.

4 타골

라빈드라나트 타골(Rabīndranāth Tagore, 1861~1941)은 아마도 간디
와 더불어 現代 印度의 가장 偉大한 人物로 간주되는 사상가이다.
1912년에 출판된 그의 詩集 『기탄잘리 Gītāñjali』로서 노벨文學賞을
수상하면서 그는 現代印度를 대표하는 知性으로서 국제적인 명성을
떨치게 되었다. 그는 세계의 여러 나라를 巡訪하면서 近世의 民族
主義의 狂亂과 物質主義의 惡을 강조하면서 全人類의 精神的 遺産
을 일깨웠다. 그는 특히 인도와 아시아의 自身과 世界를 위한 靈的
使命을 강조하면서 西洋의 民族主義的 前轍을 밟지 말 것을 경고했
다. 이 점에 있어서 그는 印度의 정치적 독립을 원하면서도 극단의
政治一邊倒的인 투쟁방식을 반대했으며 印度의 民族主義를 비판했
다. 그러기에 그는 간디에 대한 깊은 尊敬心에도 불구하고 그의 구

체적인 自治의 運動들을 좁은 民族主義的인 정신에 입각한 것으로
비판했던 것이다.

타골은 베단타철학의 一元論的 사상을 이어받고 있지만 世界를
단지 幻術 māyā로 보지는 않는다. 神은 세계 속에서 자신을 나타내
며 自然의 신비와 아름다움을 통하여 우리는 神의 힘을 인식할 수
있음을 강조한다.

5 간디

간디 (Mohandas K. Gāndhi, 1869~1948)는 인도의 민족주의자 정치
가로서 영국의 교육을 받은 변호사 출신이었다. 그는 그의 사상적
기반을 예수의 山上寶訓이나 톨스토이의 平和主義에서뿐만 아니라
힌두교의 傳統에서 찾으려고 노력했으며, 이 점이 그로 하여금 인
도의 大衆에 막대한 영향력과 호소력을 지니게 하였던 것이다. 그
는 마하트마 Mahātmā 즉 〈위대한 영혼〉이라는 칭호를 얻을 정도로
하나의 聖者로까지 추앙받게 되었다. 그는 모든 인도인들에게 自治
swarāj라는 이상을 提示했다. 그의 자치의 개념은 단지 정치적인 次
元을 넘어서서 개인의 정신적인 自己修練과 完成까지 의미했다. 간
디는 이러한 정신적인 자기수련의 지침으로써 『바가바드 기타』의 행
동주의적 철학인 〈카르마 요가 karma-yoga〉의 사상을 생활 속에 실
현하고자 했다.[1] 印度의 自治를 얻기 위한 그의 〈眞理의 把持 satyā-
graha〉와 非暴力 ahiṁsa의 實踐은 全世界的인 共感을 불러 일으
켰다.

간디는 타골의 비판에 대하여 자기가 展開한 外國商品의 拒否 등
구체적인 自治의 運動들은 수백만의 굶주린 民衆들의 人間다운 삶
을 위한 투쟁이라고 옹호하면서 經濟와 倫理, 政治와 宗敎의 不可
分離性을 주장했다. 그는 印度의 民族主義는 排他的이고 侵略的인
것이 아니라 人道主義的인 것이며 印度는 世界를 위하여 죽기 前에
자신이 먼저 사는 법을 알아야 한다고 역설했다.

---

1) M. K. Desai, *The Gītā According to Gāndhi*(Ahmedabad: Navjivan Trust,
   1956) 참조.

제22장 現代의 印度哲學

1 오로빈도의 哲學

타골과 간디는 그들의 막대한 사상적 영향력에도 불구하고 哲學者라기보다는 詩人과 政治家, 그리고 넓은 의미로서의 思想家라고 불러야 마땅할 것이다. 우리는 印度의 哲學的 傳統을 등에 업고서 그것을 現代的으로 再解釋하는 印度的 現代哲學의 代表的 存在로서 오로빈도와 라다크리쉬난을 들지 않을 수 없다.

오로빈도(Aurobindo Ghosh, 1872~1950)는 간디와 마찬가지로 영국의 교육을 받은 후 귀국하여 인도의 독립운동을 위하여 힘썼다. 그도 역시 『바가바드 기타』의 〈카르마 요가〉思想에 심취하였으나, 나중에는 직접적인 정치활동에서 물러서서 요가의 修行者로서, 哲學者로서 일생을 마쳤다. 그의 사상은 대체로 베단타철학의 새로운 해석으로 볼 수 있다. 그는 인도철학의 주류를 형성하는 샹카라의 不二論的 베단타철학은 우파니샤드의 철학을 잘못 해석한 것이라고 비판했다. 그에 의하면 브라흐만은 萬有의 통일적인 원리인 一者이면서도 현상세계의 다양성을 배제하지 않는다. 브라흐만은 一이면서도 多이고, 多이면서도 一인 것이다. 오로빈도에 의할 것 같으면 佛敎는 一을 무시하고 多만 보았으며, 샹카라의 철학은 多를 무시하고 一만 본 盲點을 갖고 있다고 한다. 순수존재·순수의식·순수희열 Sat-cit-ānanda로서의 브라흐만은 순전한 희열 가운데서 일종의 遊戲 līlā로서 스스로를 현상적 세계로 나타낸다. 이 世界는 그의 마술적인 힘인 마야 māyā 혹은 샥티 śakti로서 實在하는 것이다.

오로빈도는 브라흐만이 자기 자신을 制限하여 다양한 現象世界로 나타내는 힘을 〈수퍼 마인드 Super Mind〉라 부른다. 수퍼 마인드는 샷트・칫트・아난다로서의 브라흐만과 다양한 현상세계와를 매개해 주는, 브라흐만의 자기의식으로서의 힘인 것이다. 브라흐만이 수퍼 마인드를 통하여 자기 스스로를 현상세계로 나타내는 과정을 오로빈도는 下降 Descent 혹은 退轉 Involution이라 부른다. 이 下降의 결과로 세계는 브라흐만을 은폐하는 베일과 같기도 하나 동시에 세계 안에는 브라흐만이 內在하여 세계는 끊임없이 靈的인 進化 Evolution를 추구하게 된다. 이 진화의 과정을 오로빈도는 上昇 Ascent이라 부른다. 그리하여 물질 matter에서 생명 life이 진화하고, 생명 life에서 정신 mind이 진화한다. 인간은 이 下降과 上昇의 과정에서 결정적인 위치를 차지하고 있는 존재이다. 왜냐하면 인간은 단지 물질, 생명, 정신뿐만이 아니라, 神的인 靈魂 soul, psyche 혹은 自我 self이기 때문이다. 인간은 이러한 진화과정 속에서 無知를 제거하고 자신에 대한 靈的인 自覺을 통하여 물질, 생명, 정신으로서의 좁은 自我 ego를 초월하여, 수퍼 마인드 Super Mind의 무한한 힘과 지식에 도달하여야 하는 것이다.

이렇게 인간이 수퍼 마인드에 도달하면, 宇宙內에 처음부터 潛在해 있던 영적인 힘인 샷트・칫트・아난다는 완전히 드러나고 實現되는 것이다. 그리고 이것은 곧 인간의 자기 실현이요, 온 우주의 진화적인 자기실현인 것이다. 인간과 우주가 영적으로 실현된 상태를 오로빈도는 神적인 삶 Divine Life이라 부르며, 이러한 變化된 인간을 靈知的 存在 Gnostic Being 혹은 超人 Superman이라 부른다. 그는 이러한 神的인 삶의 궁극목표를 실현하기 위하여 自身의 모든 힘을 동원하는 통일적 요가 Integral Yoga라는 修行方法을 제시하고 있다. 오로빈도에 의하면 초월적 세계의 神的인 삶에 도달한 超人은 또 다시 下降하여 수퍼 마인드의 빛과 힘을 이 세계에 퍼지게 하며 모든 存在의 超越化와 聖化를 돕는다고 한다.

오로빈도의 철학은 베단타철학의 전통을 이어받으면서도 현대

서구라파의 進化論的인 思想에 영향을 받아, 샹카라의 세계 부정적
인 브라흐만 假現說 Brahmavivartavāda을 버리고 브라흐만 轉變說
Brahmapariṇāmavāda的인 입장에 서서 세계와 인간에 대한 적극적
인 영적 해석을 시도한 철학이라 볼 수 있다.

2 라다크리쉬난의 宗敎哲學

라다크리쉬난(Sarvepalli Radhakrishnan, 1888~)은 現代의 살아 있
는 印度 知性을 대표하는 사상가이다. 그는 비베카난다 Vivekā-
nanda가 일찌기 힌두교의 世界觀과 宗敎사상을 西洋에 소개했던 것
과 같이 베단타哲學에 입각하여 종교의 본질과 의미를 해석하여 世
界的으로 많은 공감을 불러일으켰다. 그는 인도의 哲學과 宗敎思想
을 연구하고 소개하는 데 큰 공헌을 했을 뿐만 아니라, 오래전부터
풍부한 종교적 多元性을 收容해 온 힌두교의 포용적 정신을 밑받침
으로 하는 종교철학을 전개하여 현대에 있어서 종교간의 理解와 對
話에 많은 영향을 주었다.

라다크리쉬난은 수많은 저서들을 통하여 一貫性 있게 宗敎的 獨
斷主義와 世俗的 物質主義의 兩極을 비판하며 온 인류의 영적 생활의
공통성과 통일성을 웅변적으로 주장했다. 그에 의하면 모든 종교란
궁극적으로 하나이다. 敎理, 神學, 制度, 儀式 등 종교의 外的 表
現은 다양하고 서로 많은 차이들을 보이는 것이 사실이나, 內的인
종교적 體驗에 있어서는 모든 종교가 근본적으로 일치한다고 한다.
종교의 核心은 어디까지나 영적인 체험에 있는 것이지 敎理나 神學
과 같은 외적인 표현에 있는 것이 아님을 그는 끊임없이 강조하고
있다. 體驗 experience은 종교의 영혼이요, 表現 expression은 종교의
육체라고 그는 말한다.

宗敎的 體驗이란 우리의 모든 가치들과 경험들을 통일시켜 주는
것으로서 영원하고 절대적인 實在에 대한 우리의 全人的 추구를 의
미한다. 라다크리쉬난은 종교적 체험의 特性으로서, 첫째로 主客의
분리를 초월한 통일적 의식을 말한다. 우파니샤드에서 말하는 自我
Ātman의 체험과 같이, 이러한 통일적 의식의 상태에서는 아는 자

260

knower와 알려진 것 known, 意識과 存在, 思惟와 實在의 대립이 초월되며 여러가지 관념들과 감정들의 구별도 사라진다고 한다. 그리하여 좁은 個人的 自我의 테두리가 普遍的 自我에 의하여 무너진다고 한다. 종교적 체험은 그 自體에 있어서 充足的이고 完全하여 그 의미와 진리와 타당성에 있어서 다른 어떤 外部的인 보충을 필요로 하지 않는다고 한다. 종교적 체험은 自明性과 確實性을 지니고 있다는 것이다.

종교적 체험에는 日常生活의 긴장이 사라지고 내적인 平和와 기쁨이 지배한다고 한다. 종교적 체험은 또한 모든 言語的 表現과 論理를 초월한다. 단지 상징적 표현이나 暗示만이 허용될 따름이다. 이들 표현들은 물론 歷史的 그리고 文化的 特殊性의 제약을 받기 때문에 문자 그대로 이해되어서는 안된다. 라다크리쉬난은 말하기를 절대적으로 순수한 종교적 체험이란 있을 수 없다고 한다. 종교적 체험은 어디까지나 어떤 특수한 종교적 傳統 안에서 發生하며 解釋되고 있기 때문이다. 그러나 종교적 체험의 내용, 즉 대상은 우리의 모든 해석을 초월하는 至高的인 存在 Supreme이다. 우리가 그것을 추상적이고 非人格的 impersonal인 것으로 체험하고 해석할 때는 絶對者 Absolute라 부르고, 우리가 그것을 意識과 喜悅의 存在로 해석할 때는 神 God이라 부른다는 것이다. 그러나 實在 the Real는 人格 person과 非人格 spirit 및 모든 해석을 초월하는 어떤 것이라는 것이다.

이러한 實在의 초월성에도 불구하고 우리가 그것을 어느 정도 알 수 있는 것은 그것이 우리 人間存在의 가장 깊은 것과 類似性을 갖고 있기 때문이라고 한다. 우리의 영혼 soul 혹은 자아 self, spirit가 이 實在에 참여하고 있기 때문인 것이다. 따라서 實在와의 접촉을 위하여는 우리는 自我를 發見하고 實現해야 한다는 것이다. 그러기 위하여는 지성과 감정과 의지를 닦아서 自我에 부착되어 있는 異質的인 것들을 제거해야 한다고 한다. 特別히 瞑想을 自我發見의 길로 강조하고 있다. 종교의 목표는 修行을 통하여 자아를 變化시키고 온 인류의 삶을 聖化 divinize하는 것에 있다는 것이다. 이것이 救援인 것이다.

＊참고문헌

Śrī Aurobindo, *Essays on the Gītā*. Calcutta, 1926–1944, 1950.

————, *The Life Divine*. 3rd ed. 2 vols. Calcutta, 1947.

————, *The Synthesis of Yoga*. Madras, 1948.

————, *The Ideal of Human Unity*. Pondicherry, 1950.

————, *The Mind of Light*. New York, 1971.

Bruteau, B., *Worthy is the World: The Hindu Philosophy of Sri Aurobindo*. Rutherford, N. J., 1971.

Chaudhuri, H., *Sri Aurobindo: The Prophet of Life Divine*. Calcutta, 1951.

————, *The Philosophy of Integralism, or, the Metaphysical Synthesis Inherent in the Teaching of Sri Aurobindo*. Calcutta, 1954.

Chaudhuri, H. and F. Spiegelberg, ed., *The Integral Philosophy of Sri Aurobindo*. London, 1960.

Desai, M. K., *The Gītā Accarding to Gāndhi*. Ahmedabad, 1956.

Devaraja, N. K., ed., *Indian Philosophy Today*. Delhi, 1975.

Farquhar, J. N., *Modern Religious Movements in India*. New Delhi, 1977 (Indian edition; 1st ed., 1914)

Gandhi, M. K., *An Autobiography: The Story of My Experiments with Truth*. Boston, 1957 (Beacon Paperback).

Joad, C. E. M., *Counter Attack From the East, the Philosophy of Radhakrishnan*. London, 1933.

Maitra, S. K., *An Introduction to the Philosophy of Sri Aurobindo*. 2nd ed. Benares, 1945.

————, *Studies in Sri Aurobindo's Philosophy*. Eenares, 1945.

————, *The Meeting of East and West in Sri Aurobindo's Philosophy*. Pondicherry, 1956.

Müller, F. M., *Ramakrishna: His Life and Sayings*. 2nd ed. London, 1923.

Muirhead, J. H. and S. Radhakrishnan, ed., *Contemporary Indian Thought*. London, 1936.

Nikhilananda, S., trans., *The Gospel of Sri Ramakrishna.* New York, 1952.

Rishabhchand, *The Integral Yoga of Sri Aurobindo.* Pondicherry, 1959.

Radhakrishnan, S., *East and West in Religion.* London, 1949.

————, *Eastern Religions and Western Thought.* London, 1940.

————, *The Hindu View of Life.* London, 1927.

————, *The Reign of Religion in Contemporary Philosophy.* London, 1920.

————, *The Ethics of Vedānta and its Metaphysical Presuppositions.* Madras, 1908.

————, *The Philosophy of Rabindranath Tagore.* London, 1918.

————, *The Philosophy of the Upaniṣads.* London, 1935.

————, *Religion and Society.* 2nd ed. London, 1948.

————, *An Idealist View of Life.* London, 1929.

————, ed., *Introduction to Mahatma Gandhi.* London, 1939.

Schilpp, P. A., *The Philosophy of Sarvepalli Radhakrishnan.* New York, 1952.

Sharma, D. S., *Studies in the Renaissance of Hinduism in the Nineteenth and Twentieth Centuries.* Benares, 1944.

Srivastava, R. S., *Contemporary Indian Philosophy.* Delhi, 1965.

Tagore, R., *Greater India.* Madras, 1921.

————, *Nationalism.* New York, 1917.

1 印度哲學의 實在觀

인간의 감각기관을 통하여 경험되는 세계의 다양한 모습들과 사건들 속에서 자기 自身을 잃지 않고 그들 상호간에 어떤 體系나 統一的 法則을 찾아서 把握해 보려는 것은 인간이 가지고 있는 본래적인 知的 요구이다. 이러한 지적 요구는 동시에 얼핏 보기에 無秩序하고 혼돈된 세계 속에서 삶의 방향감각을 잃지 않고 意味 있는 행동을 하기 위한 實踐的인 요구에 부합하는 것이다. 뿐만 아니라 자신의 존재를 위협하는 듯한 無常하고 有限한 세계 가운데서 그 背後에 어떤 不變하고 無限한 참다운 實在를 찾는 것도 또한 온 인류가 추구해 온 공통적인 종교적 철학적 관심사였음에 틀림없다. 이러한 知的, 實踐的, 宗敎的 욕구를 충족시키려는 것이 한 마디로 말해 實在觀 View of Reality인 것이다.

우리는 이미 本書에서 印度哲學의 다양한 實在觀을 살펴보았다. 하지만 여기서는 이 다양한 실재관들을 각 학파의 전통과 역사적 맥락을 떠나서 좀더 體系的이고 類型的으로 고찰함으로써 印度哲學의 全體的인 理解에 도움이 되고자 한다.[1] 우선 印度哲學은 다양

---

1) H. v. Glasenapp, *Die Philosophie der Inder* (Stuttgart: Alfred Kröner Verlag, 1974), pp. 370/74; N. Smart, *Doctrine and Argument in Indian Philosophy* (Atlantic Highlands : Humanities Press, 1964), pp. 181~94 참조.

한 현상세계의 배후에 있는 궁극적인 實在를 어떻게 보았는가를 먼저 정리해 보자.

① 初期의 베다人들은 대체로 다양한 현상세계를 그대로 받아들이는 상식적인 세계관을 지녔었다. 그러면서도 그들은 세계는 여러 놀라운 힘들에 의하여 지배된다고 믿었고 이 힘들을 人格的인 神으로서 숭배했다. 그러나 그들은 이 복잡다단한 현상세계를 영혼이나 原初的 物質이나 原子와 같은 몇 가지 存在原理로 환원시켜 이해하려는 노력은 보이지 않았다. 그러나 베다人들도 後期에 와서는 諸神의 배후에 어떤 統一的인 하나의 實在 tad ekam가 있음을 생각하게 되었다. 이 實在 sat에 대한 추구는 우파니샤드에 와서 本格的으로 진행되게 되었다. 우파니샤드는 우주의 궁극적 실재를 브라흐만이라 불렀으며 이 브라흐만을 또한 인간의 본질적 실재인 아트만과 同一視했다. 同時에 인간의 영원한 본질은 인간의 의식의 탐구를 통하여 純粹識 cit으로 파악되었다.

② 佛陀는 우파니샤드의 하나의 영원한 實在를 탐구하는 一元論的인 형이상학을 거부하고 세계와 인간을 단지 여러 가지 存在要素들, 즉 여러 가지 성질, 상태 혹은 사건들의 復合的 現象으로 파악하는 一種의 現象主義的인 세계관을 주장했다. 이러한 존재의 요소들(法)은 결코 獨自性을 지닌 영원한 實體들이 아니라 기능적으로 相依相資하며 조건적으로 發生하는 作用이나 힘들로서 간주되었다. 그러나 佛陀도 이러한 相對的이고 無常한 존재요소들만을 존재하는 것의 전부로 생각하지는 않았다. 첫째는 이러한 존재요소들이 완전히 消滅된 寂靜한 상태로서 涅槃이라는 어떤 절대적이고 言語로서 規定하기 어려운 實在를 인정한 것이다. 둘째는 존재요소들간의 相互作用과 生滅에는 어떤 一定한 法則性이 있음을 佛陀는 가르쳤다. 十二支緣起說과 같은 것이다. 이 緣起法 自體는 어떤 항구적인 眞理인 것이다.

③ 正理와 勝論哲學은 小乘佛敎와 같은 多元的 세계관을 대표하면서도 佛敎와는 달리 多元的 要素들을 無常한 것들로 보지 않고 영원한 原子들과 이 원자들의 결합에 의하여 이루어진 地, 水, 火, 風으로 본다. 뿐만 아니라 時間, 空間, 意根 manas들과 自我 ātman

들도 영원한 實體로 간주한다. 이러한 實體들 외에도 性質, 行爲 혹은 運動, 普遍性, 特殊性, 內在의 범주들로서 세계를 파악하며 이들 범주들을 모두 객관적으로 實在의 모습들로 본 것이다.

쟈이나敎는 存在를 다섯 가지의 延長的 實體 astikāya로, 즉 공간, 운동, 정지, 물질, 영혼들로 파악하며 챠르바카의 唯物論的 哲學은 地, 水, 火, 風의 4 요소만을 영원한 實體로 간주하는 것이다.

다른 한편으로는 마드바의 二元的 베단타 철학은 神과 영혼들과 原初的 물질 prakṛti을 세 가지 영원한 實體로 파악하며, 상키야哲 學은 단지 하나의 통일적인 원초적 물질과 다수의 영혼들만을 영원한 實體라고 주장한다.

④ 이상과 같이 세계를 多元的으로 보는 견해에 대하여 모든 多元性과 현상세계의 多樣性을 無知 avidyā로 인해 나타난 幻術 māyā로 보고 하나의 實在에 의하여 세계를 통일적으로 해석하는 一元論的인 實在觀이 있다. 이러한 관점은 우파니샤드에서 이미 찾아볼 수 있지만 그것이 본격적인 이론으로 전개된 것은 大乘佛敎의 哲學과 不二論的 베단타哲學에서이다. 우선 中觀哲學에서는 모든 세계의 差別相을 일단 空에 의하여 부정한다. 空이 곧 實在이며 다름아닌 열반인 것이다. 그러나 中觀哲學에서는 空이란 현상세계의 根底에 놓여 있는 實體도 아니며 生死의 세계를 초월하여 있는 어떤 형이상학적인 實在도 아니다. 生死 自體가 곧 바로 空이며 열반인 것이다. 눈에 보이는 세계의 種種의 差別相은 無知의 所産인 幻術이며 오직 俗諦의 단계에서 假名으로서만 인정될 뿐이다. 唯識哲學은 空을 말하면서도 識 vijñāna, citta의 轉變을 통하여 假名의 世界를 說明하고자 한다.

위와 같은 대승불교의 實在觀에 영향을 받아 우파니샤드와 『브라흐마經』을 再解釋하고 철저한 一元論的인 存在論을 전개한 것이 샹카라의 不二論的 베단타철학인 것이다. 여기서는 순수한 存在 sat, 識 cit, 喜悅 ānanda로서의 브라흐만만이 唯一無二한 實在이며 그 이외의 個人的 靈魂들이나 差別的 事物들은 모두 無知의 영향아래 나타나는 幻術 māyā일 뿐이다. 그러나 같이 브라흐만의 唯一한 實在性을 인정하면서도 라마누자를 중심으로 한 信仰的 베단타 哲學者

들은 동시에 개인영혼들과 물질의 實在性도 인정하려는 修正된 베단타철학을 발전시켰다.

다음으로, 이상과 같은 實在觀에서 보고 있는 궁극적인 實在와 현상세계와의 因果관계 내지 存在論的 관계를 살펴볼 것 같으면 우리는 다음과 같은 4種의 理論을 구별할 수 있다.

① 始起說 ārambhavāda : 이 說은 正理와 勝論학파에서 주장하는 것으로서 세계의 사물들은 영원한 원자들의 結合으로 이루어진다는 것이다. 원자들의 결합에 의하여 원자들과는 다른 새로운 것들이 비로소 生起한다는 이론이다. 이것은 果가 因 속에 이미 포함되어 있지 않다는 因中無果論 asatkāryavāda을 따르는 것이다.

② 轉變說 pariṇāmavāda : 이 說은 數論哲學의 實在觀에 입각한 것으로서 다양한 현상세계를 어떤 통일적인 근본적 實在의 轉變으로 보는 견해이다. 즉 果는 因의 變化나 變形에 지나지 않으며 因 속에 이미 가능적으로 잠재해 있다는 因中有果論 satkāryavāda을 주장하는 것이다.

위의 두 立場은 因中有果論과 因中無果論이라는 근본적 차이는 있지만 그럼에도 불구하고 변하는 현상세계의 원인은 어떤 변하지 않는 영원한 實體임을 말하는 데서는 일치하고 있다. 그러나 佛敎와 不二論的 베단타哲學은 이러한 因果論을 배척한다. 왜냐하면 원인이 영원한 것이라 할 것 같으면 결과도 영원해야 한다는 것이 그들의 공통된 反論이다. 그러나 佛敎와 不二論的 베단타는 이러한 비판으로부터 두 개의 正反對되는 결론을 이끌어내게 된다. 즉 佛敎에 의하면 결과가 無常하므로 原因도 無常한 것일 수밖에 없다는 것을 주장하는 반면 不二論的 베단타는 無常하고 다양한 結果는 幻術에 지나지 않을 뿐 전혀 實在性이 없음을 주장한다. 브라흐만이 唯一의 實在라는 것이다. 그리하여 우리는 다음과 같은 두 가지 因果論을 더 추가하게 된다.

③ 衆合說 saṁghātavāda : 이 說은 佛陀의 근본적인 가르침에 근거한 것으로서 모든 事物들은 無常한 諸法의 協力과 和合에 의하여 조건적으로 발생한다는 것이며 영원한 實體란 此岸의 세계에서는

찾아볼 수 없다는 것이다. 勝論哲學의 原子說과 같이 세계에 대한 多元的 견해이며 因中無果論을 주장하지만 勝論과는 달리 因의 영원성이나 實體性을 부정한다. 勝論은 事物의 原因으로서 영원한 원자적 실체 atomic substance를 주장하지만 佛敎는 無常한 원자적 사건 atomic event들만을 원인으로 보는 것이다.

영원한 實體를 부정하고 anātman 一切를 순간적인 諸法의 衆合과 連續으로 보는 佛敎의 입장은 人格의 연속성이나 業報의 현상을 설명하기 어렵다는 비판을 받았다. 이에 說一切有部에서는 三世實有 法體恒有를 주장하여 法을 實體化하는 경향을 나타냈다. 般若經典의 空思想이나 龍樹의 中觀哲學은 이러한 경향을 배척하고 諸法의 無自性과 一切皆空을 강조하게 되었다. 이에 따라서 空이라는 實在의 세계에서는 因果와 生滅이란 성립되지 않으며 단지 俗諦의 관점에서만 인정되는 方便에 지나지 않는 것이다. 瑜伽行哲學은 實在를 空으로 보되 다른 한편으로는 識轉變說 vijñāna-pariṇāma을 주장함으로써 數論의 轉變說的인 因果論과 약간의 유사성을 보이고 있다. 그러나 물론 識 vijñāna과 物質 prakṛti은 전혀 다른 存在論的 原理이다.

④ 假現說 vivartavāda : 이것은 현상세계의 모든 差別性과 다양성을 無知 때문에 나타나는 幻術로 보며 브라흐만 혹은 아트만만이 實在임을 주장하는 견해로서 不二論的 베단타철학의 입장이다. 中觀哲學에서와 마찬가지로 여기서도 因果論이란 假現으로서의 현상세계에서만 타당한 이론이며 日常的 vyāvahārika 眞理의 관점으로부터는 인정할 수 있으나 궁극적 parama인 진리의 관점에서는 虛妄한 세계와 더불어 사라지는 것이다. 절대 唯一의 實在인 브라흐만은 모든 因果關係를 며난 實在인 것이다. 그러나 日常的인 진리의 次元에서 볼 것 같으면 현상세계는 어디까지나 브라흐만을 토대로 하여 나타나는 고로 브라흐만을 세계의 원인으로 간주할 수 있다. 이러한 뜻에서 不二論的 베단타哲學은 브라흐만假現說 Brahmavivarta-vāda의 因果論을 주장하는 것이다. 한편 라마누자를 위시한 信仰的 베단타哲學者들은 假現說을 피하고 一種의 轉變說에 接近하고 있다고 말할 수 있다.

2 印度人의 傳統的 宇宙觀

1 힌두교의 宇宙形相誌 cosmography

베다에 나타난 우주관에 의하면 우주는 三層構造를 가진 것으로 간주됐다. 위로는 해와 달과 별들과 하늘의 神들이 움직이고 활동하는 하늘이 있고 그 밑에는 새와 구름과 空中의 神들이 활동하는 空中圈 antarīkṣa과 아래는 우리가 살고 있는 납작하고 둥근 땅이 있다. 그러나 후에 힌두교의 전통적 우주관에 의할 것 같으면 우주는 이보다 더 복잡한 양상을 띠게 된다. 즉 우주는 週期的인 創造 sṛṣṭi와 解體 pralaya의 과정을 끝없이 되풀이하는 영원하고 방대한 體系로서 우리가 살고 있는 세계는 무수히 많은 세계들 가운데 하나에 지나지 않는다.

세계는 브라마神의 卵 Brahmāṇḍa과 같이 계란 모양을 한 것으로 여겨졌으며 모두 21개의 帶 zone로 구성되어 있다고 한다. 地球는 그 중에서 위로부터 일곱번째에 위치하고 있다. 地球의 위로는 올라 갈수록 점점 더 아름다운 6개의 天界가 있으며 거기에는 주로 神들이 거하고 있으며 地球 밑으로는 파탈라 Pātāla라 부르는 7層의 地下世界 nether world가 있어서 나가 nāga (人面蛇身의 동물) 等의 神話的 존재들이 살고 있다. 이 파탈라 밑에는 또 7層으로 된 地獄 Naraka, purgatory이 있어 아래로 갈수록 점점 더 고통스러운 곳이 된다. 이러한 구조를 가진 世界는 빈 空間 속에 떠 있으며 다른 세계들로부터 격리되어 있다고 한다.

地球의 크기와 모양에 관하여 印度의 天文學者들은 지구가 球形이라고 생각했고 크기까지도 거의 오늘날과 비슷하게 계산했지만, 종교적인 세계관은 베다 이래로 내려오는 전통을 좇아 세계를 하나의 거대하고 납작한 圓盤으로 생각했다. 지구의 中心에는 須彌山 Sumeru이 있어 해와 달과 별들이 그 주위를 돌고 있다. 이 수미산의 四方에 바다를 사이에 두고 4개의 大陸 dvīpa이 있으며 그 가운데서 南쪽에 있는 것이 所謂 閻浮提 Jambudvīpa로서 이곳이 人間들이 사는 곳이며 이 대륙의 남쪽에 히말라야산에 의하여 격리되어 〈바라타子孫들의 땅 Bhāratavarṣa〉 즉 印度가 위치해 있다고 믿었다.

푸라나 Purāṇa들에 나타나 있는 宇宙形相誌는 이보다 더 상상적인 비약을 한다. 그리하여 閻浮提는 須彌山을 둘러싸고 있는 環形으로 생각되었으며 閻浮提는 또한 〈Plakṣadīpa〉라 불리는 다른 하나의 大陸에 의하여 環形으로 둘러싸여 있다. 이런 식으로 하여 地球는 수미산을 中心으로 하여 모두 7重의 環形의 大陸으로 되어 있으며 대륙과 대륙 사이에는 각각 소금, 糖, 술, 버터油 ghee, 밀크, 凝乳, 물로 된 바다가 있다고 생각했다.

2 佛敎의 宇宙觀

불교의 우주관에 의할 것 같으면 온 우주는 欲界 kāma-dhātu, 色界 rūpa-dhātu, 無色界 arūpa-dhātu의 三界로 되어 있다. 이 三界는 물론 生死의 世界 saṁsāra로서 涅槃을 얻기까지 衆生들이 태어나는 곳이다. 欲界는 色, 聲, 香, 味, 觸, 法을 지각하는 6가지 감각기관을 지닌 존재들이 살고 있는 곳으로서, 그들의 業에 따라서 태어나게 되는 5가지의 존재영역 gati(五趣)으로 구성되어 있다. 제일 낮은 곳에 있는 地獄 naraka으로부터 시작하여 餓鬼 preta, 畜生 tiryagyoni, 人 manuṣya, 그리고 欲界의 맨 위에 있는 神 kāma-deva들이 거하는 영역이다. 地獄은 地下에 있으며 어두운 것, 추운 것, 더러운 것의 三種이 있으며 그 가운데는 8가지의 程度의 差異가 있다고 한다. 畜生과 人은 지구의 표면에 거하며 神들은 須彌山의 頂點 위에 있는 天界 devaloka에 거한다. 三十三天 Trāyatrimśat, 夜摩天 Yāma, 兜率天 Tuṣita 등을 포함한 6개의 天이 있다.

欲界의 위에는 微細한 물질로 된 色界 rūpa-dhātu가 있다. 여기에는 味, 香, 觸의 3감각은 없으나 여기에 거하는 자들은 아직도 形相 rūpa을 갖고 있다고 한다. 이 色界는 四段階의 禪定 dhyāna에 의하여 얻어지는 것으로서 17개의 天(『俱舍論』에 의하면; 上座部에서는 18개; 瑜伽行哲學에서는 16개)으로 구성되어 있다.

色界의 위에 無色界 arūpadhātu가 있다. 이것은 非物質的인 세계로서 여기에는 色과 聲마저도 존재하지 않는다. 오로지 정신적인 자취만 남아 있을 뿐이다. 이 無色界도 역시 禪定에 의하여 들어갈 수 있는 세계로서 四無色定의 等級이 있다. 즉 空無邊處 ākāśānantya,

識無邊處 vijñānānantya, 無所有處 akiṁcanya, 그리고 非想非非想處 naivasaṁjñānāsaṁjñā이다. 色界와 無色界를 합쳐서 梵界 Brahmaloka 혹은 梵天이라 부른다.

3 印度哲學 및 政治·文化史 年表

區分\年代	政治·文化史	哲 學 史
B.C. 2500 ≀ 1500	모헨조다로 Mohenjo Daro 하라파 Harappā의 인더스文明	
1500 ≀ 1000	아리아人의 印度侵入	베다의 本集 Saṁhitā 형성
1000 ≀ 700	部族國家들의 형성	브라흐마나 Brāhmaṇa의 형성
700 ≀ 600	아리아人들이 갠지스江 流域을 개간하고 定着함	初期 우파니샤드의 형성 파르슈바
600 ≀ 500	君主國家(마가다, 코살라等)와 都市文化의 發達	고타마 佛陀의 탄생(566) 六師外道, 마하비라
500 ≀ 400		고타마 佛陀의 入滅(486) 王舍城에서의 第一結集
400 ≀ 300	파니니 Pāṇini의 梵語文法 整理 알렉산더大王의 印度侵入(326) 챤드라 굽타의 마우리아 왕조 (320年頃) 카우틸리야 Kauṭilya	上座部·大衆部의 根本分裂 中期 우파니샤드의 형성 카필라 Kapila
300 ≀ 200	아쇼카王의 即位(269)	佛教의 擴張과 세일론 傳播 後期 우파니샤드 說一切有部

年代＼區分	政治・文化史	哲　學　史
B.C. 200 ～ 0	슝가王朝의 成立(186) 西北部의 희랍王國들 『마누法典』편찬 『마하바라타』形成 사타바하나王朝 (B.C. 1 세기)	部派佛敎의 發展 『바가바드 기타』 正統哲學派들의 元祖들 　파탄잘리 Patañjali 　카나다 Kaṇāda 　가우타마 Gautama 　쟈이미니 Jaimini 　바다라야나 Bādarāyaṇa
A.D. 1 ～ 100	쿠샤나王朝	大乘佛敎의 興起와 初期大乘經典들 『미맘사經』『發智論』
100 ～ 200	카니쉬카王	『勝論經』『正理經』 『大毘婆娑論』 經量部의 成立. 龍樹, 馬鳴 쟈이나교의 空白二派分裂
200 ～ 300	*Mahābhārata*와 *Rāmāyaṇa*의 完結, *Yājñavalkya Smṛti*	『解深密經』, Āryadeva Harivarman, Maitreya
300 ～ 400	굽타王朝(318) Kālidāsa, *Viṣṇu-purāṇa* 法顯의 訪印	Asaṅga, Vasubandhu 『브라흐마經』『요가經』 『數論頌』, 『楞伽經』
400 ～ 500	匈奴族의 印度侵入	Vātsyāyana, Śabarasvāmin, Kundakunda 陳那, 德慧, 佛音 Vallabhī 結集
500 ～ 600	굽타王朝의 붕괴 Āḷvār, Nāyanār	佛護, 淸辨, 護法, 安慧 Praśastapāda, Umāsvāti Uddyotakara, Vyāsa
600 ～ 700	Harṣa王의 卽位(606) 玄奘, 義淨의 訪印	戒賢, 智光, 月稱, 法稱 Prabhākara Miśra

區分 年代	政治・文化史	哲　學　史
A. D. 700 ⌇ 800	팔라 Pāla王朝	Śāntarakṣita, Kamalaśīla Gauḍapāda, Kumārila Bhaṭṭa Śaṅkara
800 ⌇ 900		Sureśvara, Maṇḍanamiśra Vācaspatimiśra, Vasugupta Padmapāda, Somānanda
900 ⌇ 1000	*Bhāgavata-purāna* Nāthamuni	Bhāsarvajña, Sarvajñātman Bhāskara, Śrīdhara
1000 ⌇ 1100	回教徒의　印度侵入	Śivāditya, Yāmuna, Udayana, Abhinavagupta Prakāśātman
1100 ⌇ 1200		Śrīharṣa, Ānandajñāna, Rāmānuja
1200 ⌇ 1300	回教徒의　北印度支配	Nimbārka, Madhva, Lokācārya, Meykaṇḍa
1300 ⌇ 1400	Vijayanagara 王國	Mādhava, Gaṅgeśa, Jayatīrtha, Veṅkaṭanātha
1400 ⌇ 1500	Kabīr, Nānak Rāmānanda, Caitanya	『數論經』, Śrīkāṇṭha Vallabha
1500 ⌇ 1600	무굴帝國, Akbar	Appaya Dīkṣita Vijñānabhikṣu
1600 ⌇ 1700	東印度會社設立 Dārā Shikōh, Aurangzeb	
1700 ⌇ 1800	英國의　佛蘭西勢力除去	Baladeva
1800 ⌇ 1900	英國　統治	Rāmmohan Roy, Dayānanda Keśab Candra Sen, Rāmakrishna
1900 ⌇	Gāndhi, Tagore 印度의　獨立(1947)	Vivekānanda, Aurobindo Radhakrishnan

A

abhāva 11, 170, 190, 231
abhidharma 16, 133
Abhidharmakośa-śāstra 67
Abhidharma-sūtra 152
abhimāna 99
Abhinavagupta 246
abhiniveśa 105
Abhisamayālaṁkāra 158
Acintya-bhedābheda-vāda 238
acit 224, 235
Acyutaprekṣa 230
ādānavijñāna 152
adharma 101, 114, 184, 220
adhvaryu 22
adhyāsa 205
adṛṣṭa 113
adṛṣṭārtha 125
Advaita Vedānta 34, 203, 207, 217
advayatva 139, 146
āgama 230
Āgama 242-3, 245
agni 109
Agni 23
aham brahma asmi 37, 203
ahaṁkāra 84, 99, 104, 164, 224
ahaṁvitti 194, 197
ahetuvādin 45, 55
ahiṁsā 77, 257
aiśvarya 101

Ajita Kesakambala 45
ajīva 183
Ājīvika 45
ajñāna 101
ākāra 98, 170, 203, 205
ākāṅkṣā 126
ākāśa 70, 84, 100, 109, 184
ākāśānantya 271
Akbar 251
akiṁcaniya 272
akiriyavāda 45
Akṣapāda 116
Akṣobhya Buddha 132
ākuñcana 111
ālayavijñāna 73, 150-51, 159, 163
ālambana 152
Ālambanaparīkṣa 168
alchemy 243
Allah 252
alokākāśa 184
Ālvār 221
Amitābhā Buddha 132, 136, 138
Amitāyus 138
anaiśvarya 101
analytical judgment 176
ānanda 34, 38, 54, 197, 225, 232, 236, 238, 267
Ānanda 61
Ānandagiri 209
ānanda-śakti 247
ananta-dharmakam vastu 183

E

ekāntavāda 183
Ekavyavahārika
ekayāna 137, 139
elixir 243
enjoyment 97
Evolution 259
experience 260
expression 260

F

factors of existence 54
faith 12

G

gamana 111
Gana-kārikā 242
Gandhāra 66, 136
Gāndhi 257
Gaṅgeśa 118
Garuḍa 80
gati 271
Gauḍapāda 93, 201, 203
Gautama 116
Gautamadharma-sūtra 117
Gayā 53
Giridhara Gosvāmin 235
Gītāñjali 256
Gītārthasaṁgraha 222
Gnostic Being 259

gopāla 218, 221, 239
gopī 221, 239
Gotama 53
Govinda-bhāṣya 237
Govindapāda 201
grāhaka-ākāra 172
grāhya-ākāra 172
Granth 253
gṛhastha 87
Gṛhya Sūtra 86
guṇa 83, 96, 111, 183, 196, 203, 205
Guṇamati 70, 173
Gupta 149
guru 87
Guru 188, 191

H

Haimavata 63
Harappā 79
Hari 79
Hastavālaprakaraṇa 168
hetu 122–3, 174
hetuvidyā 170, 174
hetvābhāsa 118
Hinduism 18
Hīnayāna 132
hladīnī-śakti 238
hotṛ 22
Hume 48
Hymn of Creation 24

Mathūra 136, 234

mati 181

mātṛkā 64

matter 259

Maurya 76, 148

māyā 34, 40, 51, 202, 204, 209, 217,
222, 226, 235-6, 244, 247, 257,
259, 267

māyā-śakti 238

māyin 34, 40

mental disposition 98

mental sensation 172

Meykaṇḍa 243

middle term 122

Mīmāṁsā 17, 116, 127, 169, 173,
187-9

Mīmāṁsānukramaṇi 189

Mīmāṁsā-sūtra 17, 188

mind 259

minor term 122

mityā--jñāna 129

Mitra 23

mode 183

Moggaliputta Tissa 64

Moggalāna 46

Mohenjo Daro 79

mokṣa 11, 49, 78, 207

Mokṣadharma-parvan 84

mosgue 252

Mughul 251

Muhammad 251

mukhya-prāṇa 208

mūlamadhyamaka-kārikā 142

Muṇḍaka Upaniṣad 41

N

nāga 270

Nāgārjuna 137, 142

Naiṣkarmya-siddhi 209

naivasaṁjñānāsaṁjñā 272

Nakulīśa Pāśupata 242

Nālandā 149

nāman 33, 155

nāmarūpa 34, 55, 204

Nānak 252-3

nānātva 203

Nanda 76, 173

Nandi 79

naraka 270-71

Nārāyaṇa 79

Nārāyaṇīya 219

nāstika 15

Nāthamuni 221

natthikavāda 45

Navya-nyāya 118

naya 182

Nāyanār 221

nether world 270

neti-neti 37, 205

neyārtha 151

nibbāna 66

nididhyāsana 129, 233

Rājagṛha 53

rajas 33, 96, 98, 224

Rāma 252

Rāmakrishna 256

Rāmakrishna Mission 256

Rāmānanda 252

Rāmānuja 83, 218, 221

Rāmāyaṇa 78, 218

Rāmmohan Roy 255

Raseśvara 242

Raurava-āgama 243

reason 12

re-cognition 121

reductio ad absurdum 145

renunciation of action 82

representation 162

Ṛg Veda 22

Ṛjuvimalā 189

ṛta 23, 28

Rudra 40, 79, 219

rūpa 33, 54, 65, 69

Rūpa 237

rūpa-dhātu 271

S

Śabarasvāmin 188

Sabbatthavāda 63

śabda 15, 48, 105, 115, 119, 125, 127, 191, 193

sabhāgatā 69

saḍāyatana 55

Saddharmapuṇḍarīka-sūtra 139

sādhya 122-3, 175

Śaiva-bhāṣya 245

Śaiva-darśana 242-3

Śaiva-siddhānta 221, 243

sākāra-vāda 170

sākṣin 37, 204, 231-2

Śaktas 242

śakiti 96, 126, 192, 204, 236, 238-9, 242, 247, 259

śaktinipāta 247

Sākya 53

Sākyamuni 53

Śālikanātha Miśra 189

Sāma Veda 22

samādhi 58, 105, 152

Sāmaññaphala-suttanta 44

Samantabhadra 135

sāmānya 111

sāmānyaolakṣaṇa 121, 171

sāmānyalakṣaṇa-pratyakṣa 124

samavāya 112, 236

samavāyi-kāraṇa 236

saṃbhogakāya 136

saṃnidhī-śakti 238

Saṃdhinirmocana-sūtra 150

saṃgati 45, 189

saṃgha 44, 133

saṃghāta 184

saṃghātavāda 268

Samhitā 22, 187-8, 242

318

길희성

서울대 철학과와 예일 대학교 신학과를 거쳐
하버드 대학교에서 비교종교학으로 박사학위를 받았다.
서강대 철학과 교수를 역임했으며,
현재 동 대학교 종교학과 명예교수이다.

인도철학사

1판　1쇄 펴냄 • 1984년　4월 30일
1판 10쇄 펴냄 • 1997년　2월 17일
2판　1쇄 펴냄 • 2000년 12월 17일
2판　8쇄 펴냄 • 2014년　7월 30일

지은이 • 길희성
발행인 • 박근섭, 박상준
편집인 • 장은수
펴낸곳 • (주) 민음사

출판등록 • 1966. 5. 19. 제16-490호
서울특별시 강남구 도산대로1길 62(신사동)
강남출판문화센터 5층 (135-887)
대표전화 515-2000 • 팩시밀리 515-2007
www.minumsa.com

ISBN 978-89-374-5425-7　94150
ISBN 978-89-374-5420-3 (세트)